지역사회복지실천 프로그램

지역사회복지실천 프로그램

초판 1쇄 발행 2005년 9월 15일
초판 2쇄 발행 2009년 3월 9일

지은이 / 이인재 외
펴낸곳 / 사회복지전문출판 나눔의집
펴낸이 / 박정희
주   소 / 152-777 서울시 구로구 구로3동 222-7번지
          코오롱디지털타워빌란트 1차 703호
전   화 / 02) 2103-2480
팩   스 / 02) 2103-2488
www.ncbook.co.kr

값 14,000원
ISBN 89-5810-065-6   93330

지역사회복지실천 프로그램

이인재 김성미 사재광 김기룡 김라미 강시내 김은주
김은정 김태현 정공주 양현명 유태완 김원천 배은미

사회복지
전문출판 나눔의집

머리말

    2004년도 삼성복지재단의 '작은나눔 큰사랑' 지원사업 Self-Help팀에 참여한 13인의 지역복지활동가들의 지역복지실천 성과를 사례집으로 출간합니다. 그동안 유사한 시도들이 없었던 것은 아니지만, 프로그램 전달식 첫 모임에서 제안한 독특한 사례집을 만들어보자는 프로젝트에 대해 모두들 동의해 주었습니다. 충남 도고에서 만났던 수퍼비전 첫 모임부터 일정한 틀에 맞추어 프로그램 진행사항을 점검하고 전망을 공유하는 집단 수퍼비전에 열성적으로 참여하였습니다. 첫 모임 이후 부산, 서울의 지역별 수퍼비전 모임을 통해 지역복지활동의 성과와 과제를 점검하였습니다. 2004년 가을의 제주도 모임은 프로그램의 종료를 앞두고 최종 평가를 하는 자리였습니다. 다양한 프로그램의 내용과 특성을 배우고 토론하는 시간도 좋았지만, 이어진 뒷풀이 시간에 지역복지실천 현장의 애환과 비전을 함께 나눌 수 있어 좋았습니다.

    개인적으로는 삼성복지재단의 집단 수퍼바이저 역할을 그 전에도 담당한 경우가 있었지만, 1년 간의 집단지도가 종료되면 별다른 성과물 없이 그냥 빈손으로 각자의 일터로 돌아가게 되어 아쉬움이 남았습니다. 그래서 2004년도에는 처음부터 1년 작업의 성과를 공유할 수 있는 기회를 만들어야겠다고 생각했습니다. 2004년 12월에 사업이 종료된 이후 최종 결과물을 모으는데 예상보다 6개월이 더 지나갔습니다. 사회복지의 현장 가운데 인력의 여유가 있는 곳이 거의 없습니다. 그러다 보니 사업의 종료와 함께 그 시간을 다른 업무로 전환해야 하다보니, 욕심들만큼 시간 투자를 못한 것 같습니다. 그럼에도 이렇게 한 권의 책으로 묶어낼 수 있었던 것은 이 책의 공동 저자들인

13인의 실천가들의 지역복지실천에 대한 소망의 결과라고 생각합니다.

사회복지계에서 보면 2005년은 '복지의 지방화'가 본격화된 시점입니다. 그동안 중앙정부 중심의 복지실천에서 지역사회 중심의 실천활동으로 전환한 것입니다. 그런 만큼 복지실천현장에서 지역복지실천에 대한 관심이 고조되고 있습니다. 다른 한 편으로는 그동안 개인과 가족 그리고 집단중심의 미시적 실천으로부터 지역사회를 변화시켜 개인과 가족의 복지문제를 해결하는 거시적 실천으로의 관심 영역의 확대가 가속화되고 있습니다. 이런 현실을 반영하듯 최근 지역사회복지를 다룬 교과서들이 다수 출간되고 있습니다. 그럼에도 불구하고 아쉬운 것은 대다수 교과서들이 우리 사회의 지역사회복지 실천 사례들을 풍부하게 담고 있지 못하다는 사실입니다. 이번에 출간되는 지역복지실천 사례집이 이러한 한계들을 보완할 수 있는 계기가 될 것을 기대해 봅니다.

본문의 사례는 각 실천 프로그램의 목표에 따라 총 4부로 구성하였습니다. 1부는 이번 지역복지실천 프로그램 전체를 조망하고 평가하는 장으로써 본 프로그램 사례집의 의의를 정리해보았습니다. 2부는 사회복지서비스 수요자의 자조집단 구성을 목표로 한 사례를 묶어 보았습니다. 3부에 망라된 프로그램들의 목표는 서비스 수요자들의 치료 및 변화로 정리할 수 있습니다. 끝으로, 4부는 서비스 수요자가 아닌 프로그램 담당자의 조직화 혹은 일반 지역주민 조직화를 목표로 했다는 공통점이 있습니다. 더욱 폭넓은 관점으로 본다면, 이번 프로그램들은 크게 서비스 수요자의 역량강화 및 변화와 지역사회의 변화라는 목표 안에 포괄할 수 있습니다.

마지막으로, 이 책의 출간이 가능하도록 1년 간 프로그램 진행을 뒷받침해준 삼성복지재단 김성원 팀장님, 그리고 흔쾌히 출판을 맡아준 나눔의집 출판사 류보열 사장님, 편집과 교정작업을 담당한 구길원 실장님 이하 직원들에게 감사의 말씀을 드립니다.

2005. 8.

저자들을 대표해서 이인재

CONTENTS 차례

머리말 • 5

1부 · 지역복지실천의 현재와 미래 • 9

1. 자조집단 지역복지 실천사례 연구 - 이인재 / 11

2부 · 사회복지서비스 수요자의 자조집단 • 33

2. 장애인 자조집단의 역량 및 지지체계 강화를 통한 지역사회증진 프로그램 운영사례를 중심으로: 제주장애인종합복지관 - 김성미 / 35

3. 중증지체장애인의 역량강화(empowerment)를 위한 지역 환경개선 자조집단 활동 프로그램: 정립회관 - 사재광 / 63

4. CSES(지역사회 노인지도자 양성프로그램): 용산노인복지관 - 김기룡 / 77

5. 재가어르신 자조집단 역량강화 프로그램: 마포노인종합복지관 - 김라미 / 95

6. 1:3 세대 사회통합프로그램 '손주사랑' (어르신 인형극 동아리): 부천시니어클럽 - 강시내 / 117

3부 · 치료 및 변화 목적의 자조집단 프로그램 • 131

7. Peer Leadership을 활용한 여성장애인의 역량강화(empowerment) 프로그램, 'Dream Cafe' : 대구 신당종합사회복지관 - 김은주 / 133

8. 자조모임을 활용한 저소득 한부모 가정의 역량강화 - 교육/취업지원망 구축 중심으로: 이대성산종합사회복지관 - 김은정 / 153

9. 원예치료(Horticultural Therapy)를 적용한 재가노인의 역량강화: 반포종합사회복지관 - 김태현 / 175

10. 정신장애인의 긍정적 자기인식을 활용한 서비스직 직업재활프로그램, 'Think Big' : 한울지역정신건강센터 - 정공주 / 193

4부 · 프로그램 담당자의 조직화 · 일반 지역주민 조직화 • 213

11. 3세대(청소년, 성인, 노인)의 3섹션(문화, 참여복지, 봉사) 활동을 통한 주민 자조와 역량강화: 낙동종합사회복지관 - 양현명 / 215

12. 지역통화를 활용한 영구임대아파트 지역의 품앗이 공동체 형성: 상리종합사회복지관 - 유태완 / 237

13. 의료재활서비스네트워크구축을 통한 재가장애인 건강권 확보사업 〈복지플러스'네트워크〉: 아산시장애인복지관 - 김원천 / 259

14. 참여자로서의 정신장애인을 위한 클럽하우스 만들기: 태화샘솟는집 - 배은미 / 287

저자 소개 • 302

1부
지역복지실천의 현재와 미래

1. 자조집단 지역복지 실천사례 연구 - 이인재

I. 자조집단 지역복지 실천사례 연구

이인재(한신대 교수/경기복지시민연대 운영위원장)

　　이 책자에 실린 주민조직화를 통한 지역복지 실천사례는 2004년도 삼성
복지재단의 작은나눔 큰사랑 지원사업 Self-Help팀에 참여한 13개 사회복지
기관의 활동 결과물이다. 총 14개 팀이 참가하였으나 1개 팀은 담당자의 이
직으로 최종 결과물을 완성하지 못하여 아쉽게 제외되었고, 나머지 13개 팀
의 사례를 소개한다. 13개 팀의 사례는 크게 3개 집단으로 나눌 수 있다. 첫
째, 사회복지서비스 수요자의 자조집단 구성을 목표로 한 5개 기관의 사례가
있다. 장애인 자조집단을 다룬 제주장애인종합복지관, 정립회관과 노인 자
조집단 사례인 용산노인복지관, 마포노인복지관, 부천시니어클럽이 여기에
속한다. 둘째, 서비스 수요자들을 치료하거나 변화를 목적으로 (자조)집단프
로그램을 활용한 사례로 신당종합사회복지관, 이대성산종합사회복지관, 반
포종합사회복지관, 한울지역정신건강센터가 여기에 해당한다. 셋째, 서비스
수요자가 아닌 프로그램 담당자의 조직화 혹은 일반 지역주민 조직화 등의
사례가 있다. 프로그램 담당자 조직화는 아산시장애인복지관 사례, 일반 지

역주민 조직화는 낙동종합사회복지관, 상리종합사회복지관 사례 그리고 프로그램 공급자와 수요자가 함께 참여한 태화샘솟는집 사례가 있다. 본 글에서는 각 사례들에 대한 간략한 요약과 함께 외국의 유사한 사례연구들을 함께 소개한다. 본 글에서 다루는 외국 사례는 『한국지역복지실천론』(이인재, 나눔의집 출판사, 2004)에 소개되어 있다.

지역복지실천 프로그램의 지향은 크게 프로그램에 참여하는 개인, 즉 지역주민이나 서비스 수요자의 역량강화와 개인이 살아가는 지역사회의 변화, 즉 거시적 실천과 구체적 제도 개선의 두 가지로 나누어진다. 본 글에서 다루는 지역복지 실천 사례는 대부분 전자에 치중하고 있다. 서비스 수급자 자조집단을 구성하거나 집단을 대상으로 특정 프로그램을 적용하거나 혹은 지역주민이나 서비스 공급자 조직화를 통해 궁극적으로 개인의 변화, 즉 긍정적 역량강화에는 어느 정도 성과를 보여주고 있다. 그러나, 공통적으로 다음 단계인 거시적 실천인 지역사회 변화에 대해서는 성과가 미미하다. 반면에, 여기에서 소개되는 외국의 지역복지 실천사례들은 지역사회 변화를 지향하고 있으며 상당한 성과를 가져온 경우들이 대부분이다. 앞으로 우리나라에서도 성공적인 거시적 실천사례들이 나오기를 기대해 본다.

1. 노인, 장애인 자조집단 사례

(1) 제주장애인종합복지관: 장애인 자조집단 역량강화 프로그램

본 프로그램은 기 구성된 장애영역별(척수, 뇌졸중, 여성) 장애인 자조집단을 대상으로 구성원들의 역량강화를 통해 각 집단의 활성화를 도모하고, 나아가 지역사회에 당당하고 적극적으로 참여할 수 있도록 하는 세부적인 프로그램으로 구성되었다. 개인적인 측면에서는 원활한 의사소통기술을 향상시키기 위한 집단지도프로그램을 운영하고, 여성장애인들의 기능과 기술을 향상시키기 위한 비즈공예교실을 운영하였다. 집단측면에서는 구성원들의 결속력과 친밀감을 강화할 수 있는 캠프와 문화체험 프로그램과 함께 자조집단실을 연중개방 운영하여 구성원 상호간의 재활정보 공유와 지지체계의 토대를 마련하였다. 나아가 각 집단별 소식지발간 및 워크숍 등의 집단활동을 통해 자조모임 활동을 대내외적으로 알리며, 자조집단 자치운영의 효율성을 위해 지도자급 장애인의 지도력개발 및 강화를 위한 재활아카데미를 운영함으로써 집단구성원들의 소속감 증진과 자조집단 활성화를 도모하였다.

이를 바탕으로 각 집단 구성원들이 지역주민과 함께 하는 장애 및 교통사고 예방, 이동권 확보 캠페인, 중중장애인생활시설 봉사활동, 중중장애인을 위한 제주도 관광안내책자 보급 등과 같은 지역사회발전에 기여할 수 있는 집단 활동을 통해 지역사회 일원으로서 역할을 제고하고 지역사회의 당당한 일원으로 참여하도록 유도하였다. 그 결과 그들의 삶의 의욕 증진과 보람을 구현할 수 있도록 도움을 주며, 나아가 제주도 내의 타 장애인들에게 자조모임 형성의 필요성에 대한 긍정적인 영향을 주었으며, 자조모임활동의 모델을 제시하였다. 본 프로그램은 장애인들의 자조집단 결성을 통해 개인의 역량강화는 물론이고 지역사회 변화의 구체적 계기를 마련한 성공적인 프로그램으로 평가할 수 있다.

(2) 정립회관: 중증 지체장애인 자립생활운동

본 프로그램은 자립생활의 이념에 기초한 자조집단 활동을 통하여 중증의 지체장애인들에게 역량강화의 기회를 제공하는 것을 목적으로 하고 있으며 중증 지체장애인 당사자의 변화와 중증 지체장애인에게 적합한 지역사회 환경 변화, 그리고 자조집단 활동 홍보를 통한 자조집단의 확산의 3가지 사항을 구체적인 목표로 설정하였다. 중증 지체장애인의 경우, 주위의 재활전문가나 가족 등에 의해 자신의 삶을 통제받는 경우가 많기 때문에, 역량강화 되지 못한 채 수동적으로 살아가는 경우가 대부분이다. 이러한 중증 장애인들에게 동료 간 접근(peer approach)을 통한 다양한 프로그램으로 역량강화의 기회를 제공하고, 지역사회 환경을 장애인에게 맞게 개선하도록 활동을 실시하였다. 자립생활에 관심 있는 중증 지체장애인으로 자조집단을 구성하여 매주 1회 프로그램을 진행하였다. 자립생활프로그램(ILP), 동료상담(peer counseling)과 함께 장애와 관련된 온라인·오프라인 권익옹호 활동과 외부 행사 등에 참가하였으며, 참가자들이 직접 자료수집과 발표를 담당하는 소그룹 세미나 등을 진행하였다.

프로그램 성과를 보면 당사자의 변화를 위하여 자기개발 세미나, 소그룹 활동, 동료 상담 등 다양한 활동을 전개하였다. 자조집단 활동홍보 및 자조집단의 확산을 위한 활동으로 남원시장애인종합복지관을 방문하여 자립생활에 대한 교육 활동을 진행하였다. 2004년 하반기부터는 장애인 권익옹호 활동으로 서울 지하철 5호선 아차산역 일대를 중심으로 지역사회 환경을 개선하기 위하여 편의시설증진법과 관련된 자료조사와 지역사회 공공시설의 접근성에 대한 현장 실태조사를 실시하였다. 지역조사를 실시한 후 캠페인 활동에 필요한 전단지를 제작하였고, 제작된 전단지를 지역주민을 대상으로 배포하였다. 편의시설은 장애인만을 위한 시설이 아니라 노인, 어린이, 임산부 등 지역주민을 위한 시설임을 부각하며 인식개선활동을 펼쳐나갔다. 또한 지역사회 안에 있는 대학교와 연계하여 대학교 축제기간 중 자조모임 구성원들이 직접 음식을 판매할 장소를 지원 받아 중증 장애인 당사자들이 직접 준비한 재료를 활동보조인(personal assistant)의 원조를 받아 음식을 만들어 판매도 하고 자립생활 이념에 대해 홍보를 하였다. 그 결과 지역의 대학생들에게는 장애인에 대한 인식개선의 기회가 되기도 하였다.

그리고, 활동보조제도와 장애인 이동권이 제도화되어 있지 않은 현실에서 중증 장애인들은 인간으로서 살아갈 가장 기본적인 권리마저 갖지 못하고 있다. 이에 자조모임 회원들은 스스로 권리를 찾아나가기 위한 활동을 하기로 자조모임회의를 통해 결정하고 장애인 이동권에 대한 서명운동에 참여하였다. 자립생활운동의 이념은 장애인 당사자주의의 실현에 있다. 정립회관의 프로그램과 같이 민간이 중심이 된 프로그램의 실시 결과 2005년에는 '자립생활'에 대한 정부의 시범사업이 시작되었다.

(3) 용산노인종합복지관: 노인지도자 양성 프로그램

본 프로그램은 2002년도부터 실시되어 온 경로당 활성화 사업의 경험을 바탕으로 하여, 경로당 임원진의 리더십이 탁월하고 또한 복지관과의 협조체제가 잘 이루어지는 경로당이 더욱 활성화되며 경로당 내에서 발전적인 변화가 일어난다는 사실을 배경으로 하고 있다. 또한 경로당은 지역사회 내에 고루 분포되어 있는 노인복지 시설임에도 불구하고 전문적 프로그램의 부재와 재정적 지원 부족, 그리고 폐쇄성으로 인해서 지역사회와 단절되어 있는 문제의 해결이 필요하였다. 본 프로그램은 지역사회 경로당 임원진을 중심으로 노인지도자 교육을 실시하여 경로당 네트워크를 형성하고 지역사회 공헌 프로그램을 통해 노인리더로서 역할을 수행하게 돕는 것을 목표로 하고 있다. 따라서, 본 프로그램에서는 경로당 운영에 가장 큰 영향을 미치는 대표자들의 리더십을 고양하고 경로당의 조직적인 변화를 유도하며, 이를 바탕으로 인접한 경로당 간의 네트워크를 시도하여, 경로당 대표자가 진정한 지역사회의 지도자로서 거듭나며, 경로당이 지역사회의 핵심적인 노인복지 전달체계로 자리잡도록 하는 데에 구체적 목표를 두었다.

상반기에는 리더십 훈련기간으로서 대상 경로당 임원진들과의 협조체제를 구축하고 리더십 강의와 견학교육, 권역별교육, 수련회 등 다양한 형태의 집중적인 리더십 교육을 실시하였다. 교육 전반부에서는 개인적인 리더십에 대해 강조했다면 시간이 흐르면서 경로당 간의 네트워크와 지역사회에 대한 관심, 그리고 노년기의 자원봉사의 의미와 더불어 지역사회에서의 경로당의 사명에 대해 초점을 맞추었다. 프로그램 후반부에서는 교육의 성과를 바탕으로 경로당 간의 모임을 활성화하였으며 특별히 경로당 모임에 동사무소, 노인복지 후원회 등의 참여를 유도하여 지역사회와 경로당이 상호 관심을 가짐으로써 지역사회 속의 경로당으로 서로가 발전할 수 있는 기틀을 다졌다.

전체적으로 프로그램 성과를 살펴보면, 경로당 간 권역별 네트워크의 형성이 이루어졌고, 특히 리더십 교육 이후 경로당 간의 교류에 대해 긍정적으로 생각하게 되었으며, 지역사회에 대한 역할 수행의 필요성을 갖게 되었다.

지역사회 차원에서는 폐쇄적 이미지의 경로당의 개방화에 기여하였으며, 경로당이 단순 휴식 공간에서 노인복지시설로의 역할 수행 가능성을 보여 주었다. 그리고, 지역사회가 당면한 지역문제 해결에 개입하는 사례도 보여주고 있다. 한 가지 남은 과제로는 경로당 임원진의 변화가 경로당 이용 어르신들의 변화로 이어져야 하며, 경로당이 지역사회 변화의 매개체로 역할하기 위해서는 지역사회의 인적·물적 자원을 동원하고 활용하는 구체적 방안을 고려해야 할 것이다. 본 프로그램은 경로당 리더들의 자조집단 활성화를 통해 리더들의 역할 강화는 물론이고 경로당의 역할을 제고할 수 있는 계기를 제공하고 있다.

(4) 마포노인종합복지관: 어르신 두레공동체 프로그램

본 복지관의 재가복지대상 어르신은 총 160가지 사례로 그 중 125가지 사례가 부양자 없이 혼자 살고 계신 독거어르신이며, 나머지 35가지는 노부부 세대 또는 손자녀를 부양하고 있는 기초생활수급자 및 저소득 어르신이다. 복지관의 재가복지사업은 건강 및 경제적 어려움을 갖고 계신 수급자 및 저소득 어르신들에게 각종 복지서비스를 제공하고 있으나, 이는 대부분 대상자의 욕구에 따른 서비스로 어르신을 보호의 대상으로 보고 서비스를 지원하며 재가복지 대상 어르신을 의존적이고 수동적으로 만드는 단점이 있다. 또한, 대부분 재가복지대상 어르신은 서로 인근 지역에 거주하고 있으면서도 이웃 간에 상호교류 없이 스스로 사회적인 소외감과 고독감을 만들어 가고 있다.

본 프로그램은 사회적인 지지체계가 취약한 저소득 재가어르신들을 지역사회 내 상호 지지망인 두레라는 공동체로 조직화하여 집단사회사업을 통해 재가복지의 새로운 사례관리 모델을 제시하고자 하였다. 1단계로는 개인적인 역량을 강화하고 전체 프로그램에 대한 동기부여의 기회를 삼고자 의사소통기술의 향상을 인간관계훈련과 자기표현훈련으로 실시하였고, 월1회 자조모임을 통하여 두레의 결속력을 높였다. 2단계에서는 두레의 자조기능을 강화하고자 친밀감을 높이며, 생활의 정보를 공유할 수 있는 캠프, 문화활동, 원예활동, 건강관리, 노인기관견학 프로그램을 실시하였으며, 3단계에서는 월1회 정기적인 자조모임의 프로그램을 다양화하며 두레의 소속감 증진과 자조집단 활성화를 도모하였다. 이를 바탕으로 지역사회 독거어르신의 가정을 방문, 봉사활동을 하며 지역사회에 기여할 수 있도록 하고, 삶의 의욕 증진과 보람을 구현할 수 있도록 하였다.

전체적인 프로그램 성과를 보면 지역별로 4개의 두레 공동체가 결성되었다. 두레 공동체 참여자들은 인간관계훈련, 자기표현훈련, 그리고 자조모임을 통해 개인의 역량강화를 이루었으며, 두레 반장들은 건강교육을 통해 타인을 배려하는 모습을 배웠으며 자조모임을 주도하면서 지도력을 배가시켰다. 과업중심 혹은 인간관계중심의 지도력 차이를 4개 두레에 비교 분석한 실무자의 시도는 지역복지 실천에서 지도력 적용의 좋은 사례가 된다. 2004년도 활동을 통해 구성원 개인의 역량강화와 두레공동체의 자조집단 기능 강화에 비해 지역사회 통합시스템 구축이 미약하였다. 2005년도에는 지역사회 역량강화 목표 달성에 보다 많은 관심을 가져야 할 것이다. 두레 공동체의 발전을 위해서는 자조집단이 지역사회에 뿌리내리기 위한 지역사회의 다양한 인적·물적 자원들을 어떻게 동원할 것인가에 고민해야 한다. 그리고, 지역사회 통합을 위한 자조모임의 자원봉사 활동도 보다 활발하게 이루어져야 할 것이다.

(5) 부천시니어클럽: 노인자조집단 역량강화

『'손주사랑'(어르신 인형극 동아리) 1-3 세대 사회통합프로그램』은 어르신들의 인형극 동아리 활동을 통해 어르신들의 내적 역량강화와 지역사회 참여 기회 제공과 공연을 통해 세대 간의 이해의 폭을 향상시키는 것을 목표로 하고 있다. 본 프로그램은 노인의 사회 재참여 기회를 제공하여 역할상실의 문제를 해결하고자 계획된 프로그램으로 노인봉사활동을 통해 노인의 여가를 유용하게 활용하는 기회를 제공하며 사회문제를 해결하고 사회참여를 통해서 사회통합적인 노후생활을 영위하게 하여 소외와 고독의 문제를 해결하는 데 중요한 역할을 제공하였다. 인형극 교육 및 공연활동은 동화구연가로서 활동해온 노인들에게 1인 1특기 습득을 통한 전문자원봉사활동을 할 수 있는 기회를 제공하고 활동을 통해 여가선용의 보람을 제공하였다. 인형극 교육을 실시하여 대본 연습을 통해 자기 표현능력을 키우고 인형과 무대제작을 어르신들 스스로 만듦으로써 자신감 및 신체기능향상을 도모하였으며 홍보를 통해 지역사회에 노인자조집단의 활동을 대내외적으로 알려 활동에 대한 만족감을 높일 수 있었다.

2004년도 활동을 보면 인형극 실기 교육 프로그램을 중점적으로 실시하였고, 활발한 인형극단 활동을 통해 2004년 8월에 '할머니 인형극단' 을 조직하였다. 인형극단 활동으로 어르신들의 역할 증대 및 지위향상은 물론이고 세대 간 사회통합효과도 높일 수 있었다. 핵가족 영향으로 단절되어 있는 1-3세대를 이어주는 역할을 하며 어린이 세대가 공연 관람을 통해서 노인에 대한 새로운 이미지를 갖게 되며 1-3세대뿐만 아니라 2세대도 어르신들에게 친근감을 갖게 되었다. 본 프로그램 단체의 경우 지역사회와의 연계활동도 활발하게 전개되고 있다. 2004년 4월 부천시 자원봉사센터로부터 우수 자원봉사단체로 선정되었으며, 회원 모집 시 복지관, 동사무소의 홍보활동 지원, 색동회 어머니회의 동화구연과 인형극 모니터 활동 지원 등이 이루어졌다.

한 가지 우려되는 점은 부천시 관내 노인복지관에서 동화구연 활동을 노인 일자리사업으로 개발함으로써 관람의 기회가 줄어들 가능성이 높아졌다는 점이다. 노인복지관의 동화구연사업은 활동비가 지급된다는 점에서 인형극단 참가자들의 동기부여에 부정적인 영향을 가져올 것이다. 관람 수요처의 확대 문제는 유치원 등 보육/교육기관의 특기적성 교육 프로그램의 활용 등 다양한 지역사회 기관과의 관계 확대를 통해 돌파구를 모색해야 할 것이다. 또 하나 문제가 되고 있는 동화구연 프로그램 참가 활동비 지급 건은 유사한 성격의 프로그램에 대해 관청(부천시)이 서로 다른 기준을 적용하는 것에 대한 문제제기를 통하여 제도적인 해결책을 모색해야 할 것이다.

(6) 자조집단 외국 사례

사회복지 서비스 당사자가 집단적으로 참여하여 자신들의 문제를 해결한 외국사례로는 청소년 활동 사례와 노숙자 활동 사례가 있다.

지역사회문제 해결 과정에 지역사회 거주 10대들을 참여시킴으로써 지역사회에 대한 그들의 이해 증진과 지역주민으로서의 정체성 고양에 일조하는 결과를 가져왔다. 로스와 콜만(Ross & Coleman, 2000)은 매사추세츠 주 워세스터(Worcester)지역 사례연구를 통해 도시행동계획과정에 10대들을 참여시킴으로써 그들이 원하는 지역사회를 만드는 데 공헌하는 계기를 제공하게 되었다고 보고 있다. 도시행동계획과정(UCAP)은 문제/정보 수집 및 자원 점검, 조직화, 우선순위선정/자원조직화, 외부자원활용과 실천의 4단계로 이루어진다. 워세스터 지역의 경우 1, 2단계에서 지역사회조사를 통해 아동문제 등 8가지 문제 영역을 수집하였다. 3단계에서는 지역 계획위원회 모임을 통해 지속성, 효과, 형평, 시간, 비용/기술적 요인 등 5가지 평가기준을 가지고 문제영역을 10대 문제 등 4가지로 조정하였다. 4단계에서는 실천을 위한 행동 계획을 작성하는 것으로, 10대 문제를 해결하는 데 10대들을 계획가로 참여시켰다. 그들의 욕구와 이의 실현을 가로막고 있는 장애물(어른들의 편견과 술, 약물, 그리고 활동공간의 부족 등)을 제시하고 이것을 개선하는 구체적 실천방안을 논의한 결과 도심 내 공원정비를 하나의 과제로 선정하였다. 도심 내 공원정비가 아젠다로 선정되는 과정은 먼저 지역선정(mapping), 욕구조사(10대들의 욕구 조사, 일기 등), 지역조사(환경 등), 선정위원회(조사결과 논의)를 거친 결과물이다.

성공적인 사회운동 사례로 홈리스운동 사례를 들 수 있다(Kline, etc, 2000). 이 사례의 특성은 학계와 실천현장의 연대에 기초한 운동이었다는 사실이다. 1987년, 미국 미시간 주의 앤아보 지역 내 홈리스 운동조직(HAC) 활동에는 미시간 대학교 학생들의 적극적인 동참이 있었다. 그들은 경제개발 위주의 시 정책에 따른 노숙자 주간보호시설 폐쇄에 맞서 노숙자들과 함께 그들의 주거 마련을 위한 운동을 전개하였다. 1989년~1994년까지 계속된

운동을 통해 친성장 정책인 지방 건축정책을 지역사회 친화적인 정책으로 전환되어야 함을 강조하였다. 실천활동의 근거를 제시한 이론은 브라질 교육학자겸 활동가인 파울로 프레리의 실천교육론이다. 프레리는 교육자나 지식인들에게 사회변동에 대한 교육이 아니라 사회변동을 위한 교육을 할 것을 주문하고 있다. 그리고, 전문성과 분과 학문에 기반한 전문성 담론 위주의 학계문화는 진보적 지식인들조차도 그들이 투쟁과정에서 동참의 대상으로 생각하고 있는 사람들을 배제하게 하는 결과를 초래할 가능성이 높다고 경고한다.

2. 집단지도 프로그램 사례

(1) 신당종합사회복지관: Peer Leadership을 활용한 여성장애인 역량강화

일반적으로 여성장애인은 장애로 인해 야기되는 경제적 빈곤과 소수집단으로서의 가학적인 대상화 및 각종편견 외 여성으로서 갖게 되는 어려움 등을 동시에 겪음으로써 이중차별의 대상으로 직접적으로 노출되어있다. 본 프로그램은 이러한 여성장애인을 대상으로 이들의 욕구에 적합한 'Peer Leadership'을 활용하여 자기성장 및 사회참여 증진을 통한 경제적 자립기반을 조성하는 등의 여성장애인의 임파워먼트를 목적으로 하는 프로그램이다.

이러한 목적을 달성하기 위해 1단계로 여성장애인의 'Peer Leadership'을 매개로 한 자조집단을 형성하고 지역사회 자원체계를 활용한 'Dream Cafe' 행동체계를 조직화하였다. 여성장애인 'Peer Leadership' 조직화를 통하여 여성장애인에게 자조의 기반을 마련하였다. 2단계로 다양한 교육활동에 참여함으로써 자기성장의 기회를 확대하였고 'Dream Cafe' 설치운영을 통한 생산적인 활동의 참여를 도모하였다. 그 결과 여성 장애인들은 'Dream Cafe' 운영을 통하여 자기성장과 사회적 참여의 기회를 활성화하였다. 3단계로 전문기술을 활용하여 작품활동의 참여 및 온·오프라인 연계를 통한 다양한 판매처를 개발하였다. 그리고, 강사뱅크제도를 통하여 외부기관의 강사 등의 활동을 통해 참여자들의 경제적 자립능력을 향상시켰다.

프로그램의 전체적인 평가를 보면, 구체적인 목표에 대해서는 상당부분 성과를 보이고 있다. 여성 장애인들 집단 활동의 증가와 문화체험 등을 통한 사회참여 확대, 그리고 칼라믹스와 비즈공예를 통한 경제적 자립능력 향상이 이루어졌다. 프로그램이 진행됨에 따라 회원 자조모임이 조직되었다. 회원 전원이 참여하는 자조모임인 '무지개'와 자조모임 회원들의 부과모임인 취·부업활동팀, 강사활동팀 '드림카페'가 조직되었다. 본 프로그램의 특징은 목표 달성을 위한 지역사회 자원동원이 탁월했다는 점이다. 여성장애인 자조집단(드림카페) 서포터즈를 조직하여 프로그램 후원조직으로 활용하고 있다. 예를 들어, 프로그램 운영을 위해 종교기관의 교육관과 병원의 물리치료실을 정기적으로 활용하고 있으며, 장애인전문사역 교회를 자원망으로 확보하였다. 그리고 가정봉사단 서비스 활용과 지역 언론매체의 정기적 프로그램 홍보활동 등은 지역사회 자원동원의 좋은 사례라 생각된다.

(2) 이대성산종합사회복지관: 저소득 한부모가정 교육/취업지원망 구축

본 프로그램은 기존 한부모 프로그램이 자녀에 대한 지원, 심리정서적 지원에 국한되었던 한계를 극복하여 한부모 가정이 가진 복합적인 문제에 지역사회 자원망을 활용하여 통합적으로 개입하고자 기획되었다. 특히, 한부모들이 큰 어려움을 겪고 있는 취업 문제와 자녀교육 문제를 중심으로 자조모임을 통해 스스로 문제를 해결할 수 있는 역량을 강화하고 이를 지원할 수 있도록 지역사회 조직을 구성하고자 하였다. 한부모의 역량강화를 위한 직업교육은 외부 전문가를 활용한 직업교육을 통해 취업시장에서 경쟁력을 갖출 수 있는 역량을 배양하고자 하였고, 직업의 기회가 상대적으로 제한되어 있는 여성한부모를 중심으로 지역 내 구청과 여성발전센터, 그리고 직업교육기관과 연계하여 창업교육을 실시하였다. 자녀교육 집단 프로그램을 통해 결속력과 친밀감이 높아진 한부모들이 스스로 자조모임을 구성하여, 자녀양육의 어려움과 사회적인 편견에 대해 함께 나누고 지원받을 수 있도록 함과 동시에, 취업문제에 대해 활발한 정보 교류와 의사소통이 이루어질 수 있도록 하였다.

그리고, 지역사회복지관을 중심으로 지역 내 분산되어 있는 자활후견기관, 동사무소, 인력개발센터, 구인처 등 기관들과의 지원망을 조직하고 정기적인 협의체 활동을 진행하여 한부모에 대한 일자리 연계가 원활히 이루어질 수 있도록 함과 동시에, 교육문제를 중심으로 강화된 자조모임을 바탕으로 지역 내 취업문제 해결을 위한 지역 네트워크 구축의 기반을 마련하고자 하였다. 한부모들은 이러한 활동 등을 통해 서비스를 수혜 받는 대상에서 벗어나 스스로 취업문제와 자녀교육의 어려움을 극복하는 주체가 되도록 임파워먼트를 강화하고자 하였으며, 또한 이를 효과적으로 가능케 할 수 있도록 지역사회 내 취업과 교육 지원체계를 조직·구축하여 한부모 가정의 문제해결을 위한 지역사회의 자생력을 증진할 수 있도록 운영되었다.

(3) 반포종합사회복지관: 원예치료를 통한 재가노인 역량강화

본 프로그램은 원예치료를 통한 재가어르신의 역량강화 프로그램이다. 원예치료활동과 역량강화 집단지도활동을 통해 재가어르신들의 고립감을 해소하고 자아존중감을 높이며, 더불어 소득향상과 자조모임 결성을 목표로 하고 있다. 프로그램은 반포종합사회복지관과 서초구에 위치한 주말농장과 재가노인의 가정에서 실시되었으며 프로그램 기간은 2004년 4월 1일부터 2005년 2월 24까지 총 48회 실시되었다.

준비단계는 3월 중순에서 3월말까지 집중적으로 대상자면담을 통해 이루어졌고 대상자의 서비스참여에 대한 적절성 여부와 잠재적 강점을 파악함으로써 집단에서 발전될 수 있기 위한 자료를 확인하였다. 실행개입단계는 4월 1일부터 5월 27일까지 주 1회, 오후 2시~4시의 2시간 동안 총 10회로 이루어지며 이는 실내집단(원예활동)기간으로 의도적 집단개입을 통한 의식 및 기술교육을 실시함으로써 집단응집력 강화를 위한 개인의 내적·대인적 역량강화에 집중하였다. 실행중간단계는 5월 6일부터 11월 25일까지 오전 10시 ~오후 1시까지 3시간 동안 야외 집단(텃밭활동)재배와 수확 등을 30회 진행 하였고 자생적 리더십 강화를 위한 개별적 · 집단적 역할분담 등으로 공동체 적 역량강화에 집중하였다. 실행강화단계에서는 7월 8일부터 12월 31일까지 10회에 걸쳐 가정원예교육을 실시하고 가정에서 수확한 콩나물을 매주 1회 판매하는 방식으로 진행되었다. 이 단계에서는 이러한 가정원예활동을 통한 콩나물수확과 품질개선, 안정적인 판매망 구성을 통한 자활적 공동체 강화 에 중점을 두었다. 종결단계로는 2005년 1월부터 2월 28일까지 자조적 공동 체 강화기간으로 콩나물 수확과 판매를 유지할 수 있도록 자조모임을 갖고, 지도력 이양을 점진적으로 진행하는 것에 중점을 두고 진행하였다.

전체 활동을 평가해 보면 주기적인 집단원예활동을 통해 자아존중감 향상 목표는 상당정도 달성된 것으로 판단된다. 어르신들 간의 관계에서도 부정 적인 감정표현이 줄어든 반면 긍정적인 감정표현이 늘어나고, 집단 내 관계 중심형 지도자 또한 나타나는 성과를 가져왔다. 프로그램 참가 어르신들의 역량강화 정도를 평가하는 지표로 당사자 대상 설문 평가와 전문가 관찰일 지의 결합 여부는 결국 양적 평가와 질적 평가의 조화의 문제인데, 평가지표 의 가치는 평가내용의 타당도와 평가도구의 신뢰도에 달려 있다. 양적 평가 가 평가 대상자의 일관된 진술을 보장하기 어렵다면 그것을 전면적으로 내 세우기는 어려울 것이며, 실무자의 관찰일지를 사용한 질적 평가를 근거로 하는 것이 더 나을 것으로 판단된다. 양적 평가 지표는 보완적으로 사용할 수 있을 것이다.

(4) 한울지역정신건강센터: 긍정적 자기인식을 통한 정신장애인 직업재활

일반적으로 건강한 성인은 성장과정과 사회활동을 통해 적절한 사회기술 을 학습 · 재학습하며 일상생활에 적응한다. 적응과정을 통해 사회 속에서 긍정적인 경험을 하게 하고, 자기 확신과 자기 이미지를 강화시키게 한다. 그 렇지만 상대적으로 정신장애인들은 되풀이되는 입원과 퇴원으로 사회기술을 적절하게 배우거나 활용하지 못하여 원만한 대인관계를 맺지 못하고, 따라서 여러 사회활동에 참여하여 긍정적인 자기 이미지를 강화하는 경험이 결핍되어 있으며 정신질환으로 인한 장애와 사회적 편견, 실패의 반복으로 인한 부정적인 자기 이미지가 계속적으로 강화된다.

따라서, 원만한 대인관계 능력 등 사회기술의 부족은 정신장애인으로 하여금 사회부적응을 초래한다. 더불어 정신장애인 스스로도 자신에 대한 강한 열등감과 낮은 자기효능감으로 인해 실제 자신의 능력을 충분히 발휘하지 못하게 하는 요인이 되고 있다. 정신장애인의 사회기술 부족, 반복된 취업 실패로 인해 형성된 부정적 자기인식은 심리내적으로 만성적인 우울감, 무기력감, 좌절감, 낮은 자존감을 발생시키며 설사 취업의 기회가 제공된다 하더라도 성공적인 직업유지에 반복하여 실패하게 되는 원인이 되고 있다.

본 프로그램은 정신장애인들의 긍정적 자기 인식의 향상과 서비스직 현장실습을 통한 긍정적 인식의 강화를 통해 취업상태를 유지하게 하며, 이와 같은 성공 모형을 타 기관에 보급하는 것을 목표로 하고 있다. 프로그램은 년 2회기로 진행이 되며, 한 회기 당 10명씩, 10세션의 프로그램이 진행된다. 프로그램은 준비단계, 실시단계, 평가단계의 3단계로 진행되었다. 준비단계에서는 대상자와 전문인력을 모집·교육하고 프로그램 매뉴얼을 작성한다. 실시단계에서는 참여 대상자들의 자기인식 정도를 파악하여 사전평가를 실시하고, 오리엔테이션을 시작으로 자신감 향상 프로그램, 긍정적 사고 훈련, 서비스직 사회기술훈련, 직장인 사회기술훈련 프로그램을 실시한다. 이후에는 취업연습과정을 통해 자발적 취업과 취업유지를 목적에 두고 프로그램을 진행한다. 평가단계에서는 개별평가 및 사후조사를 거쳐 연구보고서를 작성하며, 이후에 프로그램을 홍보하고 재평가하도록 한다.

전체 활동을 평가해 보면 자기강화훈련과 현장실습 및 과도기적 취업을 통해 정신장애인들의 역량강화가 향상되었으며 그 결과 다수의 정신장애인들의 취업이 성공적으로 이루어졌다. 정신장애인들의 역량강화에 대해서는 다수의 사례를 통해 확인할 수 있다. 프로그램의 활성화를 위한 과제로 현장실습지의 다양화와 취업장 개발의 어려움을 해결하기 위해서는 서울시 관악구 노동부 장애인고용촉진공단 등 공공기관의 제도적 지원 방안(거시적 차원의 실천)의 강구와 다양한 민간기관들을 활용할 수 있는 방안이 모색되어야 할 것이다. 그리고, 정신장애인들의 성공적인 직업재활 모형을 타 지역에 전파하는 목표 달성에도 관심을 가져야 할 것이다.

3. 지역주민, 서비스 공급자 조직화

(1) 낙동종합사회복지관: 3세대(청소년, 성인, 노인) 주민자조 프로그램

본 프로그램은 2004년 1월부터 12월까지 부산시 강서구 지역 청소년 10명, 성인 10명, 노인 10명을 대상으로 3세대의 주민과 민간단체·낙동복지관이 함께 하는 주민 자조집단을 형성하여 매월 1회 정기적인 동아리활동과 모니터활동, 봉사활동을 실시하여 주민들의 역량강화를 추구한 프로그램이다. 청소년, 성인, 노인의 주민자조집단들이 공동의 문화동아리 활동을 통해 관계망 형성을, 모니터 회의를 통해 지역복지사업을, 자원봉사활동을 통해 지역사회 문제해결을 목표로 하고 있다. 같은 지역사회에 거주하지만 서로 다른 세대가 하나의 프로그램을 통해 협의하고 함께 고민하는 시간을 갖는다는 것은 그 자체로도 대단한 일이다. 상반기 동안 기존에 결성되어 있던 2세대 성인조직 외에 1세대 청소년조직과 3세대 노인조직을 결성하는 성과를 가져왔고, 주민 조직화 교육과 모니터링 회의를 통해 복지관 앞 신호체계 개선의 필요성을 공감하고, 개선을 위해 관할 경찰서와 협의에 들어간 것은 중요한 성과라 하겠다. 그리고, 공동체 캠프를 통해 각 세대들이 바라보고 있는 지역사회 의제들을 토의하는 시간을 갖고 문제 해결을 위한 구체적인 행동, 예를 들면 청소년도서관과 문화의 집 설치를 구청에 건의하기 등을 시작한 것 역시 중요한 성과가 된다.

복지관에서는 본 사업을 3년 간의 중장기 발전방안을 가지고 추진하고 있으며, 2004년은 주민조직화의 1단계로서 지역주민의 1차 조직화 및 지역사회 문제에 자발적인 참여를 유도하고, 2단계에 접어드는 2005년에는 2004년도에 활동한 3세대 주민을 1기로 배출할 것이다. 2005년도에는 새롭게 2기를 조직하여 1기는 당 복지관에서 주민역량강화의 방안으로 지도자 학교를 계획하여 심화과정으로서 주민역량을 강화할 수 있도록 할 계획이며 3년 차에는 본 프로그램을 통해 배출된 1, 2기 지역주민들이 공동의 문제를 자체적으로 해결할 수 있는 역량을 강화할 수 있도록 지원해 갈 것이다.

본 프로그램의 경우 청소년, 성인, 노인 3세대가 함께 참여하는 프로그램을 성공적으로 구성한 것 자체가 성공적이라 평가할 수 있다. 가족해체가 날로 확대되고 세대 간 간격이 더 확대되는 현실에서 본 프로그램은 지역사회에서 더불어 살아가는 3세대 간에 서로를 이해하고 지역사회 문제해결에 공동으로 대처할 수 있는 계기를 제공하고 있는 것이다.

(2) 상리종합사회복지관: 지역통화를 활용한 품앗이 공동체 형성

영구임대아파트가 저소득 주민에게 주거안정이라는 긍정적 측면보다는 '가난한 사람들의 주거지'라는 사회적 낙인으로 일반화되어 있는 것이 현실이다. 이처럼 도시의 섬으로 격리되어 있는 영구임대아파트 지역과 최근의 사회복지실천 현장에서 클라이언트의 역량강화가 강조되면서 지역주민들에 의한 지역사회 변화의 노력들이 일어나고 있다. 따라서, 본 프로그램은 지역주민들이 자조집단을 형성하여 개인이 겪고 있는 문제 해결을 통한 역량을 강화시키고, 나아가 지역사회의 임파워먼트를 통해 지역사회 변화를 도모하는 것을 궁극적인 목적으로 하고 있다. 이를 위해 지역 주민들의 자조집단 참여를 이끌어 내기 위해 서구 유럽에서 시작된 지역통화 제도를 접목시켰다. 지역통화는 자신이 보유하고 있는 기술과 자원을 이를 필요로 하는 다른 사람에게 제공하고, 자신도 다른 사람으로부터 필요한 기술과 자원을 제공받을 수 있는 '다자간 품앗이' 제도이다. 따라서, 이는 상호신뢰를 바탕으로 한 회원 간의 교환제도이자 지역 공동체적 연대의식을 기초로 하는 제도로서 궁극적으로 지역사회 공동체를 회복시키고자 하는 운동이다.

이를 위해 품앗이에 참여할 회원을 모집하여 공동체를 형성한 후, 자조적인 운영을 위한 운영위원회 구성, 참여 주민들의 공동체의식 및 지역통화제도에 대한 이해를 도모하기 위한 공동체 학교 운영, 회원 간의 관계형성을 위한 정기모임 및 품앗이 만찬, 지역통화 운영의 활성화를 위해 소식지 발간 및 홈페이지 개설, 그리고 수첩 제작 및 배포 등의 활동을 하였다. 또한 지역사회 문제해결의 일환으로 품앗이 회원들의 재가가정 서비스지원에 나서고 있다.

지역사회복지관의 프로그램이 대부분 지역주민들에게 서비스 제공을 목표로 하고 있는 것과 비교할 때, 개념 자체도 아직 보편화되지 못한 지역통화로써 주민조직화를 지향하고 있는 본 프로그램은 아주 독특한 사업이다. 프로그램의 개념, 사업진행과정, 목표달성은 물론이고 지역주민들의 사업에 대한 이해조차 어려운 현실에서 사업의 성공 여부는 상당부분 담당 실무자의 역량에 달려 있다 하겠다. 사업성과를 보면 현재 31명의 회원을 확보하여 초기단계 사업을 진행하고 있다. 보고서를 보면 실제적인 사례를 중심으로 문제해결, 조작형성 등의 단기목표 달성 정도와 개인역량강화와 지역사회 역량강화 성취정도를 평가하고 있다. 한 가지 보완했으면 하는 부분은 거시수준의 변화를 위해서는 지역주민 공동체 운동에 대한 제도적 뒷받침(예를 들면, 공동체운동에 대한 세제혜택 등) 등의 변화 요구를 담아내는 부분이다. 공동체 학교의 경우 교육 내용을 정하는 것부터 강사 선정 및 평가까지 학교운영 전 과정에 지역주민들의 실질적인 참여를 보장하는 방향으로 발전해야 할 것이다.

프로그램 진행 결과 품앗이 공동체에 참여한 지역주민들이 지역에 대한 만족도를 향상시키고, 품앗이 활동의 활성화를 통해 경제적 주권을 행사할 수 있도록 하였다. 또한 지역사회 빈곤 문제 해결에 주도적 역할을 감당함으로 지역연대의식을 강화시키고자 하였다. 나아가 이 프로그램을 통해 지역통화 도입의 성공적 사례 모델을 영구임대아파트라는 특정 지역에 적용함으로써 영구임대아파트 지역조직의 새로운 모델을 제시하고자 하였다.

(3) 아산시장애인복지관: 복지플러스 네트워크

본 사업은 지역사회 재가 장애인들의 건강권 확보를 위하여 지역사회 내에서 활동하는 의사를 중심으로 모임을 개발·조직하고 지역사회보호 관점을 통합한 '복지플러스(+) 네트워크'를 구축하는 프로그램이다. 사회복지 서비스 수요자를 조직화한 여타 프로그램들과 달리 이것은 서비스 공급자를 조직화하여 재가 장애인들의 건강권을 보장하는 프로그램인 것이다.

본 프로그램의 구체적 목표는 재가 장애인들의 보건의료욕구를 조직적으로 충족하기 위한 복지플러스 의사회 조직화, 복지플러스 건강기금 마련, 이를 위한 지원팀(SIDE) 구성과 장기적으로 공공보건의료서비스의 확충을 지향하고 있다. 프로그램 진행 결과 전반적으로 어느 정도 성과를 가져왔다. 먼저 5명의 의사를 중심으로 복지플러스 주치의 활동이 이루어지고 있으며, 32명의 지역사회 보건교사들이 방문간호(연16회 활동)와 월 2회 이동목욕 서비스를 제공하고 있다. 복지플러스 건강기금 마련(2004년도 200여 만 원 모금) 등 프로그램 후원조직도 이루어지고 있으며, 실무지원팀(4명, 월 2회 모임 및 활동)도 가동 중이다. 이 프로그램 역시 보건의료 전문인력뿐만 아니라 여타 지역사회자원 동원에 성과를 보여주고 있다. 예를 들면, 삼성코닝 정밀유리(주)를 활용한 장애인들의 주건환경개선 사업 및 의료비 지원, 모산 천주교회, 온양제일장로교회, 천안 비전교회 등 지역 종교단체의 후원활동 조직화가 이루어졌다.

2004년도 활동을 통해 아산시 중증장애인 의료재활서비스 네트워크 형성이 이루어졌다. 이를 바탕으로 차년도 사업에 대한 모든 준비가 완료되었으며 관련분야로의 영역확장도 가능해졌다. 그동안 진행해온 재가복지대상자 장애인관련 복지서비스와 더불어 장애인에 대한 긍정적 인식전환의 계기를 마련하고, 여러 가지 질병에 시달리는 독거장애인의 건강에 대한 욕구를 해결하며 삶에 적극적이고 능동적인 재활의지를 갖게 하는 데 일조한 프로그램이다.

(4) 태화샘솟는집: 정신장애인 클럽하우스 프로그램

본 프로그램은 정신장애인 사회복귀시설에 종사하는 사회복지사와 소비자인 정신장애인들이 공동으로 클럽하우스를 운영함으로써 사회복지사와 소비자의 역량강화를 목표로 하며, 클럽하우스 프로그램의 확대를 지향하고 있다. 클럽하우스는 정신장애인을 회원으로 받아들이고 직원과 회원의 평등한 관계를 중심으로 정신장애인이 필요로 하는 일들을 함께 해 나가자는 철학이자 프로그램이다. 이미 클럽하우스로 운영하고 있는 기관에서는 소위원회를 통한 네트워크를 활용하여 좀 더 많은 정보가 교류되고 상호 발전의 기회가 될 수 있도록 하며, 새로 클럽하우스를 시작하고자 하는 기관에서는 모델에 대한 교육을 받고 철학을 공유하여 기관 운영에 반영할 수 있도록 한다.

이를 위해 ① 직원과 정신장애인을 대상으로 클럽하우스 3주 훈련을 실시하고 클럽하우스 이해를 돕기 위한 책자를 발간하며, ② 각 기관의 대표자나 관심자들을 중심으로 주제별 소모임을 구성하여 정신장애인이 지역사회에 살아가기 위해 필요한 것들을 성취하기 위한 공동의 노력을 하며, ③ 세미나를 개최하여 자료들을 공유하고 프로그램 확산을 도모한다. 또한 3주 훈련 과정 중에 각 기관에서 변화를 시도하기 위한 활동 계획(action plan)을 정신장애인, 직원, 시설장이 함께 작성하며 이를 토대로 각 지역사회와 함께 하는 클럽하우스를 운영해 나가도록 한다. 프로그램 진행을 살펴보면, 클럽하우스 만들기 3주 훈련이 진행되었으며 실무자 단기교육도 함께 진행되었다. 클럽하우스 간 연대와 정신장애인의 욕구 충족을 위해 소모임 활동도 이루어졌는데 운영소위(교육 담당), 주거소위, 취업소위의 3가지 조직이 만들어져 활동하고 있다.

클럽하우스 프로그램의 일차적 성공 요인은 사회복지사와 소비자 간의 동등한 참여와 협력관계의 수립에 있지만, 궁극적으로 정신장애인들의 주거, 취업, 교육 욕구 등을 충족하기 위해서는 지역사회의 이해와 협력이 필수적이다. 본 프로그램의 경우도 지역사회에서 기관이나 정신장애인이 주민들과 함께 하는 프로그램을 기획하지 못한 점이 한계로 지적될 수 있다.

(5) 지역주민 조직화 외국 사례

지역주민 조직화 사례로는 이스라엘 정착촌 주민자조조직 사례와 미국의 주거비 문제 해결을 위한 뉴저지 지역주민사례를 제시한다. 두 경우 모두 주민조직 활동을 통해 거시적 실천, 즉 제도개선의 결과를 가져왔다.

로퍼(Lauffer, 1994)는 이스라엘 정착촌의 주민자조조직 활동 평가를 통해 정부와 지역조직 간, 그리고 전문가와 지역주민 간의 조정 역할에 주목하고 있다. 이스라엘은 1960년대 후반 정착민들을 위한 자치도시를 건설하였다. 지역사회조직 전문가와 자원봉사자들은 신도시 주민들의 위원회 조직화와 정부와의 협상 과정에 도움을 제공하였으며 그 결과 주민자조조직 (Minhelets)이 결성되었다. 자조조직은 초기에는 전통적인 사회복지서비스 이슈만 다루었으나 점차 전체적인 환경개선 등 활동 영역을 확대해 나갔다. 활동의 확대와 함께 우선순위를 둘러싼 갈등과 활동 참여 여부에 따른 개인적 혜택의 차이 등이 문제점으로 나타났다. 지방정부는 대규모 자원봉사조직(JDC)과 협력하여 자조 조직의 활동을 지원하였다. 이들의 활동과 관련해 로퍼는 중앙정부에서 지방으로의 책임 이양은 어떤 조건 하에서 이루어지는 지의 문제와 지방정부가 지역주민들과 서비스 계획과 전달 책임을 공유하는 것은 어떤 조건 하에서 가능한지라는 두 가지 문제를 제기하였다.

탈중앙집중화와 권한 이양과의 관계는 일반적으로 전문성에 대한 요구가 낮을수록 시민참여의 정도가 높아지며, 과업이 일상화·관료화될수록 시민 참여 정도는 낮아진다. 그리고, 문제해결에 필요한 재원, 전문적 지식이나 이념이 충분하지 못할수록 지방정부로의 위임이 확대된다. 이스라엘 자조조직의 혼선은 문제해결, 지역개발, 그리고 탈중앙집중화의 3대 목표의 혼선에 있다. 만약 목표로서 탈중앙집중화를 강조하면 자조조직은 중앙정부의 분점 역할로서 중앙정부와 지역주민 사이에 중재, 조정기능을 하게 된다. 이에 비해 문제해결과 지역개발을 위한 수단으로서 탈중앙집중화를 보게 되면 참여, 리더십 개발, 효과적인 의사소통 등 지역개발 사업이 목표가 되며 탈중앙집중화는 목표달성을 위한 유연한 구조로 이해하게 된다.

칸(Kahn, 1994)은 뉴저지 지역 주민조직 사례연구를 통해 구조개혁의 조직화에 대해 논하고 있다. 1969년 주택 월 임대료 인상을 반대하는 뉴저지 주민조직은 집주인들의 자의적 퇴거조치를 금지하는 법안을 마련한 이후 '선거전략'을 통해 친세입자 후보 격려, 후보자 교육효과 등의 성과를 가져 왔으며, 또한 지역차원의 입법화(local rent control laws)를 통한 지역주민들의 관심 고양, 의식화 고양, 그리고 조직 구성원 확대의 결과를 가져왔다. 그러나, 집주인들도 월세 통제의 합법성 여부를 문제삼으면서 집주인들을 위협하는 재산세를 이슈화하여 그들을 조직화하였다. 집세 문제는 궁극적으로 조세제도의 개혁으로 연결되어 이를 위한 지역 연대모임이 만들어졌다.

사례연구를 통해 먼저 조직 구조를 살펴보면, 조직의 리더는 대다수 지역 세입자 조직 지도자들이며, 일부 공익변호사들이 참여하고 있으며, 재원은 자체 조달하고 있다. 조직구성 상의 문제는 세입자의 이사비율이 높으며, 일정 성과 후 탈퇴하는 조직원(free rider)들이 늘어난다는 점이다. 그리고, 중산층 백인 노동자계층의 주도로 저소득층 소수민족집단의 참여가 미흡한 문제가 있다. 지도력의 경우 다양한 출신성분에도 불구하고 주도권은 백인 중산층이 가지고 있으며 초기 주도권은 공고했다. 1970년대 중반 이후, 조직이 관료화되고 전문가 주도로 바뀌며 외부자금에 의존하게 되면서 위기를 맞게 된다. 그러나 1970년대 후반, 다시 초기 진보적 인사들이 주도권을 회복하게 된다. 조직의 관료화는 조직 유지 욕구와 근본적 조직의 목표 달성 과제 사이의 긴장을 야기시킨다. 초기 성공을 보장하였던 선거 전략은 민주당 정책의 보수화로 딜레마에 봉착하였다. 그리고, 근본적으로 주택시장이 시장경제시스템에 의존하는 이상 주택의 탈상품화 시도는 한계가 있으며, 정부의 공공정책의 확대를 통한 주거권리의 실현이 과제가 된다.

2부
사회복지서비스 수요자의 자조집단

2. 장애인 자조집단의 역량 및 지지체계 강화를 통한 지역사회증진 프로그램 운영사례를 중심으로: 제주장애인종합복지관 - 김성미

3. 중증지체장애인의 역량강화(empowerment)를 위한 지역 환경개선 자조집단 활동 프로그램: 정립회관 - 사재광

4. CSES(지역사회 노인지도자 양성프로그램): 용산노인복지관 - 김기룡

5. 재가어르신 자조집단 역량강화 프로그램: 마포노인종합복지관 - 김라미

6. 1:3 세대 사회통합프로그램 '손주사랑' (어르신 인형극 동아리): 부천시니어클럽 - 강시내

장애인 자조집단의 역량 및 지지체계 강화를 통한 지역사회증진 프로그램 운영사례를 중심으로

1. 프로그램 요약

본 프로그램은 기 구성된 장애영역별(척수, 뇌졸중, 여성) 장애인 자조집단을 대상으로 구성원들의 역량강화를 통해 각 집단의 활성화를 도모하고, 나아가 지역사회에 당당하고 적극적으로 참여할 수 있도록 하는 세부적인 프로그램으로 구성되었다.

개인적인 측면에서는 원활한 의사소통기술을 향상시키기 위한 집단지도 프로그램과 여성장애인들의 기능과 기술을 향상시키기 위한 비즈공예교실을 운영하였다. 집단측면에서는 구성원들의 결속력과 친밀감을 강화할 수 있는 캠프와 문화체험프로그램과 함께 자조집단실을 연중 개방 운영하여 구성원 상호간의 재활정보 공유와 지지체계의 토대를 마련하고 각 집단별 소식지발간 및 워크숍 등의 집단활동을 통해 자조모임 활동을 대내외적으로 알리며, 자조집단 자치운영의 효율성을 위해 지도자급 장애인의 지도력개발 및 강화를 위한 재활아카데미를 운영함으로써 집단구성원들의 소속감증진과 자조집단 활성화를 도모하였다.

이를 바탕으로 본 프로그램은 지역주민과 함께 하는 장애 및 교통사고 예방, 이동권 확보 캠페인, 중증 장애인 생활시설 봉사활동, 중증 장애인을 위한 제주도 관광안내책자 보급 등과 같은 지역사회발전에 기여할 수 있는 집단활동을 통해 지역사회 일원으로서 역할을 제고하고, 또한 지역사회의 당당한 일원으로서 참여를 유도하여 그들의 삶의 의욕을 증진시키고 보람을 구현할 수 있도록 도움을 주며, 나아가 제주도 내의 타 장애인들에게 자조모임 형성의 필요성에 대한 긍정적인 자극을 주고 자조모임활동의 모델을 제시하는 목표를 지닌 프로그램으로서 2004년 1월부터 12월까지 운영되었다.

2. 프로그램 개요

최근 사회복지학계에서는 역량강화가 중요한 내용으로 대두되고 있다. 치료중심의 실천모델에서는 전문가의 역할이 상대적으로 강조되기 때문에 원조관계에서 클라이언트의 자기결정이라는 가치가 실현되기 어렵다.

따라서, 클라이언트는 사회복지사의 개입을 통해 스스로의 문제해결동기와 능력을 고취시키고, 문제해결과정에서 주체적인 역량을 발휘하기 어려웠던 것이다(이윤화, 1999). 이러한 관점에서 사회복지사와 클라이언트 간의 전문적 관계를 재조명해야 한다는 주장이 대두되고, 역량강화적 접근에 대한 관심이 높아지게 되었다.

역량강화(empowerment)는 자신의 삶을 개선하려는 사람이 역량(power)을 가짐으로써 자신의 환경에 대한 통제력을 갖는 것이다. 역량강화는 개인의 역량을 무기력화하는 사회 내부의 힘에 건설적으로 대응하는 방법을 배우고, 개인적 수준에서의 변화를 주도하는 데 자신감을 갖는 것과 더불어 환경의 변화를 주도하는 것이다.

본 사례 연구는 프로그램에 참여한 3개 자조집단(척수장애인, 뇌졸중장애인, 여성장애인) 구성원들의 프로그램 참여 및 활동을 통해 표현된 의견을 정리한 자료와 활동내용을 중심으로 자조집단 활동을 통한 역량강화의 변화와 효과성을 조직화과정을 통해 보여주고자 한다.

1) 문제인식

신체의 손상이라는 생물학적 차원에서 문제가 발생하면 이 영향은 정신적·사회적 문제로도 발전되는 특성으로 인하여 생활에서 많은 곤란을 겪게 되고 장애가 가져다주는 영향으로 행동능력에 제한이 있으며 인간관계의 문제로서 새로운 인간관계의 확립에 상당한 정신적 부담을 느끼고 정서적 스트레스를 강요당한다. 우리나라 재가장애인들 중 77.5%가 장애로 인하여 심리적 부담을 느낀다고 조사되었으며, 비장애인들의 장애인에 대한 부정적인 생각이 실제 장애인이 그렇게 느끼고 있는 것보다 2배나 많다고 조사된 것(한국보건사회연구원, 1995 :36)을 보면 그들이 사회생활에서 받는 스트레스를 짐작할 수 있다. 이러한 상황에서 장애인들의 정신적인 긴장은 증가하게 되며 이러한 것을 피하고 싶어하므로 행동이 소극적, 퇴행적으로 되기 쉽다.

또한, 장애인의 사회적 불이익이 존재하는데 장애인에 대한 일반적인 사회태도는 정도의 차는 있어도 부정적이다. 장애인들은 대개 자아개념 속에 비현실적인 요소가 내포되어 부정적인 심리가 포함되어 있기 때문에 일반인에 비해 열등감, 불안, 공격성 등이 높게 나타나고 있다. 이는 장애에 대한 주위의 과보호, 사회에서의 특별한 취급, 때로는 무관심과 교육의 불평등, 그리고 필요한 정보에 대한 접근의 어려움 등으로 사회적응에 대한 불안이 일견 공격성이나 자아의 좌절감으로 나타나는 경우가 많기 때문이다. 또한, 장애인은 장애로 인해 인적 자원이 축소되고 접근 가능한 장소가 제한되며 활동기능 역시 제한되어 있어 고립감을 느끼기 쉬우며 이는 우울증과도 연결되어 정신건강에도 나쁜 영향을 미칠 수 있다.

특히 우리나라 장애인의 97%가 넘는 재가장애인들은 장애로 인한 문제가
발생하였을 경우 이에 관해 의논할 대상이 없는 경우가 21.8%로 나타났다(한
국보건사회연구원, 1995: 166). 이처럼 우리나라 장애인들은 열악한 생활로 인
하여 50% 이상이 현재 일상생활을 불만족스럽게 여기고 있다고 조사되었다.

> "나는 사회에서 한창 혈기 왕성하게 활동을 해야 할 나이인데 갑작스런 교통
> 사고는 내 인생을 송두리째 가져가 버렸어요…… 이제는 무서운 생각이…
> 들어요. 몸은 예전처럼 되돌아갈 수 없고 ……무엇을 어떻게 해야 할지……
> 불안하기만 하고 ……이제 내 스스로 무엇을 어떻게 해야 할지 아무것도 결
> 정할 수가 없어요."
> —척수장애인 박○○ 씨—

> "저는 패러글라이딩과 등산을 즐기던 꿈 많은 청년이었는데…… 이젠 정말
> 아무 것도 …… 자신이 없어요. 언어장애도 심하고 이제 내 곁에는 어느 누구
> 도 남아 있지 않아요. 누군가를 만나는…… 난 너무 어려워요. 앞으로 무엇
> 을 해야 할지 …… 몰라요."
> —뇌졸중장애인 송○○ 씨—

> "난 행복한 가정을 꾸려나가고 싶어요. 무엇인가 가족을 위해 보탬이 되고
> 싶은데……아이도 예쁘게 잘 키우고 싶은데……어려워요. 나의……어려움
> 을……알까요. 돈도 벌고 싶어요. 살림에 보탬이 되었으면…… 해요.
> —여성장애인 이○○ 씨—

> "우리 같은 장애인이 …… 무슨 힘이 있겠어요. 그저 사회복지사님이 다 알아
> 서 해주셔야죠. 전, 그저 뭐든지 주면 좋으니까요."
> —여성장애인 박○○ 씨—

이상의 자료들은 장애인들이 자신의 장애로 인한 느낌과 심정을 정리한
것이다. 이를 기반으로 조직형성 초기에 그들에게 처해진 상황에 대한 문제
들을 정리해 보면 다음과 같다.

첫째, 장애로 인해 자기의사 표현능력이 부족하고 심리적인 위축감이 대
인관계 형성 및 유지에도 많은 어려움을 주어 자아성장의 기회가 저조하다.

둘째, 장애로 인해 주변체계의 범위가 축소되다보니 정보접근에 어려움이

있다.

셋째, 장애로 인해 활동기능에 제한이 있다보니 대인접촉의 기회가 부족하고 사회참여활동의 기회가 저조하다.

넷째, 자조집단 내 리더십의 부족으로 자조집단의 역할정립이 제대로 되지 않았다.

다섯째, 경제적인 자립능력이 저조하여 경제적 부담감을 느끼는 등 활동에 제약을 받고 있다.

(1) 문제해결

앞에서 제시된 장애인의 문제해결능력 및 자기결정권의 약화, 정보공유 및 상호지지체계의 부족 등의 문제를 해결하기 위해 자조집단 구성원들과 정기적인 자조모임 월례회의 및 3개 자조집단 임원진 연합회의 개설을 유도하여 문제해결능력 향상 및 자기결정권 강화에 대한 목표를 수립하였다. 그리고, 자조집단실을 연중 개방하여 3개 자조집단 구성원들이 자유롭게 이용할 수 있도록 하고 집단실 내에는 각종 재활정보 및 프로그램 정보를 게시판에 게시하여 자유롭게 정보를 획득하고 다른 회원들에게도 공유할 수 있도록 유도하였다.

여성장애인들인 경우는 경제적인 자립능력이 저조하여 여성장애인 자조집단의 전문기능강화 및 기술습득을 위한 비즈공예교실 프로그램을 기반으로 장기적으로 전문기술능력을 배양하여 작업장 마련 및 제작판매를 통한 수익을 창출함으로써 경제적 자립을 마련한다는 목표를 설정하게 되었다.

자조집단 구성원들이 집단활동에 참여함으로써 사회참여의 기회가 예전보다는 많아진 것은 사실이다. 이와 더불어, 척수장애인 자조집단에서만 진행되어 오던 캠페인활동을 3개 자조집단의 연합활동을 통해 지역사회에 인식개선과 변화를 일으켜보자는 계획에 대한 논의가 이루어졌고 중증 장애인 생활시설 봉사활동 및 관광지 내 장애인 편의시설 모니터링활동을 통해 지역사회 환경개선에 동참하자는 목표가 수립되었다.

(2) 문제해결수준

위에서 제시된 자료를 바탕으로 본 연구에서는 문제해결의 수준을 집단 구성원들이 자조집단에 참여하면서 획득하게 된 교육 및 집단활동을 통한 개개인의 변화 정도를 통해 살펴보고자 한다.

자조집단에 참여하는 장애인들의 참여 동기는 대부분 같은 문제상황을 안고 있다는 것이다. 자조집단은 비공식적인 사회적 지지의 한 유형으로 유사한 경험자들의 도움과 이해를 통해 특정 욕구를 갖고 있는 구성원들을 도와주는 조직이며 홀로 대처해야 하는 문제에 대한 대안이다. 이러한 자조집단은 광범위한 문제와 관심사를 갖고 있는 클라이언트를 위한 원조역할을 하고 장기적 지지를 제공한다. 또한 공적·사적 사회서비스 기관에서 찾기 어려운 소속감을 제공하며 구성원들에게 원조를 받을 수 있는 기회뿐만이 아니라 원조 제공의 기회를 제공하기도 한다. 문제행동을 가진 많은 사람들은 도움을 받을 수 있는 친구나 친지가 거의 없기 때문에 사회적으로 고립되어 있으므로 자조집단에 참여한 구성원들은 유사한 경험을 한 다른 구성원들을 보호해줌으로써 단기간 내에 서로를 알게 되는데 이러한 특성이 즉각적인 지지의 자원이 된다(김수진, 1996).

"매월 월례모임이 있어서…… 참……좋아요. 내가 어느 모임에……소속되어 있구나……하는 소속감도 느낄 수 있어서 좋구요……나를 잘 이해해주는 것 같아서……좋아요."
　　　　　　　　　　　　　　　　　　　　　　　－여성장애인 박○○ 회원－

"예전에는 바깥에 나가는 것이 정말 싫었어요……마비된 내 몸뚱이만 보는 것 같아서요. 근데요……이제는 제 곁에 든든한 친구들이 많아서……좋아요. 매일 나와서 이야기……하고 싶어요."　　　　－뇌졸중장애인 김○○ 씨－

"우리끼리 모여서……이야기하니까 많은 도움이 되요……아, 저 사람도 나와 같은 어려움을 겪었구나……저에게 도움이 되는 이야기들도 많이 해줘요……나도 누군가에게 도움을 줄 수 있을 것 같아요……자조모임에 나오면서 조금씩 자신감이 생겨요. 나를 격려해주고 아껴주는 사람들이 있다고 생각하니 든든해요."
　　　　　　　　　　　　　　　　　　　　　　　－여성장애인 김○○ 씨－

앞에 제시된 자료처럼 집단구성원들은 자조모임의 참여를 거듭함으로써 자신들이 서서히 변화하고 있음을 경험하고 있다. 개개인의 변화는 집단활동을 통해서 나타나는 자발성이 향상되었다는 점에서 알 수 있다. 자발성은 타인의 명령이나 구속에 의하여 마지못해 행하는 것이 아니라 자신이 보고 생각해서 스스로 결정하여 자기의지에 따라 행동하는 것이라고 본다.

2) 자조집단 조직 형성

제주도장애인종합복지관은 2000년도부터 장애인들의 자기결정권 강화 및 장애인들의 욕구에 대응하는 서비스의 질적 향상을 도모하기 위해 장애 영역 및 성별 자조집단 육성을 지원해왔다. 2000년 4월 척수장애인자조집단 '곰솔회' 발족을 시작으로 2001년 3월 여성장애인자조집단 '길벗회', 2002년 8월 뇌졸중장애인 자조집단 '담쟁이회' 가 구성되었다.

(1) 척수장애인 자조집단 '곰솔회'

2000년 4월, 척수장애인 20명으로 구성되어 연 1회 재활소식지를 발간하여 지역사회에 자조집단의 활발한 활동을 소개하고 있으며, 홈페이지를 개설하여 회원 간의 정보공유와 의견수렴의 장으로 활용하고 있다. 2004년 1월, 신 임원진이 선출되어 현재 15명 정도의 회원이 활발하게 활동 중이며 일부 회원이 자립생활지원센터에서 간사로 활동 중이다.

(2) 여성장애인 자조집단 '길벗회'

길벗회는 2001년 3월, 여성장애인 13명으로 출발하여 현재 비즈공예 교실에서 자조집단 전문기능 강화 및 기술습득을 위한 활동을 하고 있으며 2002년~2003년에는 복지관 대내외 행사 또는 대학축제 등 전시 및 판매활동을 통해 창출된 수익금을 자조집단 운영기금 및 회원들의 경제적 자립기반 마련을 위해 운영중이다.

(3) 뇌졸중장애인 자조집단 '담쟁이회'

담쟁이회는 2002년 8월, 뇌졸중장애인 집단지도 프로그램에 참여했던 뇌졸중장애인들을 중심으로 친목형태의 소모임을 가져보자는 취지로 시작되었다. 또한, 연령과 지역적 특성을 고려한 제주시 권과 애월읍 지역의 자조집단으로 구성되어 현재 연합활동 및 교류활동 등 적극적인 활동을 전개해나가고 있다. 현재 2기 회장 및 임원들이 선출되어 활동 중이고 온라인 카페 '제주돌담 담쟁이회'를 회원이 개설 · 운영하고 있으며 담쟁이회 회원들 간의 정보공유의 장으로 활용하고 있다.

(4) 자조집단 지원조직

제주시 지역에서 활동하고 있는 일도2동장애인지원협의회를 지역사회 내 장애인 민간후원조직으로 영입하였고 일도2동장애인지원협의회에서는 각 자조집단의 정기적 후원금 지원을 통해 자조집단 활동 및 프로그램 운영에 지원을 아끼지 않고 있다. 자조집단에서도 일도2동장애인지원협의회와 협력적인 관계를 유지하며 지원협의회가 주관하는 6월 지역행사에 함께 참여하여 지역 내 재가장애인의 사회참여를 적극적으로 유도하는 모습을 보여주기도 하였다.

제주도장애인종합복지관에서도 자조집단의 운영에 필요한 시설 및 교육프로그램 등을 통하여 자조집단의 자치적인 운영이 이루어지도록 지원하였다.

3) 활동내용

자조집단 활동은 크게 교육활동과 지역사회참여활동, 친목도모활동, 홍보활동, 회원월례모임활동으로 구성되었다.

(1) 월례모임활동

자조집단 모임활동은 월례모임과 자조모임 임원진 연합회의로 구성되었다. 자조집단 월례모임은 각 자조집단별로 매월 1회 진행되었으며, 자조집단실 이용시간을 서로 조정·합의하여 자조집단실 내에서 자체적으로 진행되었다. 그리고, 자조모임 임원진 회의는 각 자조집단에서 선출된 임원진들이 매월 1회 연합회의를 통해 각 자조집단 활동내용에 대한 공유와 복지관의 자조집단프로그램 계획단계과정의 협의를 거치는 과정으로 활용되었다. 매월 월례모임을 통해서 각 자조집단 구성원들은 자연스럽게 자신들의 의견을 제시할 수 있는 기회가 주어졌고, 그 과정에서 자조집단 성원들의 욕구가 반영된 활동사안들이 결정되는 자리가 되었다.

각 자조집단 구성원들은 자체적으로 회칙을 정하고 매월 소정의 회비를 납부하여 운영기금을 마련하고 있고 일부는 복지관과 일도2동장애인지원협의회로부터 지원을 받고 있다.

(2) 교육활동

교육활동은 뇌졸중장애인자조집단 집단지도, 여성장애인비즈공예교실, 자조집단재활아카데미 프로그램으로 구성되었다.

① 집단지도운영

집단지도 프로그램은 합리적인 의사소통기술 향상을 통해 자조집단 구성원들의 문제해결능력을 향상시키고자 6월10일부터 7월29일까지 총 7회 과정으로 운영되었다.

2002년에는 20~30대 뇌졸중장애인을 대상으로 집단지도프로그램이 운영되었고, 2003년에는 애월읍지역에 있는 50~60대 뇌졸중장애인을 대상으로 집단지도프로그램이 운영되었으며 2004년도는 이미 자조집단에 가입한 40~50대 회원들을 대상으로 집단지도가 운영되었다. 이번 집단지도에서는 집단성원에게 자신을 개방하고, 자신의 긍정적·부정적 감정을 표현하고, 나-메시지 전달을 통해 자신을 표현할 수 있는 시간을 가졌으며, 집단구성원 이해, 타인과 상반된 관점 수용, 적극적 경청하기 등을 통해 타인과의 합리적인 의사소통방법 등을 익혀보았다.

실제로 이 집단지도를 통해서 집단성원의 자존감에 대한 측정점수가 2.5857에서 2.9571로 0.3714점 높아졌으며, 문제해결에 대한 자기평가 측정 점수는 2.9633에서 3.4041로 0.4408점이 향상됨에 따라 자조집단 성원들의 문제해결능력을 향상시킬 수 있는 계기가 되었다고 평가한다.

> "자신이 회원들에게 많은 유익한 정보를 전해 주려다 보니 언성도 높아지고
> 자신의 생각만 주장하는 것 같다. 앞으로 자기주장만 내세우지 말고, 다른
> 사람의 말에도 귀를 기울일 수 있도록 노력해야겠다."
>
> —담쟁이회 김○○ 회원—

> "집단지도 프로그램을 통해 자신의 이야기도 할 수 있으며, 다른 사람이 자
> 신의 이야기를 잘 들어주고, 자신이 말을 할 때에 잘못된 대화에 대해서 다
> 른 사람을 위한 대화방법을 익힐 수 있어서 도움이 되었다."
>
> —담쟁이회 오○○ 회원—

위에서 제시된 자료처럼 뇌병변장애인자조집단 회원인 오○○ 씨는 평소에 빠른 말투, 반복적인 언어와 흥분된 어조로 회원들에게 공격적인 인상을 주어 회원들 간의 신뢰감 및 관계형성에 많은 어려움을 가지고 있었으나 의 사소통기술 습득을 위한 집단지도 참여로 예전에 비해 언어적 표현이나 인 상자체가 바뀌어 회원들에게 긍정적인 이미지를 심어주었다.

②비즈공예교실운영

비즈공예교실은 여성장애인들의 전문기능 강화 및 기술습득을 위해 창립 초기부터 운영되어 온 프로그램으로 2004년도에는 6월18일부터 9월24일까 지 총 15회 과정으로 초급·중급과정으로 진행되었다.

2002년부터 여성장애인자조집단 '길벗회'는 비즈공예작품들을 복지관 대내외 행사나 대학축제, 사회복지관련 행사 등에 전시 및 판매활동을 통하 여 기금마련 활동을 전개해왔는데 2004년도에는 '사회복지사의 날' 대외행

사를 통해 1차 판매활동을 벌였고 2차로 2004년 10월 12일 시청 어울림마당에서 길벗회 자체판매전시회를 개최하여 120여 만 원의 수익을 창출하였다.

비즈공예는 요즘 여성들 사이에서 여가활동 및 창업에 각광받고 있는 품목으로 참여구성원들이 높은 만족감을 가졌으며, 작업활동 후 바로 결과물이 나타남으로 인해 자신감 형성 및 직업재활 의지를 고취시키는 데도 동기부여가 되었다.

비즈공예교실에 참여한 여성장애인 자조집단 회원인 이○○ 씨는 비즈공예를 시작한지 3년이 되어감에 따라 비즈공예 기술면에서 탁월한 솜씨를 발휘하여 자조집단 신입회원들에게 그동안 비즈공예전시 및 판매를 통한 자조집단 기금조성의 사례를 공유하며 꾸준한 판매수익으로 기금을 조성하여 작업장마련계획에 대한 분위기를 조성하고 있다.

③ 자조집단 재활아카데미 운영

자조집단 재활아카데미는 자조집단의 자립능력을 향상시키고 자조집단 운영에 있어서 집단 내 리더들의 역량을 강화시켜 자조집단별 자치운영을 하는데 교육적 지원을 하기 위해 2004년 7월13일부터 8월12일까지 총 7회 과정으로 운영되었다.

사업지원팀은 3개 자조집단(곰솔회, 담쟁이회, 길벗회) 임원진 및 지도자급 장애인으로 프로그램참여를 유도하였고 진행강사는 내·외부강사를 활용하였다. 그리고, 아카데미과정 중에 자립생활지원프로그램과 연계하여 동료상담가 양성교육을 함께 이수하도록 하여 지도력훈련프로그램을 강화하였다.

프로그램 내용은 크게 조직기술부분과 지도자기술훈련으로 나누어 진행하였는데 조직기술에는 이슈선택, 전략계획, 전술선택, 의사소통체계개발, 대중매체활용, 모임진행, 운영기금관리 등을 포함하여 구성하였다. 지도자기술부문은 조직 내 지도자의 역할과 기능, 모임운영기술, 지도력과 구성원과의 관계 등을 포함하여 진행하였다.

(3) 친목도모 활동

자조집단 성원들 간의 결속력 및 소속감증진을 위한 문화체험활동과 연합
가족캠프가 운영되었다.

① 문화체험(나들이) 프로그램

자조집단 구성원들 간의 결속력 및 친밀감을 강화시키고자 상반기에는 여
성장애인 자조집단 '길벗회'를 시작으로 각 자조집단별 자체 나들이활동을
하였고 10월에는 3개 자조집단들이 연합문화체험활동을 진행하였다. 연합문
화체험은 제주시내 극장에서 단체영화관람을 한 후 조천읍 소재 항일기념관
을 방문하여 제주의 역사를 이해하는 시간을 가져보는 시간으로 마련하였다.

연령대가 높은 일부 회원들은 평소에 공연이나 영화관람이 쉽지 않았는
데 집단활동을 통해서 이런 기회가 주어져서 만족스럽다는 의견을 보이기
도 했다.

② 연합 가족캠프

자조집단 간의 친목활동으로 9월 연합가족캠프를 운영하였다. 이 캠프는
집단구성원들 간의 결속력과 소속감증진을 위해 교류와 화합의 장으로 마련
된 프로그램으로 1박 2일 일정으로 진행되었다. 캠프활동은 크게 대집단활
동과 각 자조집단별 활동, 교류활동으로 운영되었으며, 대집단은 콜라주활
동을 통해 집단구성원들이 생각을 자유로이 표현할 수 있도록 진행되었고
각 자조집단별 활동은 자조집단 활동을 되돌아보는 회고의 시간으로 진행하
여 좀 더 발전적인 대안이 나올 수 있도록 운영되었다.

(4) 홍보활동

각 자조집단은 연 1회 재활소식지 및 활동홍보지를 발간하여 재가장애인
및 사회복지관련기관, 지역사회에 자조집단의 활동을 소개하고 회원들에게
유익한 정보를 제공하고 있다. 척수장애인 자조집단 '곰솔회'는 2004년도 4

월 제5호 소식지를 제작·배포하였고 뇌졸중장애인 자조집단 '담쟁이회'는 11월 제2호 소식지를 제작, 전국의 장애인복지관련 기관에 배포하였으며, 여성장애인 자조집단 '길벗회'는 2003년까지 여성장애인소식지로 발간해오다가 2004년도에는 자조집단 재활소식지로 분류하여 자조집단 활동사항 홍보, 재활정보, 회원들의 동정을 중심으로 발간되었다.

(5) 지역사회참여활동

각 자조집단들의 사회적 역량강화를 위한 매우 중요한 활동으로 캠페인활동, 중증장애인생활시설 봉사활동, 관광지 환경개선 모니터링활동으로 구성되었다.

① 캠페인활동

캠페인활동은 척수장애인 자조집단 '곰솔회'가 연중 실시해오던 활동으로 2004년도에는 3개 자조집단이 연합하여 진행하였다. 캠페인활동은 총3회 과정으로 진행되었는데 1, 2차는 2004년 6월15일과 8월25일에 교통량이 가장 많고 번잡한 시청일대에서 자조집단 구성원 20여 명과 복지관직원, 봉사자로서 해안전경대원 30여 명이 참여하여 교통사고예방캠페인활동을 벌였다. 1, 2차 캠페인은 지역사회 문제로 대두되고 있는 제주도지역 교통사고증가율의 심각성에 자조집단 구성원들이 공감하여 '교통사고예방이 곧 장애예방'이라는 주제를 가지고 가두캠페인 및 구호활동, 전단지 배포활동을 전개하였다.

3차는 11월 11일 장애인자립생활지원센터와 연계하여 장애인 이동권확보 캠페인활동을 벌였다. 3차 캠페인은 거리캠페인으로 구호제창과 전단지 배포, 저상버스 체험 및 저상버스 턱 조사활동들로 이루어졌다. 장애인자립생활에 필수적인 장애인 이동권에 대한 정당성을 알리고 현재 운행중인 저상버스의 인지도를 높이는 데 자조집단들의 지역사회 내에 참여의사를 보여주는 활동이었다.

이 과정에서 척수장애인 자조집단의 임○○ 씨는 초기 조직과정부터 주도적으로 참여하였으며 2년째 척수장애인자조집단의 회장으로 활동하면서 정기적인 회원가정방문 및 안부전화를 통하여 집단구성원과의 신뢰감을 형성하고 이를 바탕으로 지역사회환경개선을 위한 캠페인 및 봉사활동 참여에 회원들의 적극적인 동참을 유도하고 있다. 상반기 자조집단 연합캠페인 활동 때 메가폰을 들고 지역사회주민들에게 "교통사고 예방이 곧 장애예방"이라는 메시지를 전달하는 등 주도적인 리더의 모습을 보여주기도 하였다.

② 지역사회 봉사활동

기관서비스 제공에 대한 의존적, 이기적 태도를 보이는 자조집단 성원들의 긍정적인 사고형성 및 사회참여 유도를 위해 6월부터 매주 1회 봉사활동이 진행되었다. 활동초기는 여성장애인 자조집단 구성원들로만 이루어지다 척수장애인자조집단 구성원들이 동참하면서 참여인원 및 활동영역을 넓혀 나갔다.

활동내용은 자조집단의 특성과 회원별 능력에 맞는 내용들을 고려하여 종이접기, 책 읽어주기, 바둑, 장기활동, 산책 등으로 구성되어 조별로 진행되었다.

여성장애인 자조집단 '길벗회'에서 활동하고 있는 박○○ 씨는 중증장애인생활시설인 '애덕의집'에서 종이 접기, 책 읽어주기 등의 봉사활동을 하면서 "누군가에게 계속 도움을 받아왔던 내가 이제는 나도 누군가에게 도움을 줄 수 있어 보람을 느낀다"며 집단활동을 통해 자기효용감이 증가됨을 보여주었다.

③ 관광지 환경개선 모니터링활동

관광시설의 환경개선과 타 지역 중증장애인에게 제주도 관광의 편의성을 제공하기 위한 자조집단의 사회참여활동의 일환으로 2004년 9월부터 11월까지 2개월 동안 자조집단 구성원들은 제주도 내 관광지를 방문하여 편의시설 설치여부 및 미설치된 장애인편의시설 확충요구 활동을 진행하였다. 모니터링활동 후 중증장애인을 위한 관광안내책자를 제작하여 보급하는 것에 대한 합의를 거친 후 각 자조집단의 구성원과 자조집단 코디네이터로 활동하고 있는 사업지원팀의 실무자로 구성된 성원들은 제주도지역을 세 부분으로 나누어 활동을 전개하였다. 먼저, 전화조사를 통해 도내 관광지 편의시설 설치여부 및 관광지 주변 음식점 및 숙박시설에 대한 실태를 파악하여 편의시설이 설치된 관광시설에 대한 현장조사가 이루어졌다. 이 과정에서 자조집단 구성원들은 직접 체험을 통해 편의시설의 이용여부를 체크하는 등의 활동을 하였으며 평소 이용률이 매우 높은 S 테마파크의 편의시설미비에 대한 문제점을 지적하면서 설치요구활동을 벌였다. 그 결과 편의시설 재 설치에 대한 요구사항을 받아들이겠다는 통보를 받기도 하였다.

도내 관광지 조사대상 모니터링활동을 마친 후 조사된 관광지에 대한 여행정보를 제공하는 중증장애인을 위한 관광지 안내책자를 제작하였다. 제작된 책자 내용에는 조사된 관광지의 편의시설 설치현황과 휠체어장애인이 이용하기 편리한 숙박시설 및 음식점이 소개되어 있고 렌트카 이용 및 봉사단체, 장애인리프트차량에 대한 정보를 함께 실음으로써 자조집단 구성원들의 관광지 환경개선에 대한 사회참여활동의 결과물을 만들어냈다. 이 과정에 사업지원팀은 편집과정에 함께 참여하여 구성원들의 가능성을 확인하고 지지하는 활동들이 이루어졌다.

"우리의 조그마한 힘으로 제주도 지역의 관광지 환경이 조금이라도 개선이 된다면 좋겠어요. 나 혼자만 했으면 힘들었을 텐데 우리 회원들이 함께 움직여서 힘이 났던 것 같아요."
—척수장애인 자조집단 곰솔회 회원 양○○ 씨—

"해마다 외지에서 여행 오는 장애인들의 관광안내를 위해 차량봉사를 하다 보니 아직도 장애인들이 이용하기에는 불편한 곳이 많아요. 편의시설만 갖추어진다면 우리 아름다운 제주의 모습을 더 많이 보고 갈 수 있을 거예요. 평소에 하던 생각들이 있었는데 이번 기회에 둘러보고 직접 체험하면서 문제점도 발견해보고 개선을 촉구하고 …… 이렇게 홍보책자도 발간하게 되었으니 정말 뿌듯하네요." —척수장애인 자조집단 '곰솔회' 회장 임○○ 씨—

앞의 자료는 지난 2개월 동안 자조집단 회원들이 제주도 내의 관광지를 돌며 편의시설에 대한 현황을 파악하고 문제점 개선을 위한 활동들을 하는 과정에서 자조집단 구성원들의 자조집단 활동을 통해 개인의 역량강화 변화와 지역사회환경의 변화에 힘을 실을 수 있는 지역사회 역량강화로 변화가 일어났음을 알 수 있다.

4) 조직전략과 전술

복지관이 진행한 자조집단 활동 프로그램에 있어서 두 가지 원칙은 집단 구성원의 욕구에 기초한 활동으로 자발적 참여를 높이는 것, 활동의 내용을 조직화하여 새로운 활동 모델들을 만들어내는 것이었다.

전략에 대해서는 자조집단이 '참여한 자조집단 구성원들의 변화를 통한 개인의 역량강화'와 '지역사회환경의 변화를 통한 지역사회역량강화'를 달성하기 위해 수립한 자조전략과 옹호전략을 미시적 수준과 거시적 수준에서 살펴보고자 한다.

(1) 자조전략

자조전략의 특성은 클라이언트의 자기결정권을 최대한 높인다는 데 있다. 이 전략은 자조집단 성원들의 조직운영에 있어서 원활한 자치운영과 그것을 통한 지역사회 내의 구성원으로서의 역할제고를 위한 목적으로 사용되는 가장 많이 활용되는 전략이라고 볼 수 있다.

자조전략의 특징은 자기정체성 확립을 통한 개인의 변화를 유도하고, 협력과 협동의 가치를 내세우며 대안적 서비스를 만들기도 한다.

> "자조집단에 가입하기 전에는 밖에서 활동할 일들이 많지 않았는데, 자조집단 활동을 하면서 외부 활동들을 활발히 할 수 있어서 좋은 것 같아요. 이제는 자신감이 생겨서 좋아요."
>
> —담쟁이회 회원 장○○ 씨—

"자조집단 활동을 해서…… 집에만 있는 것이 아니라 그나마…… 외출을 하게 되는 것 같아요. 그리고 활동을 하니까 전보다 말하는 게 많이 나아진 것 같아요. 앞으로도 지금처럼 꾸준히 활동에 참여하겠어요."

-곰솔회 회원 정○○ 씨-

"우리…… 곰솔회는…… 창립된 지가 5년째인데…… 이제는 다른 자조집단에도 조언을 해줄 수 있을 만큼 나름대로 발전이 있었던 것 같아요…… 우리 집단에서 활동하다 이제는 다른 장애인단체에서 활동들도 하고…… 우리 회원들이 그동안 많이 성장한 것 같아요."

-곰솔회 회장 임○○ 씨-

위에서 제시된 자료처럼 자조집단 성원들의 변화는 곧 자조집단의 가장 큰 인적자원으로 이어지며, 수동적인 참여자에서 적극적인 주체로의 변화를 의미하는데 개인역량강화를 통한 자신감 획득이 주요한 요인으로 보인다.

자조집단의 월례 및 정례모임활동은 자조전략의 전형적인 모습이다. 자조모임은 척수장애인, 뇌졸중장애인, 여성장애인들로 구성되어 있고 각 자조모임에는 회장 및 부회장, 총무 등 임원진과 일반회원으로 이루어진다. 주 1회에서 매월 1회까지 자체 및 복지관 지원프로그램을 진행해 나가면서 집단구성원들은 다음과 같은 의식의 변화과정을 겪었다는 것을 알 수 있다.

첫째, 참여하고 있는 구성원들의 문제는 개인의 문제가 아니라 사회문제이며, 이것은 자조집단 구성원들의 적극적인 문제제기와 실천 속에서만이 해결책을 찾을 수 있고 그러기 위해서는 조직적 활동이 구성원 개개인의 변화과정을 가져온다는 점이다.

둘째, 구성원 개인의 변화로 그치는 것이 아니라 가족 성원 및 집단전체에도 영향을 끼치며, 현실 속의 변화를 위해 실천할 수 있는 대안적인 자조집단 구성원만의 문화를 창출하게 되었다는 점이다.

셋째, 자신과 집단의 변화와 함께 지역사회의 발전에 동참하기 위해 활동하면서 새로운 자신들의 가능성을 발견하게 되었다는 점이다.

(2) 옹호전략

개인과 환경적인 측면에 개입하여 개별적인 상담을 통한 라포를 형성하고 여성장애인들의 참여활동을 이끌어 내기 위해 자조집단 구성원 가정에 가사도우미 및 가정봉사원을 파견하여 일상생활 및 가정생활지원을 통하여 사회참여 기회를 확대할 수 있도록 지원체계를 마련하였다.

복잡하고 다양한 욕구를 가지고 있는 자조집단 회원들의 욕구를 해결하기 위해 사례관리를 함께 진행하여 활동을 유도하였고 프로그램 종료 후 활동일지 작성 및 정기적인 상담으로 자조집단 구성원들을 지지하며 개인 및 집단의 문제가 개선될 수 있도록 하였다.

자조집단 활동을 통해 문제에 대한 공유의식이 성장하고 구성원 간의 상호관계형성과 구축을 통해 잠재적 역량을 발휘할 수 있도록 하였다.

이를 바탕으로 지역사회 환경변화를 위한 행동전략으로 장애예방측면에서의 교통사고예방캠페인과 자립생활지원센터, 제주해안전경대와의 연계를 통한 이동권 확보 캠페인을 함으로써 지역사회주민들과 지방자치단체의 장애인인식개선 및 이동권 보장, 편의시설 설치 확충을 요구하였다. 그리고, 제주도라는 관광지 특성을 감안하여 관광지 내 편의시설 모니터링활동을 통해 관광지 환경개선 촉구활동을 전개하였고 그 결과물로 타 지역의 중증장애인들을 위한 관광지 안내책자를 제작하게 되었다.

(3) 합의전술과 홍보전술의 사용

전문기술습득 및 역량강화활동 참여 프로그램을 자조집단 회의를 통해 합의하여 참여를 결정함에 따라 세부적인 내용을 정하여 진행하였다. 그렇게 진행된 활동은 자조집단 재활아카데미, 집단지도, 비즈공예교실 운영 등이다.

자조집단 연합가족캠프를 통하여 자조집단 간의 교류와 화합의 장을 마련하여 지역 내에서의 자조집단의 소속감 및 연대감을 증진하도록 하였다. 1박 2일 동안 자조집단 연합캠프에 가족들이 참여함으로써 자조모임 회원가족 간의 유대감을 강화하고, 자조집단 회원 간 결속력과 친밀감을 강화시키는 기회가 되었으며 자기탐색프로그램을 통하여 자신의 과거의 모습과 현재의 모습을 뒤돌아보고 자조집단 구성원 간의 교류의 폭을 넓히는 시간이 되었다.

자조집단 활동 및 재활정보에 대한 소식지 발간 및 온라인 카페를 활용하여 자조집단 활동을 지역사회에 홍보하는 전술을 사용하였다.

각 자조집단은 회원들 중심으로 편집위원회를 구성하여 역할을 분담하고 주어진 역할에 따라 소식지를 구성하는 작업에 들어갔다. 이 과정에서 사업 지원팀은 세부적인 기술을 요하는 부분을 지원하고 동시에 자조집단 구성원들을 적극적으로 지지하는 지지자로서의 역할을 다했다.

5) 조직 지도력 형성

브레이거(Brager)는 조직 초기에는 열정적이고 카리스마적인 지도력을 요구하지만 조직이 관료화됨에 따라 행정적이고 체계적인 지도력을 요구한다고 하였다. 또한, 활동가는 각 단계에 맞는 상이한 지도력을 개발하도록 도와야 한다고 하였다.

각 자조집단의 과제로서 자체지도력 발굴을 들 수 있겠다. 자체지도력이란 지역에 거주하는 토착적 지도력을 말하는데, 각 자조집단 내의 토착적 지도력이 어떻게 형성, 변화, 발전되는지 살펴보도록 하겠다.

(1) 초기의 지도력

프로그램 운영초기의 주요 의사결정은 자조집단 지원프로그램에 투입되는 전담강사진 및 실무담당자들로 구성된 자조집단 활동 코디네이터들에 의해 결정되었다. 자조집단의 공동수행목표 달성을 위해 자조집단 구성원들의 활발한 활동을 이끌어내기 위해 의식적인 조직활동이 중심이 되면서 능력중심의 지도자형태가 나타났다. 따라서, 집단 초기는 자조집단 성원들의 자신감 획득과 지역사회참여 기회 확대, 지역활동의 토대를 마련하는 것이 담당 실무자의 중요한 활동목표가 되었다.

자조집단별로 사업지원팀의 코디네이터 3인을 두어 정기 월례모임 또는 자조집단 임원진 연합회의를 열어 의사소통전달체계를 마련하고 기관의 지원 프로그램과 자조집단활동에 대한 합의를 이끌어냈다.

이 과정에서 관계중심의 동료지도자들(각 자조집단의 임원진)은 실무담당자들과 협의를 통해 활동목적 및 사업내용을 논의하며 자조집단 회원들의 적극적인 참여를 유도하고 기관과의 의사전달 통로의 중추적인 역할을 수행하였다. 자조집단의 모든 활동은 사전 자조모임 임원진 연합회의를 통해 논의되고 집행되었다.

(2) 지도력의 변화

각 자조집단 내의 지도력은 집단의 성격이 장애유형별, 연령별로 많은 차이를 보여주었는데, 척수장애인자조집단은 다른 자조집단에 비해 비교적 코디네이터의 개입 없이도 적극적인 관계중심의 지도자 형태가 점차 능력중심의 지도력으로 변화되어 가는 모습을 보여주었다.

척수장애인 자조집단 회장직을 맡고 있는 임○○ 씨는 조직 초기과정부터 적극적으로 참여하여 2년째 회장으로 활동하면서 정기적인 회원가정방문 및 안부전화를 통하여 회원들과의 신뢰감을 형성하고 있다. 또한, 이를 바탕으로 지역사회환경개선을 위한 캠페인 및 봉사활동에 회원들의 적극적인 동참을 유도하고 있으며 관광지 편의시설 모니터링활동에 적극적으로 참여하여 편의시설이 부족한 관광지 시설 설치를 촉구하는 등의 지도력을 발휘하였다.

그러나, 부분적으로는 이러한 토착적 지도력이 새로운 사회변화에 조응하여 한 단계 발전적인 지도력을 발휘하기에는 아직은 역부족인 경우도 있다.

뇌졸중장애인 자조집단 내의 리더 역할을 하고 있는 김○○ 씨는 정기적인 월례모임 시 자조집단 내에서 결정된 회원들의 의견을 무시하고 자신의 생각을 자조집단의 결정사안으로 추진하는 등 권위적이고 독단적인 리더의 모습 때문에 집단 회원들과의 갈등이 발생하여 사업지원팀의 중재가 필요한 경우도 있었다.

이러한 사례를 면밀히 분석해보면, 나름대로 토착적 지도력이 형성되어 활발히 활동하였으나 그 지도력을 한 단계 상승시킬 수 있는 체계적인 교육 프로그램이 부족했다는 점과 지원팀에서 각 단계에 맞는 적절한 지도력을 개발하는 데 미흡했다는 점을 들 수 있겠다.

6) 자조집단 운영 프로그램의 효과성 평가

프로그램에 참여하면서 변화된 자조집단 구성원의 인터뷰자료 외에 좀 더 객관적인 검증을 위해 자조집단 활동 및 프로그램참여를 통해 변화된 집단 구성원들의 역량강화적 변화를 이윤화(2000)의 연구에서 사용된 측정도구를 사용하여 분석하였다. 역량강화적 변화는 자조집단 참여 구성원의 사전 역량강화 변화와 사후 역량강화 변화를 나타낸 것으로 개인적 변화, 대인적 변화, 사회적 변화로 구분하여 측정한 후 이를 모두 포함한 자조집단 구성원들의 전체 역량강화 변화로 결과를 도출하였다.

집단구성원들의 변화도를 측정하기 위해 구조화된 설문지를 사용하여 개인적 변화항목에는 자립의식과 권리의식이, 대인적 변화에는 정보력, 대처기술, 도움요청기술, 사회적 변화에는 사회의식을 포함하는 것으로 구성하였다.

다음은 사전, 사후의 역량강화변화를 'Paired Sample T-test'를 사용하여 분석한 결과이다.

(1) 역량강화 사전사후 평균점수 비교

척 도	사 전		사 후	
	평균	표준편차	평균	표준편차
전체 역량강화	2.5913(53)	.6043	3.0622(68.7)	.4035
개인적 변화	2.5198(50.6)	.6742	3.0476(68.2)	.4035
대인적 변화	2.5982(53.2)	.6207	3.0506(68.3)	.4903
사회적 변화	2.6845(56.1)	.6484	3.1071(70.2)	.4564

※ ( )은 100점 환산점수임

조사대상자의 사전역량강화 변화의 평균값은 전체적으로 2.5913, 개인적 변화 2.5198, 대인적 변화는 2.5982, 사회적 변화는 2.6845이고, 사후 평균값은 개인적 변화는 3.0476, 대인적 변화는 3.0506, 사회적 변화는 3.1071로 본 프로그램 실시 이후 개인적, 대인적, 사회적 역량강화를 포함한 전체 역량강화변화 평균점수가 100점으로 환산하였을 때 53점에서 68.7점으로 15.7점이 향상되었음을 알 수 있다.

(2) 역량강화적 변화의 'Paired Sample T-test' 비교

	대응차					t	자유도	유의확률(양쪽)
	평균	표준편차	표준오차평균	차이의 95% 신뢰구간				
				하한	상한			
사전 전체역량 - 사후 전체역량	-.4709	.5538	.1047	-.6856	-.2562	-4.500	27	.000
사전 개인역량 - 사후 개인역량	-.5278	.6150	.1162	-.7663	-.2893	-4.541	27	.000
사전 대인역량 - 사후 대인역량	-.4524	.5695	.1076	-.6732	-.2316	-4.204	27	.000
사전 사회역량 - 사후 사회역량	-.4226	.6374	.1205	-.6698	-.1754	-3.508	27	.002

전체 역량강화 변화의 사전평균과 사후평균 간의 차이는 -0.4709이고 표

준편차는 0.5538이며 t값은 -4.5이고 자유도가 27일 때 유의확률이 0.000으로 서 $p < 0.005$ 수준에서 사전사후의 역량강화 변화는 통계적으로 유의미하다고 할 수 있다.

따라서, 이런 결과를 통해 집단활동 및 프로그램은 자조집단 성원들의 개인적, 대인적, 사회적인 역량강화에 변화를 주고 있고 역량강화를 향상시키고 있음을 확인할 수 있다.

7) 자조집단 구성원 참여의 한계

(1) 참여자 측면

경제적인 활동 및 건강상의 이유로 활동프로그램 전부에 참여하기는 힘든 상황이 많다.

뇌졸중장애인 자조집단의 경우 장애의 특성상 다른 자조집단보다는 자발적인 활동이 어렵고 의사전달 면에서의 정확성이 부족하여 자조집단 코디네이터의 역할 부담이 크며 이동지원 및 사업지원팀의 적극적인 지원 없이 자조적인 활동이 이루어지는 데는 다소 어려움이 따랐다.

뇌졸중장애인 자조집단 담쟁이회 회원인 임○○ 씨는 본 프로그램 참여를 희망하였으나 취업이 되면서 참여하지 못하고 온라인카페를 통해 활동프로그램에 대한 정보를 공유하였다.

척수장애인 자조집단의 경우 다른 자조집단에 비해 적극적이고 자발적인 활동을 하고 있으나 일부 청년층 회원들이 타 단체에서 활동하게 됨에 따라 집단활동의 참여에 많은 제약이 따르는 상황이 생겼다.

(2) 지역주민의 인식면

지역사회 내에 자조집단의 지역사회참여 활동에 대한 홍보 및 인식이 부족하여 인적, 물적 자원을 끌어내는 조직적 기반을 조성하는 어려움이 따랐다. 여성장애인 자조집단 '길벗회'의 비즈공예작품 판매전시회를 통해 자조집단 홍보와 판촉활동을 하는 과정에서 작품자체의 우수성보다는 장애인이 만든 작품이라는 부분에 더 초점이 맞춰져 작품구입에 한계가 있었다.

(3) 지리적 접근이동의 어려움
지리적 여건 및 장애인이동지원체계의 인력적, 물질적 지원의 부족으로 접근이 불편한 경우가 많아 원거리에 있는 회원들의 프로그램 참여에 어려움이 있었다.

3. 프로그램 평가와 전망

(1) 프로그램 평가
지금까지 다루어본 활동 프로그램을 지역사회 조직화의 목표에 따른 과정분석과 조직화 전략의 유용성을 알아보기 위한 사례분석의 결과를 정리해보면 다음과 같다.

첫째, 장애인자조집단의 활동은 적극적인 지역사회참여 기회를 부여함으로써 장애인의 역량강화의 발전적인 모형을 제시하고 있다고 할 수 있다. 지역사회참여에 대한 명확한 목적과 이에 기반한 프로그램 및 활동내용을 수행함으로써 좀 더 폭넓은 집단성원들의 참여가 가능하였다.

둘째, 자조전략은 자조집단 활동에서 가장 많이 활용된 전략으로 구성원들의 역량강화와 지도력 형성에 효과적임을 보여주었다. 자기정체성 확립을 통해 개인의 변화와 환경의 변화를 유도함으로써 대안적 서비스를 만들기도 하는 자조전략은 다양한 교육프로그램과 소모임을 통해 구성원들에게 자신감을 불러일으킬 수 있는 긍정적인 환경의 변화를 가져오게끔 하였다.

셋째, 지역사회참여 활동과정을 통해 자조집단 성원들은 자신의 역량강화를 경험하고 있으며, 이러한 자조집단 구성원들의 자발적이고 주체적인 노력으로 지역사회가 좀 더 가까워지고, 공통의 문제해결을 위해 힘을 모으는 경험을 하고 있다. 이러한 그들의 역량강화는 집단역량강화로 확대되어 지역사회 내 영향력을 증대시키고 제반 지역사회 차원의 문제제기를 통해 지역사회 변화를 모색하는 등 지역사회의 지도력으로 자리매김할 수 있는 가능성을 보여주고 있다. 그러나, 현재의 지도력을 한 단계 상승시켜 사회변화에 따라 조직을 전망하고 새로운 활동내용을 모색할 수 있는 좀 더 강력한 지도력이 요구된다.

넷째, 지역사회 조직화는 지역사회환경 변화에 영향력을 갖게 되고 구성원들 또한 사회에 대한 책임감이 향상된다는 것이 관찰되었다.

(2) 전망 및 제언

다음으로, 본 사례결과를 토대로 역량강화접근에 있어 지역사회 조직화 전략의 강점과 중요성을 다시 한번 강조하면서 실천적 함의를 정리해보았다.

첫째, 지역사회문제를 해결하는 데 있어 조직화전략은 문제해결을 위한 지속적인 구조를 유지하는 강점을 가지고 있다는 점이다(Rothman, 1974: 22-39; 한재랑, 2001에서 재인용). 이는 문제해결을 위한 사회복지사의 적극적인 개입이 중단되었을 때에도 지속적으로 문제를 해결할 수 있는 자생적 구조를 생성시키는 것이다.

둘째, 장애인들의 욕구에 맞는 프로그램 개발이 요구된다. 조직화에 있어 문제를 파악하고 그들의 욕구에 기초한 프로그램을 개발한다는 것은 매우 중요하다. 참여를 높이고 조직화하기 위해서는 그들의 관심과 욕구에 근거한 다양한 프로그램을 개발해야 한다.

셋째, 인적자원을 발굴하고 조직하려는 좀 더 적극적인 의지가 필요하다. 장애인들은 자신들의 능력과 잠재력을 확인하고 활용할 사회적 기제와 통로가 부족하여 가정에 머무르거나 비 조직화된 모습으로 존재할 수밖에 없었다. 사회복지실천은 사회복지사의 관점과 실천과정에 따라 달라지므로(홍현미라, 1997) 사회복지사는 지역사회 조직화 관점을 가질 필요가 있다. 사회복지실천은 궁극적으로 클라이언트의 역량을 강화시키는 것(문인숙 외,

1989; Parsons, 1991; Staples,1990; 윤민화, 1999; 한재랑, 2001에서 재인용)이
며 지역사회 조직화 또한 궁극적으로 개인과 지역사회의 역량강화를 목적
(문홍빈, 2000)으로 한다. 따라서, 지역사회문제를 해결하고자 하는 사회복
지실천에 있어 클라이언트에게 시혜적 서비스 제공이 아닌 문제해결의 역량
을 강화시키기 위한 관점과 실천이 필요하다.

넷째, 지도자발굴 및 지도력 개발을 위해 지역사회 조직화 전략이 활용되
어야 한다(정외영, 1998; 유미옥, 1999). 장애인지도자 발굴은 장애인지도력
을 향상시키며 지역사회 영향력과 역량강화를 실현할 수 있는 토대라고 할
수 있다. 즉, 조직화 과정은 토착지도자를 발굴하는 과정이며 이를 통해 민주
적이고 자치적으로 운영될 수 있다고 본다.

참고문헌

김수진, 〈정신장애인 자조집단의 활성화를 위한 기초조사연구〉, 서울여자대학교 석사학
　　위 논문, 1996.

문홍빈, 〈임파워먼트를 위한 조직사례연구〉, 가톨릭대학교 석사학위논문, 2000.

유미옥, 〈도시저소득층 여성의 임파워먼트실천에 관한 사례연구〉, 숭실대학교, 사회복지
　　대학원 석사학위논문, 1999.

윤민화, 〈사회복지사의 임파워먼트에 관한 연구〉, 이화여자대학교 사회복지학과 석사학
　　위논문, 1999.

이윤화, 〈역량강화적 접근의 효과성에 관한 연구〉, 연세대학교 대학원박사학위논문,
　　2000.

정외영, 〈지역사회 조직사업 활성화방안에 관한 연구〉, 가톨릭대학교 사회복지대학원 석
　　사학위 논문, 1998.

한국보건사회연구원, 〈장애인 실태조사 자료〉, 1995.

한재랑, 〈지역사회조직화의 실천사례에 관한 연구〉, 서강대학교 석사학위논문, 2001.

홍현미라, 〈도시저소득층지역의 지역사회조직실천에 대한 비교사례연구〉, 이화여자대
　　학교 석사학위논문, 1997.

Brager George 외, *Community Organizing*, Columbia University Press, 1987.

중증지체장애인의 역량강화(empowerment)를 위한 지역 환경개선 자조집단 활동 프로그램

사재광(정립회관)

1. 프로그램 개요

　중증지체장애인의 경우 주위의 재활전문가나 가족 등에 의해 자신의 삶을 통제받는 경우가 많기 때문에 역량강화되지 못한 채 수동적으로 살아가는 경우가 대부분이다. 이러한 중증장애인들에게 동료 간 접근(peer approach)을 통한 다양한 프로그램으로 역량강화의 기회를 제공하고, 지역사회의 환경을 장애인에게 맞게 개선하는 활동을 실시한다. 또, 활동을 통해서 얻어진 성과와 경험 등을 다른 중증장애인들과 공유할 수 있도록 보고회를 실시한다.

2. 프로그램 실시현황

(1) 프로그램의 실시 배경

장애인의 경우, 정신적 또는 신체적으로 불편함이 있다는 이유만으로 사회나 가정으로부터 결정권 및 선택권이 무시되는 삶을 살아가고 있는 것이 현실이다. 이러한 문제 때문에, 재활전문가가 주도하는 재활패러다임을 탈피하여 중증장애인 당사자가 통제하는 자립생활의 이념과 철학을 배우기 위하여, 또한 다양한 경험을 바탕으로 한 역량강화 프로그램의 필요성으로 인하여 기존 프로그램을 실시하게 되었다.

(2) 프로그램의 목적

자립생활운동에 대한 이해를 높이고, 집단활동을 통하여 중증장애인 당사자를 역량강화시킨다.

(3) 프로그램의 목표

① 목표 1. 자조집단 활동을 통해서 중증지체장애인 참가자의 자기효능감과 내외통제성을 긍정적으로 변화시킨다.

    1-1. 자조집단 구성원의 자기효능감에 대한 사후평가 결과의 평균값을 총 7단계 중, 사전대비 1단계 향상시킨다.

    1-2. 자조집단 구성원의 내외통제성에 대한 사후평가 결과의 평균값을 총 15점 중, 사전대비 2점을 내적 통제 방향으로 이동시킨다.

② 목표 2. 중증지체장애인에게 적합한 지역사회 환경을 만들기 위한 환경개선 활동을 실시한다.

    2-1. 자조집단 구성원들이 직접, 지역사회 주민 200명에게 환경개선활동의 필요성에 대해 홍보한다.

    2-2. 자조집단 구성원들이 직접, 지역사회 근린생활시설 50개

소의 편의시설 설치 여부를 점검하고 설치요구 활동을 펼친다.

③ 목표 3. 중증장애인 자조집단 활동보고회를 통해서, 자조집단 활동의 경험을 다른 중증장애인들에게 확산시킨다.

(4) 프로그램 진행방법

자립생활에 관심 있는 중증 지체장애인으로 자조집단을 구성하여 매주 1회 프로그램을 진행하였다. 자립생활프로그램(ILP), 동료상담(peer counseling)과 함께 장애와 관련된 온라인, 오프라인 권익옹호 활동과 외부 행사 등에 참가하였으며, 참가자들이 직접 자료를 수집하고 발표하는 소그룹 세미나 등을 진행하였다.

(5) 프로그램 내용

세부 프로그램	수행방법	기간	장소
중증장애인 자조집단 '지성안' (지금을 바꾸려 노력하며 성공을 꿈꾸는 사람들의 모임)	■ 본 기관에서 실시해온 동료상담가(peer counselor) 양성교육과정을 수료한 중증장애인 당사자들의 모임을 중심으로, 새로운 구성원들을 모집하여 15명의 중증지체장애인 자조집단을 구성한다. ■ 동료상담세션(peer counseling session), 자립생활 소그룹 세미나, 장애인 관련 행사 및 집회 참가, 장애인 권익옹호활동, 역할극, 토론회, 특강, 자립생활 관련 캠페인, 현장 견학, 인터넷을 통한 사이버 권익옹호활동 등의 프로그램을 실시한다. 자조집단 구성원 대표를 선출하여 대표자를 중심으로 당사자가 주체적으로 운영하는 프로그램이 되도록 한다.	주 1회 매주 화요일	정립회관 및 지역사회
자립생활프로그램 (ILP: Independent Living Program)	■ 최초의 자립생활센터인 휴먼케어협회의 자립생활 프로그램 매뉴얼(Independent Living Program Manual)을 기초로 하여, 자립생활에 필요한 실천적 기술들을 동료접근(peer approach) 방식으로 진행한다. ■ 자조집단 회원들 중에서 자발적으로 리더가 되어 회원들이 공동의 관심을 가진 주제와 분야의 자립생활프로그램을 기획하고 진행할 수 있도록 지원한다. 자립생활기술훈련, 역할극, ILP 세션(ILP Session), MT, 문화체험, 공공기관 이용, 요리 등의 프로그램을 진행한다. 구성원들이 모임의 주역으로 현재의 생활로부터 더 자신다운 자립된 생활로 바꾸어 가기 위해서 어떻게 하면 좋을까, 어떤 방법이 있는지, 서로의 경험을 나누고 경험해 보지 못했던 것은 경험해 보는 것을 목적으로 프로그램을 진척시킨다.	월 1회	정립회관 및 지역사회
중증장애인 자기개발세미나	■ 중증장애인 당사자들에게 역량강화를 위한 각종 교육의 기회를 갖는다. 자립생활, 동료상담, ILP 등에 대한 교육을 세미나의 형태로 실시한다.	4월	정립회관 동료상담실
ILP 리더 워크숍 (ILP Leader Workshop)	■ 중증장애인 당사자들 중에서 ILP 리더로 활동하고자 하는 장애인들을 대상으로 하여 다른 중증장애인들에게 ILP를 실시하는 리더로서 갖추어야 할 역량을 쌓기 위한 워크숍을 실시한다. ■ 현재 실제로 활동 중인 ILP 리더들의 사례발표, 외국의 ILP 운영 사례소개, 역할극, 토론회, 공개 실습 등을 실시하여 ILP 리더로서의 자질을 쌓는 기회를 제공한다. 강사의 일방적인 강의가 아니라 참가자들의 적극적인 참여를 통해서 활발한 상호작용 속에 진행되도록 한다.	5월 / 2박3일	속초 대명콘도

(계속)

세부 프로그램	수행방법	기간	장소
지역사회 환경개선 활동 (권익옹호 활동)	■중증지체장애인이 살아가는 데에 적합한 지역사회 환경을 만들기 위해, 다양한 활동을 실시한다. 도로, 교통 등의 물리적 환경개선, 공공시설의 접근성 환경개선, 지역사회 타 시민단체들과의 네트워크 구성을 통한 공동 프로그램, 지역사회 학교에 대한 장애인 인식개선 활동 등을 실시한다.	월1회, 9~11월	지역사회
중증장애인 자조집단 활동보고회	■1년 간의 자조모임 활동을 통해 얻은 다양하고 소중한 경험들을 다른 중증장애인들에게 확산시킬 수 있도록 보고회를 개최하되, 그 준비에서부터 실행까지 중증장애인 당사자들이 직접 담당하도록 하여 역량강화의 기회를 제공한다.	12월	정립회관 대강당

3. 프로그램 목표

(1) 단기 목표
① 중증지체장애인들의 자기결정권 부족과 자신감 결여문제를 해결한다.
② 중증지체장애인들의 자체 회의를 통해 조직을 구성하고 프로그램 내용을 직접 계획할 수 있도록 한다.

(2) 장기 목표
① 개인의 역량강화: 자조집단 활동을 통해서 중증지체장애인 참가자의 자기효능감과 내외통제성을 긍정적으로 변화시킨다.
② 지역사회 역량강화: 중증지체장애인에게 적합한 지역사회 환경을 만들기 위한 환경개선 활동을 실시한다.
③ 동료의 역량강화: 중증장애인 자조집단 활동보고회를 통해서 자조집단 활동의 경험을 다른 중증장애인들에게 확산시킨다(peer approach).

4. 조직 지도력과 구성원

1) 구성원

번호	성명	특징	모임에서의 회원 역할
1	김○윤	여, 37세 척수장애 1급	전체리더. 모임을 준비하며 진행하고 회원 개개인과의 면담을 통해 불만과 욕구를 파악하여 담당사회복지사와 협의하여 문제를 해결하며, 테마별 리더들과 파트너십을 통하여 프로그램 진행.
2	이○섭	남, 33세 뇌병변장애 1급	권익옹호 리더. 장애인의 인권과 장애인에 관련된 집회에 적극적으로 참가하며 회원들에게 권익옹호에 대한 이해를 돕는 역할을 함.
3	최○영	여, 33세 뇌병변장애 1급	ILP 리더. ILP프로그램 진행에 필요한 계획 및 답사와 회원들의 욕구파악을 담당. ILP를 통해 회원들의 자기결정 능력이 향상될 수 있는 기회를 제공함.
4	이○교	남, 38세 뇌병변장애 1급	동료상담 리더. 동료상담 집중강좌를 이수하여 자조모임 구성원들을 대상으로 동료상담을 진행하여 자조모임 구성원들에게 동료상담에 대한 이해를 도움.
5	성○철	남, 28세 척수장애 1급	자체세미나 리더. 회원들이 기초생활수급권, 자립생활, 장애인의 성 등등 그 동안 살아오면서 궁금했던 것에 대하여 욕구를 파악하고 선정된 발표자의 자료준비 및 토론 진행시 서포터 역할을 하며 회원들에게 역량강화의 기회를 제공함.
6	김○	남, 27세 뇌병변장애 1급	상반기 서기. 자조모임 내에서 실시되는 모든 회의내용을 정리하고 정리한 회의 내용을 자조모임 구성원들에게 전달하여 구성원들에게 참가의식을 향상시키는 역할을 함.
7	곽○순	여, 27세 지체장애 1급	하반기 서기. 자조모임 내에서 실시되는 모든 회의내용을 정리하고 정리한 회의 내용을 자조모임 구성원들에게 전달하여 구성원들에게 참가의식을 향상시키는 역할을 함.
8	황○순	남, 37세 지체장애 1급	정회원. 자조모임 구성원으로서 모임에 한 번도 빠짐없이 참가할 정도로 적극적이었음. 자조모임 구성원들과의 원만한 유대관계로 프로그램 진행의 서포터 역할을 함.
9	이○천	남, 24세 뇌병변장애 1급	정회원. 자조모임 구성원으로서 적극적으로 참여하였으며 자조모임 내에서 정보제공자로서의 역할로 자조모임 구성원들에게 다양한 정보를 제공함.
10	권○정	여, 29세 뇌병변장애 1급	정회원. 성격이 밝고 사교적이어서 자조모임 회원들 간의 원만한 유대관계에 큰 역할을 함.
11	이○애	여, 37세 뇌병변장애 1급	정회원. 전반기에는 참석률이 높았으나 후반기에는 개인사정으로 인하여 참석률이 저조하였음.

(계속)

번호	성명	특징	모임에서의 회원 역할
12	김○오	남. 28세 뇌병변장애 1급	정회원. 자립생활이란 무엇인가에 대한 고민을 많이 하였으며, 또한 권익옹호활동에 관심이 많아 후반기에 권익옹호 활동에 집중적으로 참가함.
13	이○근	남. 38세 지체장애 1급	정회원. 자립생활과 자조모임이란 무엇인가에 관심이 많아 자조모임과 관련된 이론공부를 열심히 하여 자조모임 회원에게 자조모임에 대한 정보를 제공함.
14	함○숙	여. 29세 지체장애 1급	정회원. 자조모임에 참가하는 자조모임 신규 회원들에게 자조모임에 적용할 수 있도록 서포터 역할을 함.
15	김○호	남. 33세 지체장애 1급	정회원. 기존 참석자로서 센터설립에 관심이 많아 자조모임 회원들과의 네트워크 구성에 관심이 많고, 또한 자조모임 회원들에게 자립생활 센터 설립에 필요한 정보를 제공함.
기타 준회원 5명			월 2회 자조모임에 참석하였으며, 정회원들의 회의를 통하여 정회원 자격유무를 2005년도에 결정하기로 함.

2) 조직 지도력

(1) 조직의 의사결정 과정

자조모임 프로그램 진행 시 자조모임 전체 리더인 당사자 코디네이터가 중심이 되어 회의를 진행하며, 회의에서 결정된 사항을 토대로 프로그램을 진행한다(회의 진행 시 담당사회복지사도 회의에 참가는 하나 의사결정에 있어 의사결정권은 없음).

〈사례〉ILP 프로그램 결정 및 진행 시 의사결정 사례

- 욕구파악: ILP리더는 회의를 통하여 회원들이 시장을 보거나 요리를 했던 경험이 전혀 없었기에 요리를 하고자 하는 욕구가 강하다는 것을 발견하였다. 몇 가지 회의 안건 중 요리하기로 ILP 채택.

- ILP 세부내용 결정: 요리하기 프로그램의 방법에 대한 회의 결과 2모둠으로 나누어 실시하기로 함.

- ILP 준비: 각 모둠별 음식종료, 도구, 재료, 시장보기 등 전반적인 사항을 협의 후 준비.

- ILP 진행 및 평가: 활동보조인(personal assistant)을 통하여 준비된 재료와 도구를 활용하

(2) 조직 안의 리더의 역할(자조모임에서의 리더)

① 당사자 코디네이터(전체 리더)

자조모임 구성원들이 자조모임에 적극적으로 참여할 수 있게 담당사회복지사와 파트너십을 활용하여 동료 간 접근(peer approach)방식으로 서포터 역할을 하였다. 회의주관 프로그램 스케쥴을 조정하고, 각 테마별 리더들과의 원만한 관계를 유지하였으며, 전체 프로그램 진행을 담당하였다.

② 권익옹호 리더(advocacy leader)

장애인 권익옹호활동과 관련된 정보제공 및 제도개선 캠페인 활동 등 장애인복지와 관련된 다양한 집회에 자조모임 구성원이 참여할 수 있도록 하며, 또한 자조모임 구성원들에게 권익옹호 활동의 필요성에 대한 이해도를 높이도록 서포터 역할을 한다.

③ ILP 리더(Independent Living Program leader)

자조모임 구성원들의 욕구를 파악하여 회의를 진행하고, 자립생활 프로그램을 계획·진행하며 자조모임 구성원들에게 의사결정 기회를 제공하는 역할을 한다. 자립생활 프로그램 진행과정에서 회원들의 의사 중심으로 하여 회원들의 의사결정 능력을 향상시킬 수 있는 기회를 제공하는 역할을 한다.

④ 동료상담 리더(peer counselling leader)

동료상담 집중강좌를 이수하여 자조모임 구성원들에게 동료상담의 필요성 및 동료상담에 필요한 정보를 제공하며, 동료상담을 직접 실시함으로써 회원들의 라포형성 과정에 도움을 주는 역할을 한다.

⑤ 자체세미나 리더

자조모임 구성원들이 그동안 살아오면서 궁금했던 기초생활수급권, 자립생활, 장애인의 성 등등 욕구를 파악하여 선정된 발표자의 자료 준비와 세미나 진행과정에 개입하여 서포터 역할을 한다.

3) 조직화에서 사회복지 실천가의 역할과 기능

이 프로그램은 중증장애인의 역량강화를 목적으로 하는 프로그램이기 때문에 기존의 재활프로그램처럼 사회복지사가 주된 역할을 하게 된다면 자기결정, 자기선택, 자기책임을 통해 성장해야 하는 장애인 당사자들의 자조모임은 그 의미가 사라질 것이다. 따라서, 본 프로그램에서 사회복지사는 자조집단 회원들이 원활히 프로그램을 수행할 수 있도록 지원하는 정도로만 그 역할을 제한한다. 보통 프로그램 초기단계에는 회원들과의 라포형성, 회원 참여 유도, 정보제공 등의 최소의 개입을 하게 되며, 중기와 종결단계에서는 회원들을 지지하고 회원 간의 트러블 조정 등 조력자의 역할 정도만 하게 된다.

자조모임에서의 주된 역할은 중증장애인 당사자들이 하게 되며 구성원들은 집단을 운영하고, 사업을 계획·진행함에 있어서 주체가 되어 활동하게 되며, 사회복지사는 중증장애인 당사자들이 스스로 결정하고 선택하는 주체가 될 수 있도록 지원하는 역할이다.

5. 전략과 전술

(1) 개인의 역량강화

본 사업은 자조모임 회원의 각 성원들에게 각각의 역할을 부여하여 중증장애인 당사자의 역량을 강화하고 이를 바탕으로 동료의 변화, 환경의 변화를 유도해내기 위한 다양한 프로그램들로 구성된다. 첫째로, 자조모임 회원들의 의사표현 능력 및 자기결정 능력 향상을 위한 ILP(Independent Living Program, 자립생활 프로그램)는 일본 최초의 자립생활센터인 휴먼케어협회에서 작성한 매뉴얼 내용을 기초로, 자립생활에 필요한 실천적 기술들을 동료접근(peer approach) 방식으로 진행하였다.

둘째, 중증장애인들의 역량강화를 위하여 각종 교육의 기회를 갖도록 자체 소그룹 세미나 형식으로 프로그램을 진행하였다. 소그룹 세미나는 자조모임 구성원들이 알고싶어하는 욕구를 중심으로 주제를 정하고 구성원들이 직접 자료를 조사 · 정리하여 발표자가 되어보는 형식으로 진행된다. 이를 통해 그동안 수동적으로 세미나나 교육에 참석했던 자조모임 회원들은 직접 세미나를 준비하고 발표해보는 적극적인 진행자로서 프로그램에 참가하게 되므로 개개인의 역량강화의 계기가 될 수 있었다.

셋째, 자조모임 회원의 내적인 감정해방을 통해 역량강화를 시도하는 동료상담(peer counselling) 프로그램을 진행하였다. 동료상담이란 '장애'라는 서로 비슷한 배경을 가진 장애인들이 동등한 입장에서 상대방의 이야기에 귀기울이며, 그동안 억압되어 왔던 감정을 스스로 말하면서 풀어내는 방식으로 진행된다. 자조모임 구성원들은 그동안 장애로 인해 스스로 감정을 적절하게 표현하지 못했고, 가족과 주위로부터 알게 모르게 감정적으로 억눌려 왔는데 이러한 심리적 · 육체적으로 힘들었던 자신의 마음 상태를 동료와 나누면서 서로 같은 아픔을 가지고 있는 동료 장애인을 이해하고 감정을 표출해 나가면서 진정한 감정해방을 느낄 수 있게 된다. 동료상담을 한 후 자조모임 구성원들은 감정해방과 더불어 자기 자신의 가능성을 발견하고 자신의 세계를 확대해 나가게 되며, 동료들 간의 관계형성에 큰 도움이 되기도 하였다.

(2) 지역사회와의 관계 및 타 기관과의 연계활동

2004년 하반기부터는 장애인 권익옹호 활동으로 서울 지하철 5호선 아차산역 일대를 중심으로 지역사회 환경을 개선하기 위하여, 편의시설증진법과 관련된 자료조사와 지역사회 공공시설의 접근성에 대한 현장 실태조사를 실시하였다. 지역조사를 실시한 후 캠페인 활동에 필요한 전단지를 제작하였고, 제작된 전단지를 지역주민을 대상으로 배포하였다. 편의시설은 장애인만을 위한 시설이 아니라 노인, 어린이, 임산부 등 지역주민을 위한 시설임을 부각하며 인식개선활동을 펼쳐나갔다. 환경개선 캠페인 활동을 통해 중증장애인들은 편의시설이 지역사회 일원으로 살아가는 데 반드시 필요한 것임을 스스로 깨닫고, 권익옹호 활동을 통한 설치 요구 방법도 스스로 습득해 나갔다.

또한, 지역사회 안에 있는 △△대학교와 연계하여 대학교 축제기간 중 자조모임 구성원들이 직접 음식을 판매할 장소를 지원받아 중증장애인 당사자들이 직접 준비한 재료를 활동보조인(personal assistant)의 원조를 받아 음식을 만들어 판매도 하고 자립생활 이념에 대해 홍보하였다. 지역사회에서 이뤄지는 행사에 중증장애인들이 직접 참여하게 되어 지역사회의 일원으로 살아간다는 것을 스스로 느낄 수 있는 시간이었고, 지역의 대학생들에게는 장애인에 대한 인식개선의 기회가 되기도 하였다.

자립생활 이념 및 철학이 서울을 중심으로 빠르게 확산되고 있으나 지방에서 생활하는 재가장애인이나 시설에서 생활하는 장애인들에게는 정보의 한계로 인하여 자립생활 이념과 철학을 접하기 힘든 상황이다. 따라서, 자조모임에서는 이렇게 자립생활 정보에 접근하기 어려운 장애인들에게 그 이념을 보급하기로 결정하고 상·하반기 2회에 걸쳐 지방에 위치한 장애인 복지관을 방문하여 홍보활동을 실시하였다. 주 내용으로는 자립생활 이념과 철학, 자조모임의 필요성과 활동내용, 장애인들과의 교류 등으로 복지관 직원과 복지관 이용인 및 이용인 보호자가 참석한 가운데 진행되었다. 자조모임 구성원들은 직접 홍보 원고를 준비하고 직접 발표하여 역량강화될 수 있는 계기가 되었으며, 자립생활과 자조모임에 대한 정보를 접해보지 못했던 재가장애인들에게는 정보를 제공할 수 있는 기회가 되었다.

(3) 사회정책, 제도개선을 위한 활동

활동보조제도와 장애인 이동권이 제도화되어 있지 않은 현실에서 중증장애인들은 인간으로서 살아갈 가장 기본적인 권리마저 갖지 못하고 있다. 이에 자조모임 회원들은 스스로 권리를 찾아나가기 위한 활동을 하기로 자조모임회의를 통해 결정하고 장애인 이동권에 대한 서명운동에 참여하였다. 한국자립생활네트워크라는 단체의 주최로 매주 동대문운동장 역에서 진행되는 서명운동 이전에 자조모임 구성원들은 지지방문과 비정기적인 동참으로 활동하였다.

6. 프로그램 평가와 전망

1) 지역사회복지모델(로스만의 사회행동모델)

(1) 지역사회 참여
자립의 구체적인 형태는 지역사회에 완전히 참여하는 것을 지향하는 과정이다. 완전한 참여는 장애인이 가지고 있는 기능과 스스로 결정할 수 있는 능력, 그리고 사회통합에 의하여 결정된다고 할 수 있다. 자조모임 구성원으로서 모임에서 실시되는 프로그램을 통하여 지역사회의 일원으로 활동하는 것이다.

(2) 지역사회의 구조와 문제 상황
① 중증장애인의 지역사회 활동에 있어서 장애인에 대한 지역주민들의 시혜와 동정의 인식이 높아 지역사회에서 활동을 하고자 하는 당사자에게는 어려움이 많다. 이에, 지역주민을 대상으로 편의시설증진 캠페인을 통한 장애인식 개선 활동을 실시하였다.
② 중증장애인들이 접근 가능한 환경이 조성되어 있지 않아 활동에 제한을 받는 게 현실이다. 중증장애인들이 지역사회에서 생활하는 데 필요한 편의시설 증진캠페인을 실시하였다.

2) 문제점

(1) 제도와 환경의 장벽

① 중증장애인이 사회활동에 완전한 참여를 하기에 절대적으로 필요한 활동보조인이 제도화되지 않아 현실적으로 중증장애인의 완전한 사회활동 참여에 어려움이 많다. 따라서, 본 기관에서는 자체예산으로 중증지체장애인들에게 활동보조서비스를 제공하는 사업을 실시하였다. 자조모임 구성원들의 경우 활동보조인이 없을 경우 사회활동 및 자조모임 참여가 불가능하므로 활동보조인을 모집하여 자조모임 구성원들에게 활동보조인을 파견하였다.

활동보조가 제도화되지 않아 활동보조를 이용하는 자조모임 구성원들은 프로그램에 참여할 때 프로그램이 진행되는 시간과 활동보조시간을 체크하여야 하므로 이러한 활동보조 시간 때문에 프로그램에서 빠져야 했다. 활동보조가 제도화됨으로써 활동보조인을 이용하는 중증장애인이 시간적 제약을 받지 않고 사회활동에 참여할 수 있어야 할 것이다.

② 중증장애인 자조모임 구성원들이 외부에서 식사를 하게 될 경우 음식을 선택하기보다는 갈 수 있는 곳을 선택해야 하는 현실로 인해 자기선택권이 무시당하는 경우가 많다. 이것은 지역사회의 일원으로 살아가야 할 중증장애인에게 필요한 편의시설이 부족하여 발생하는 현상으로 중증장애인 자조모임에서는 지역사회에서 살아가는 데 장벽이 없는 환경을 만들기 위해 노인·장애인·임산부 등을 위한 편의시설 증진 캠페인을 통하여 주민의 인식을 개선하고 지역사회 음식점에 편의시설이 설치되도록 하였다.

(2) 프로그램 진행상의 문제점 및 대안

① 자조모임이란 집단 활동을 통한 개인의 역량강화를 꾀하는 것이 목표였으나 자조모임 구성원 개별 역량강화의 차이에 대한 프로그램 계획

이 없어 구성원들의 욕구불만이 발생된 것으로 향후 프로그램 계획에 있어서는 프로그램 진행과정에서 평가회를 실시하여 자조모임 구성원들의 욕구를 반영할 수 있는 프로그램 계획이 필요하다.

② 자조모임 구성원 중 장애발생 후 10여 년 동안 외출을 5회 미만으로 한 회원을 가정방문하여 자립생활과 자조모임에 대한 설명을 하였다. 그 이후 자조모임에 참석을 하게 된 황○○ 회원의 경우 언어장애가 심하여 자조모임에는 빠짐없이 참석을 하며 구성원들 간의 관계 또한 원만하였으나, 자조모임에서 실시되는 의사결정 과정에서 심한 언어장애로 인하여 의사표현의 기회가 부족하였다. 또한, 자조모임 구성원들의 심한 언어장애에 대한 배려도 부족했다.

향후 자조모임 구성원 중 심한 언어장애인이 있을 경우 그를 배려한 자조모임의 회의 진행이 필요하다.

3) 담당자 평가

중증장애인은 지금까지 장애라는 이유 하나만으로 시혜와 동정 또는 차별을 받으며 살아왔다. 또한, 삶을 살아가는 데 있어서 자기결정권과 자기선택권이 무시되고 일상의 활동에서 늘 수동적이고 자신의 능력을 적절히 발휘할 수 없었다. 중증지체장애인의 역량강화를 위하여 자조집단 프로그램에 참여함으로써 의사표현 능력이 향상되고 자기선택의 경험을 통해 자신의 삶의 방향을 스스로 선택하고 결정하며, 자기효능감 및 내외통제성 중 내적 통제성이 향상될 수 있었다. 또한, 노인 · 장애인 · 임산부 등을 위한 편의시설 캠페인 및 지역사회 내에서 실시되는 축제에 참여하여 중증장애인도 지역사회 일원으로 살아갈 수 있다는 사실을 지역사회 주민에게 알릴 수 있는 계기가 되었으며 자조모임 구성원들 또한 희망을 가질 수 있었다.

CSES(지역사회 노인지도자 양성 프로그램)

김기룡(용산노인종합복지관)

1. 프로그램 개요

시립용산노인복지관에서는 2002년도부터 실시되어 온 경로당 활성화 사업의 경험을 바탕으로 하여, 임원진의 리더십이 탁월하고 또한 복지관과의 협조체제가 잘 이루어지는 경로당이 더욱 활성화되며, 또한 이러한 경로당 내에서 발전적인 변화가 일어나는 것을 알 수 있었다. 또한, 경로당은 지역사회 내에 고루 분포되어 있는 노인복지 시설임에도 불구하고 전문적 프로그램의 부재와 재정적 지원 부족, 그리고 폐쇄성으로 인해서 지역사회와 단절되어 있는 것이 문제로 지적되고 있다.

따라서, 본 프로그램에서는 경로당 운영에 가장 큰 영향을 미치는 대표자들의 리더십을 고양하고 경로당의 조직적인 변화를 유도하며, 이를 바탕으로 인접한 경로당 간의 네트워크를 시도하여 경로당 대표자가 진정한 지역사회의 지도자로서 거듭나며 경로당이 지역사회의 핵심적인 노인복지 전달체계로 자리잡도록 하는 데에 그 목적이 있다.

상반기는 리더십 훈련기간으로서 대상 경로당 임원진들과의 협조체제를 구축하고 리더십 강의와 견학교육, 권역별 교육, 수련회 등 다양한 형태의 집중적인 리더십 교육을 실시한 후 수료식을 거행하였다. 교육 전반부에서는 개인적인 리더십을 강조했다면 시간이 흐르면서 경로당 상호간의 네트워크와 지역사회에 대한 관심, 그리고 노년기의 자원봉사의 의미와 더불어 지역사회에서의 경로당의 사명에 초점을 맞추었다.

프로그램 후반부에서는 교육의 성과를 바탕으로 경로당 간의 모임을 활성화하였으며 특별히 경로당 모임에 동사무소, 노인복지 후원회 등의 참여를 유도하여 지역사회와 경로당이 상호 관심을 가짐으로써 지역사회 속의 경로당으로 서로가 발전할 수 있는 기틀을 다졌다.

2. 프로그램 목표

1) 단기 목표__문제해결과 조직형성을 중심으로

(1) 문제해결

① 개인적 리더십 부재로 인한 경로당 활성화 정체

경로당을 주도하며 분위기에 가장 큰 영향력을 끼치는 임원진들의 리더십 고양을 위한 다양한 형태의 리더십교육 과정을 실시한다(단기 집중리더십교육, 견학교육, 권역별 리더십교육, 탐방리더십교육, 수련회 등).

〈사례1〉 관내 효창동의 한 경로당은 복지관과의 물리적 거리가 멀어 복지관에서 프로그램에 대해 관심이 매우 낮으며, 물질적인 지원에만 관심이 있어 경로당 프로그램에 대한 만족도가 낮고, 불평만 주로 늘어놓았다. 그러나, 지속적인 설득으로 각종 교육 프로그램에 참여한 이후로는 복지관의 존재와 사회복지사의 역할에 대해 위상을 다르게 보게 되었으며, 현재는 오히려 다양한 프로그램을 복지관에 요청하는 입장으로 바뀌었다.

② 경로당의 폐쇄성으로 인한 지역사회 노인복지시설로서의 경로당 역량부족

물리적으로 인접해있고 회원간 성향이 비슷한 경로당 간의 교류행사를 장려한다(대다수의 경로당은 매우 인접한 위치에 있으면서도 상호 왕래의 필요성을 느끼지 못하고 있으며, 실제 등록된 회원이 아닌 경우 경로당을 이용하기에 매우 어려운 것이 현실이다. CSES 과정을 통해 대표자 간의 친밀도가 증진되어 공동 프로그램 진행이 매우 순조로워졌으며, 이를 바탕으로 이웃 경로당 간에 상호 자연스러운 왕래를 이끌어낼 수 있었다).

〈사례2〉 한강로3동과 이촌2동에는 철길을 사이에 두고 50m 떨어진 할머니 경로당이 있는데, 이 경로당은 물리적으로 가깝지만 행정적으로 소속 동이 다르고, 또 한 곳은 아파트에 속한 경로당이라는 이유로 회원들의 의사와 무관하게 상호 방문하고 이용하는 것을 매우 꺼리는 상황이었다. 반면, 경로당 별로 분위기나 특성이 모두 다르기 때문에 지역 주민인 어르신들은 경로당을 그때그때 상황에 따라 다양하게 이용하고 싶어한다. CSES를 통해 임원진들의 관계가 개선되고 또 교류프로그램을 통해 친밀감을 형성하면서 지금은 회원끼리 상호 방문을 하거나 프로그램의 연합실시를 자연스럽게 받아들이게 되었고 회원들의 만족도 또한 증가하였다.

③ 노인복지시설로서의 역할 미비와 지역사회와의 단절

동일 권역 내 경로당 간의 교류와 지역사회와의 연합행사를 통해 지역사회의 관심을 유도하고 지역사회의 문제에 경로당 일반 어르신들이 참여할 수 있는 통로를 만들어낸다.

〈사례3〉 관내 구청에서는 경로당에 대해서, 늘 불평과 요구만 하고 구청에서 요청하는 활동에는 도무지 참여를 하지 않는다며 좋지 않은 시각을 가지고 있었다. 어르신들 또한 구청과 같은 지역사회의 일은 매우 귀찮다는 인식이 많았다. CSES는 이러한 어르신들에게 변화의 자극이 되는 동기를 부여하였고, 구청 또한 아직까지 경로당의 변화의 조짐에 대해 긍정적으로 주시하면서 경로당에 대한 지원이 물질적인 것이 전부가 아님을 인정하게 되었다.

(2) 조직형성

① 경로당 간의 권역별 네트워크 형성

권역 단위의 리더십교육을 실시하고 경로당 간의 교류를 정례화한다(교육단계에서 집단활동 프로그램을 권역별로 실시하여 상호 친밀도를 높이고, 소규모 연합 프로그램 지속 실시 – 방문 윷놀이대회, 노래자랑 등).

〈사례4: 이태원2동의 변화〉 용산구 관내 이태원2동에는 총 4개의 경로당이 있는데 각기 약간씩 다른 특성을 가지고 있다. 일반적인 경로당처럼 남녀가 따로 이용하고 두 개의 경로당은 분위기가 매우 활발하고 프로그램에 대한 참여율이 높은 반면 나머지 두 개의 경로당은 80대 후반의 최고령 층의 어르신들이 주를 이루며 경로당 활성화 프로그램에도 크게 흥미를 느끼지 못하며 어느 정도 침체된 분위기를 보이고 있다.

한편, 용산구에서는 각 동별로 환경정비를 위한 골목길 청소 자원봉사 활동을 구청차원에서 적극 장려하고 우수지역에 대해 포상하기도 하는 등의 노력을 기울이고 있으나, 이태원2동의 경우 참여율이 낮아 동사무소 측에서도 고민을 하고 있는 형편이었다. 또한, 동사무소 측에서는 경로당이 늘 요구하는 사항만 많으며 지역의 일에는 비협조적이라는 불만을 가지고 있는 상황이었다.

CSES 과정을 통해 경로당의 네트워크와 지역사회 공헌활동에 공감대를 형성한 경로당 대표진의 협조로 4개 경로당의 공동 교육프로그램과 친목을 도모할 수 있는 자리를 마련하여 교류를 장려하였으며 이를 바탕으로 지역사회와 연합할 수 있는 '어울림 한마당' 이라는 장을 마련하였다.

이 프로그램에는 용산구 노인복지후원회장과 동사무소, 그리고 지역 부녀회 임원들이 참여하여 경로당에 대한 새로운 인식을 갖는 계기가 되었으며, 지역발전과 노인복지 발전에 모두 협력할 것을 다짐하면서 우선적으로 골목길 청소를 위한 '클린 자원봉사단' 에 적극 참여하기로 결의하기도 하였다.

② 권역별 네트워크와 지역사회 단체 연계

경로당이 지역사회에 영향력을 끼치기 위해서는 하나의 조직만으로는 한계가 있어 권역 단위의 네트워크 형성을 바탕으로 지역사회와 교류하도록 한다.

이태원2동 경로당 네트워크 및 지역사회 조직도

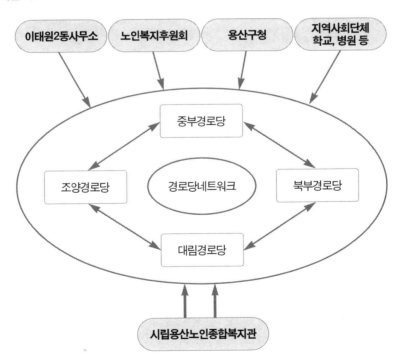

2) 장기 목표__개인 및 지역사회 역량강화를 중심으로

(1) 개인 역량강화(변화) → 리더십 교육의 성과

① 리더로서의 책임감과 기본적 자질 함양
리더의 변화를 근간으로 하여 경로당 일반 회원들의 변화를 유도한다.

〈사례5〉 CSES 이전에는 경로당 활성화사업의 프로그램 욕구에 있어 일반 여가활동만을
선호하였는데 교육 이후 지도자들을 중심으로 경로당의 발전적인 변화를 꾀하여야
한다는 인식을 바탕으로 한글교육, 컴퓨터 교육 등에 관한 욕구가 증가하였다. 이러한
욕구를 바탕으로 경로당을 지역사회 컴퓨터 교육장으로 변화시키는 정보화 경로당 1
개 소가 8월에 추가로 개소하였다. 또한, 이태원동과 서빙고동 경로당에서는 경로당
내 글을 모르는 어르신들에게 한글교육을 받을 것을 임원진이 지속적으로 설득하고
있어 실행 준비 단계에 이르렀다.

② 리더십을 바탕으로 지역사회에 대한 영향력의 욕구에 대한 동기를 부
여한다(대부분의 경로당 회원들은 경로당은 일생을 수고한 노인들이
쉬는 곳이므로 간섭 받거나 외부활동을 하는 것에 대해 꺼리는 경우가
많았으나 프로그램 이후 외부 활동의 참여에 대해 긍정적 태도로 바뀌
었다).

〈사례6〉 도원동은 자율방범활동과 학교 앞 교통지도 활동을 권장하기 위하여 경로당 어르
신들에게 활동비(5천원)까지 지급하며 참여를 권장하였으나 실질적인 참여율이 지속
적으로 감소하여 활동이 유명무실하게 되었다. 이러한 부분에 대하여 경로당 회장과
복지사가 지속적으로 설득하고 참여를 유도한 결과 일단 주 1회만이라도 지속적으로
참여하겠다는 다짐을 받아 봄부터 실시를 준비중이다.

③ 경로당의 변화 발전과 지역사회 내에서의 역할 수행에 대한 필요성을 인지한다(교육 이전에는 활동자체에 대하여 매우 번거로워 하였고 타 경로당과의 교류에 대해 부정적인 시각을 나타냈으나, 교육이 진행중인 현재는 인근 경로당과의 교류를 먼저 요청하는 등 변화에 대한 조짐이 나타나고 있다).

〈사례7〉 관내 ㅇㅇ동의 한 경로당의 인근지역에는 쪽방에서 생활하는 저소득 노인세대가 다수 거주하고 있어 그동안 쪽방 어르신들이 회원으로 들어오는 것을 꺼리는 입장이었다. 경로당 분위기가 나빠진다는 것이 명분이었다. 이 경로당은 본 프로그램 중 특별히 수련회를 통해 지역사회의 문제를 이야기하면서 지역의 문제, 특별히 노인문제에 경로당이 책임이 있음을 인지하였고 현재 쪽방 거주 어르신 중 동절기 난방이 되지 않아 어려움을 겪는 한 세대의 노인과 손녀로 하여금 야간에 경로당에서 잠을 잘 수 있도록 배려하고 있어 지역사회에서 긍정적인 평가를 받고 있다.

(2) 지역사회 역량강화(토착지도력 개발)

① 건전한 의사소통 풍토 조성을 바탕으로 경로당 문화개선

경로당 문화개선은 지역사회에서의 경로당 이미지 개선으로 이어져 지역사회에서 그 위상을 재고(再考)하게 만들 수 있다(권역별 리더십 교육에서는 지도자의 기본적 자질과 경로당 운영 및 회원들과의 의사소통과 관련된 실질적인 교육과 집단 프로그램을 진행하여 경로당에 건전한 의사소통과 갈등해소 구조가 확립되도록 하였다. 특별히 각 지역의 대표 경로당에서 프로그램을 실시하도록 하여 교육 대상자뿐만 아니라, 일반 회원 어르신들까지 함께 참여함으로써 경로당의 문화개선에 기여할 수 있도록 하였다).

〈사례8〉 후암동의 □□경로당은 다수의 재적회원이 있음에도 실질적으로 경로당에 나오

는 어르신의 수는 매우 적으며, 갈수록 줄어드는 추세였다. 어르신들에게 경로당 이용에 대해 질문해본 결과 회장의 지나친 독선으로 인하여 회원들이 경로당 생활을 오히려 불편해 하고 있음을 알게 되었다. 이 경로당 회원들이 권역별 교육에 참여하여 마음을 여는 대화법과 지도자의 자질에 대한 수업을 받은 결과 경로당에도 민주적이고 효율적인 의사소통이 필요함을 인지하였고, 연말 경로당 총회에서 회장직이 관습처럼 연임되었던 것과는 달리 신임회장을 적극적으로 추천하고 당선시켜 경로당의 분위기를 쇄신하기 위해 노력하고 있다.

② 경로당을 단순 휴식공간이 아닌 지역사회의 노인복지시설로 기능 강화

용산구의 전문적 노인복지서비스를 제공하는 기관은 노인복지관 1개 소에 불과하며, 지역에 따라서는 그 접근성 또한 낮은 사각지대가 분포하여 서비스 전달에 있어 비효율이 발생하고 있다.

〈사례9〉 청파동의 한 경로당은 회원 수에 비해 규모가 크고 우수한 물리적 환경을 가졌다. 사실, 이 경로당은 초기에 용산구의 주간보호소로 운영될 목적으로 건립되었으나 지역주민의 거센 반대로 인하여 좌절되고 마지못해 경로당으로 이용되고 있는 상황이다. 복지관에서는 이 경로당을 집중 목표로 하여 임원진과의 관계를 형성하고 다양한 프로그램을 실시하도록 설득하고 있다. 따라서, 시설 자체는 경로당이지만 내부에서 실제로는 어느 정도 주간보호소의 역할을 담당할 수 있도록 봉사자를 파견하고 점심 식사를 하도록 하는 특화 경로당으로의 변모를 현재 준비하고 있다.

③ 경로당 기능 강화를 바탕으로 한 협의체 구성과 지역문제에 개입

경로당 임원진은 그 지역에서 오랜 시간 거주한 경우가 대부분을 차지한다. 단순히 지역사회에서 지원만 받는 곳이 아니라 동사무소, 부녀회, 통/반장 등과 동등한 위치의 협의체 구성을 통하여 어르신으로서 그 지역문제 해결에 개입하게 된다.

〈사례10〉 용산구는 구청에서 노인복지에 대한 관심이 높으며 특별히 노인복지를 위해 설립된 사회복지법인 상희원이라는 단체를 기반으로 노인복지 후원회가 활성화되어 있으나 노인복지에 있어 실질적으로 재원이 적절하게 동원되고 있다고 보기 어렵다. 이러한 지역사회의 자원과 조직이 적절히 활용되기 위해서는 적절하게 조직화된 노인집단이 필요하며 이러한 필요성을 권역별 경로당 네트워크로 극복하고자 한다.

3. 조직 지도력과 구성원

1) 지도력

(1) 관계 중심 지도력 극대화
① 경로당 조직강화: 현재 경로당은 갈등이 발생하거나 의견을 수렴하는 과정에서 건전한 의사소통 구조를 갖고 있지 못하고 있다. 이에 리더에 의한 일방적인 지시와 명령하달 방식에서 벗어나 조직 전체의 의견을 수렴할 수 있는 건전한 갈등해소체계를 갖도록 한다.
② 권역별 네트워크 조직: 지역별 혹은 특성별로 경로당이 연계체계를 갖추어 지역사회와 관계를 맺으며 영향력을 끼칠 수 있도록 한다.

(2) 과업 중심 지도력의 전이
① 초기 지도력: 교육대상자들과 목표를 공유하지 못함으로 인하여 실무자가 강사와 더불어 대상자로 하여금 프로그램 목표를 공유하도록 끌어간다.
② 지도력 전이: 교육대상자들은 경로당의 지도자로서 또 지역주민으로서 목표를 세우고 교육 이후 진행될 프로그램을 이끌어갈 리더 역할의 수행을 준비중이다.

(3) 지도자 자질과 역할

① 경로당 일반회원과의 관계: 리더십 교육의 내용을 일반회원에게 전파하고 건전한 경로당 문화를 확립한다.

② 타 경로당 리더와의 관계: 동일한 목적을 가진 조직의 리더임을 서로 인식하고 발전적 동반자관계를 유지함과 동시에 지속적으로 교류한다.

③ 지역사회와의 관계: 지역사회의 어르신으로서 지역문제에 관심을 갖고 그 안에서 경로당의 역할을 모색하면서 지역단체와 지속적인 상호작용을 한다.

2) 조직 구성원 및 지역주민

리더십 교육의 대상은 현재 경로당 임원진을 중심으로 하며 그 외 추가 선발된 인원은 각 경로당의 차세대 지도자로 볼 수 있는 비교적 연소(年少) 노인 층이다. 대상자들은 경로당의 문제에 대해 공통적인 의식을 가지고 있으며 그 문제를 해결하고자 하는 의지가 있으나 아직 적절한 방법을 찾지는 못하고 있다고 한다. 그러나, 노인세대의 인식이 하루아침에 변하는 것이 아니며 더불어 경로당 운영과 관련된 구조적인 문제와도 연관되어 있다.

각 경로당을 권역별로 구분하는 것은 행정구역상 같은 동에 속하거나 같은 동이 아니더라도 물리적 거리가 가까운 것을 기준으로 하였다. 이렇게 구분된 권역은 해당 지역의 일반 주민보다는 현재 지역에서 영향력을 가지고 있는 단체와 연계되어 지역사회 공헌활동으로 이어지게 된다.

이 외에도 지역사회에 경로당과 유관되어 있는 주민 혹은 단체로 동사무소, 각 동 부녀회, 노인복지후원회, 또한 이러한 단체들이 모여있는 동(洞) 협의체 등이 있고, 더불어 경로당에 일거리를 제공하거나 비정기적인 후원을 하는 중소규모 상공(商工)업체들이 있다. 이러한 지역주민들의 일반적인 성향은 한국적 효 사상을 근간으로 하여 경로당 어르신들이 사회적으로 공경받고 부양되어야 한다는 인식이 주를 이루는 것으로 경로당의 역할에 관한 고민이나 변화에 대한 필요성까지 인식하지는 못하고 있다.

4. 조직화에서 사회복지 실천가의 노력

① 동기부여(motivating)

프로그램 실시 이전에 경로당의 변화발전에 대한 필요성은 그 어느 곳에서도 인지하고 있지 않은 듯 했다. 따라서, 리더십이라는 단어가 노년기에도 절대적으로 필요한 단어임을 설명하는 데 많은 시간을 할애하였고, 교육 이전에 임원간담회를 실시하여 기관차원에서 설득하는 등의 노력을 지속적으로 하였다. 교육기간 중에는 경로당 간의 네트워크와 지역사회와의 동반자적 관계를 강조하며 활동하는 경로당이 되도록 동기를 부여하였다.

② 관계 맺기와 의사소통(relating & communicating)

적정한 인원을 선발하여 필요한 내용을 교육하기 위해서는 교육실시 이전에 충분한 관계를 형성하여야 한다. 이러한 과정을 통해서 대상자들을 교육현장으로 끌어내고 적합한 강사를 배치할 수 있게 되며, 교육 진행에 있어 대상자들의 반응을 살펴보며 자유로이 이야기 할 수 있는 분위기로 만들 수가 있다. 또한, 후반기에는 권역별 해당 지역사회 유관기관 및 주민들과 관계를 맺음으로써 경로당의 역할을 찾는 일에 동참하였다.

③ 지역사회 자원동원(referring to resources)

현재 경로당과 지역사회는 상호 무관심한 경우가 대부분이다. 이러한 상황에서 지역사회를 설득하여 관심을 갖도록 하면서 필요한 자원을 동원하는 일이 매우 중요하게 부각되고 있다. 리더십을 교육할 때 지역사회의 실질적 리더가 강의하고 자신의 지도력을 보여줌으로써 리더십의 좋은 모델을 제시하도록 하고 있으며, 지역사회 연합행사에 보다 많은 단체와 인원이 참여하고 후원할 수 있도록 노력한다.

5. 전략과 전술

(1) 옹호 전략

① 미시 수준(개인과 환경 관계에 개입)
경로당 내부에서 건전한 의견수렴과 갈등해소 체계를 갖추도록 하기 위하여 리더에 대해 지속적으로 교육내용을 상기시키고 적용할 수 있도록 지지하여, 일반 경로당 회원어르신들에게도 리더십 교육내용이 전달될 수 있도록 한다.

〈사례11〉 CSES 수료식에서는 수료기념으로 각 경로당에 벽시계를 지급하였다. 시계에는 '지역사회 지도자교육과정 수료'라는 문구를 명시하여, 교육을 받지 않은 회원들도 경로당 대표자들이 이러한 교육을 받았음을 기억할 수 있도록 하였고, 몇 개 경로당에서는 CSES 교육과정의 교재들을 경로당 게시판 등에 부착하거나 회람하도록 하고 있다.

② 거시수준(사회정책, 제도개선)
경로당의 지역사회 공헌활동은 지역사회 내의 경로당에 대한 이미지를 향상시키고 어르신들 또한 지역사회의 어른으로서의 역할 수행을 통해 자존감을 향상시킬 수 있다. 또한, 정보화 경로당의 온라인 커뮤니티를 활성화하여 새로운 노인문화를 선도하며, 이러한 활동들을 지역사회 및 대중매체에 홍보함으로써 노인복지의 새로운 모델을 제시하고자 한다.
· 2004년 7월 20일 문화일보 연재코너 '장재선의 희망을 만드는 사람들'에 게재

(2) 합의 전술

① 내적 합의

리더십 교육은 개인적 리더십을 고양하고 경로당 임원 한 사람이 단순한 경로당의 임원진에서 지역사회의 리더로 거듭남에 대해 설득하는 과정으로 볼 수 있다. CSES에 참여한 교육생들은 다시 각각의 경로당에서 교육내용이 실현될 수 있도록 회원들을 설득해야 할 필요성이 있다.

② 외적 합의

경로당과 지역사회가 통합되는 과정에서 경로당 일반회원들의 사회참여에 대한 합의가 동반되어야 하며, 그 후에는 지역사회와의 합의과정을 거쳐야 한다. 이러한 과정이 민주적으로 진행될 수 있도록 회원 개인 간, 또한 지역사회 집단 간 자연스러운 의사소통이 가능하도록 토의가 이루어지는 것이 차후 과제로 남아있다.

> 〈사례12〉 이태원2동의 지역사회 어울림 한마당 행사를 통해 경로당의 모든 회원들이 참여하는 일종의 잔치와 같은 행사를 실시함으로써, 교육을 받지 않은 일반 회원들도 1년간 경로당 대표자들이 어떠한 과정을 거쳤으며 현재 경로당이 어떠한 모습으로 변해야 하는가 공감할 수 있는 계기가 되었다.

(3) 지역사회 연계현황

① 관료 및 지방정부

경로당 관련 관내 주무를 담당하고 있는 용산구청에서는 이와 같은 활동에 대해 매우 고무적인 현상으로 보고 있으며, 전체 경로당으로 확산되기를 바라고 있다. 또한 경로당이 직접적으로 속한 지역(각 동)의 동사무소는 경로당의 이러한 움직임을 이전에는 관찰한 적이 없는 현상으로 주목하며 지역사회에 큰 도움이 될 것으로 기대하고 있다. 한편으로는 그동안 지방정부 입장에서 경로당에 대해 크게 기대한 것이 없었고 기존의 제도적인 지원 이외에는 더 이상 불필요하다고 여겨왔으나 경로당과 지역사회가 동반자적 관계를 통해 상호 발전해야 한다는 데에 현재 인식을 같이 하고 있다.

② 종교단체 및 복지기관

용산구에 노인복지를 위해 설립된 사회복지법인 상희원과 각 지역마다 있는 노인복지 후원회가 경로당 어르신들로부터 큰 신임을 받고 있는 상황에서 이 기관의 참여는 프로그램에 큰 힘을 실어주고 있다.

또한, 현재 지역사회 공헌활동에 참여하고 있는 교회를 발굴·조사하여 지역복지서비스 전달에 어르신들이 동참할 수 있도록 하고 있다. 그리고, 비인가 노인/아동 복지시설에도 이와 같은 일이 가능하도록 현재의 지역단위 조사를 차후에도 지속적으로 실시하여 어르신의 지역사회 참여의 기회를 확대하고자 한다.

〈사례13〉 용산 상희원에서는 경로당의 변화에 대한 긍정적인 평가를 바탕으로 차년도 경로당 사업에 있어 필요할 경우 컴퓨터교실, 또는 일반 여가교실 등에 대해 강사료 등 부분적으로 예산 지원을 해주겠다는 약속을 하였다. 또한, 상희원에서 노인복지 후원회로 전달되는 예산이 보다 실질적으로 사용될 수 있도록 재고하기로 결정하였다.

6. 프로그램 평가와 전망

(1) 지역사회개발 모델(로스만의 분류)

본 프로그램은 리더십 교육을 바탕으로 경로당의 폐쇄성을 극복함으로써 지역사회 통합을 그 목표로 하고 있다. 그러한 과정에서 개인의 리더십을 극

대화함으로써 경로당 고유의 기능을 강화하고 새로운 노인복지시설 중심으로 거듭나도록 하는 과정을 매우 중시하고 있다. 이러한 점에서 로스만의 분류를 근거로 하고 자기결정을 근간으로 하여 지역사회의 자발성과 지도력을 중시하는 지역사회개발 모델에 가까운 형태로 생각할 수 있다.

따라서, 내적/외적 합의과정을 기본적인 전략으로 중시하고 있으며 지역사회 전반의 광범위한 참여를 기본적 변화 전략으로 사용하고 있다. 때문에 프로그램 담당자는 교육대상자와 지역사회에 대해 동기를 부여하고 관계를 맺도록 하며 조정하는 일을 주 업무로 하고 있다.

(2) 주민 참여의 한계 및 전망

① 경로당 관리의 제도적 어려움

본 프로그램과 경로당 활성화 프로그램은 복지관의 주도로 이루어지고 있으나 경로당은 행정적으로 예산하달 및 법적인 측면에서 구청의 관리를 받으며 조직적으로는 대한노인회 산하 용산구 지회에 속해 있다. 이러한 다중 관리체계로 인해 경로당의 임원진들을 움직이고 경로당 간의 모임 등을 실시하는 데 있어 원활하지 못한 실정이다.

② 경로당 네트워크의 물리적 여건

본 프로그램의 기본 대상인 경로당은 용산구의 활성화 대상 경로당을 기본으로 하고 있다. 20개 소의 대상 경로당을 물리적 환경에 따라 4개 권역으로 분류하여 네트워크를 유도하고 있지만 경우에 따라 한강권 중심의 1개 권역은 경로당 간의 거리가 자연스러운 네트워크를 기대하기에는 어려운 측면이 있다.

그러나, 장기적인 측면에서 경로당 문화의 개선과 지역사회 통합이라는 목적을 고려했을 때 이 프로그램의 대상은 앞으로 활성화 대상 경로당뿐만 아니라 지역 내 모든 경로당이 되어야 한다는 측면에서 좀 더 많은 참여를 유도하고자 한다.

③ 노인세대의 편차

노인세대라는 말로서 모든 노인세대를 묶어 같은 특성을 가진 집단으로 보기에는 어려운 점이 많다. 특히 지금의 노인세대는 한국적 노인이라고 표현할 정도로 학력과 생활수준, 그리고 과거의 경험에 있어 큰 편차를 나타내고 있다. 때문에, 동일 지역의 경로당이라고 하여 무조건 하나로 묶는 일에는 무리가 따를 수 있다.

그러나, 초기의 욕구가 다양하고 교육프로그램의 성과적 측면에서도 남·녀 차와 교육수준에 따른 차이가 나타나고 있는 등 과정상의 혼선이나 어려움이 존재하고 있기는 하나 공통된 목표를 바탕으로 안정적 네트워크를 구성하는 일이 불가능한 것은 아니다.

사업실적

프로그램 명	계획			실적			비고
	건	인원	금액 (천 원)	건	인원	금액 (천 원)	
OT(임원간담회)	1	51	200	1	45	165	기관부담
실무자 활동비						355.8	수퍼비전 모임참석
단기집중교육	4	204	1,082	4	193	985	
견학교육	1	51	1,500	1	53	1,407.7	
권역별교육	4	51	516	4	58	595	
탐방리더십	4	51	600	2	18	197	
리더십 수련회	1	51	2,000	1	40	1,620.8	
수료식	1	51	1,015	1	52	1,148.9	
교류행사	12	360	960	3	110	305	기관부담
지역사회 연합행사	4	120	2,600	1	54	400	
소 계	32	990	10,473	18	623	7,180.2	

CSES 흐름도

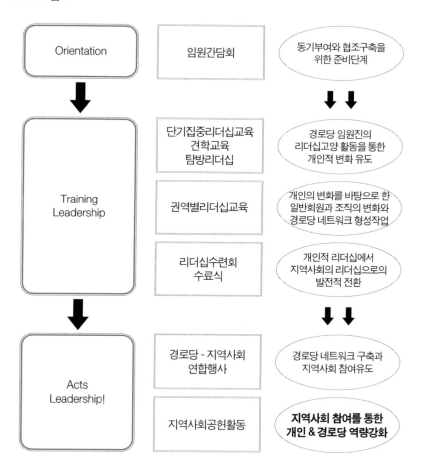

Orientation	임원간담회	동기부여와 협조구축을 위한 준비단계
Training Leadership	단기집중리더십교육 견학교육 탐방리더십	경로당 임원진의 리더십고양 활동을 통한 개인적 변화 유도
	권역별리더십교육	개인의 변화를 바탕으로 한 일반회원과 조직의 변화와 경로당 네트워크 형성작업
	리더십수련회 수료식	개인적 리더십에서 지역사회의 리더십으로의 발전적 전환
Acts Leadership!	경로당 - 지역사회 연합행사	경로당 네트워크 구축과 지역사회 참여유도
	지역사회공헌활동	**지역사회 참여를 통한 개인 & 경로당 역량강화**

재가어르신 자조집단 역량강화 프로그램

김라미(마포노인종합복지관)

1. 프로그램 개요

　본 복지관의 재가복지대상 어르신은 총 160건으로 그 중 125건은 부양자 없이 혼자 살고 있는 독거어르신이며, 나머지 35건은 노부부세대 또는 손자녀를 부양하고 있는 기초생활수급자 및 저소득 어르신이다. 복지관의 재가복지사업은 건강 및 경제적 어려움이 있는 수급자 및 저소득 어르신들에게 각종 복지서비스를 제공하고 있으나, 이는 대부분 대상자의 욕구에 따른 서비스로 어르신을 보호의 대상으로 보고 서비스를 지원하며 재가복지 대상 어르신을 의존적이고 수동적으로 만드는 단점이 있다. 또한, 대부분 재가복지대상 어르신은 서로 인근 지역에 거주하고 있으면서도 이웃 간에 상호교류 없이 스스로 사회적인 소외감과 고독감을 만들어 가고 있다.

　본 프로그램은 사회적인 지지체계가 취약한 저소득 재가어르신들을 지역사회 내 상호 지지망인 두레라는 공동체로 조직화하여 집단사회사업을 통해 재가복지의 새로운 사례관리 모델을 제시하고자 하였다. 1단계로는 개인적인 역량을 강화하고 전체 프로그램에 대한 동기부여의 기회를 삼고자 의사소통기술의 향상을 인간관계훈련과 자기표현훈련으로 실시하였고, 월 1회 자조모임을 통하여 두레의 결속력을 높였다. 2단계에서는 두레의 자조기능을 강화하고자 친밀감을 높이며 생활의 정보를 공유할 수 있는 캠프, 문화활동, 원예활동, 건강관리, 노인기관견학 프로그램을 실시하였으며, 3단계에서는 월 1회 정기적인 자조모임의 프로그램을 다양화하며 두레의 소속감 증진과 자조집단 활성화를 도모하였다. 이를 바탕으로 지역사회 독거어르신의 가정을 방문하고 봉사활동을 함으로써 지역사회에 기여할 수 있도록 하고, 삶의 의욕 증진과 보람 구현을 가능케 하였다.

두레모임 프로그램은 재가어르신이 주체가 되어 자조집단의 기능을 강화하고 지역 단위 어르신들의 삶의 근거를 함께 하는 협조체계로 지역통합을 이루고자 하였다.

2. 프로그램 목표

1) 단기 목표__문제해결과 조직형성을 중심으로

(1) 문제해결

① 재가어르신의 건강, 경제적 어려움으로 인한 심리적 위축: 어르신을 보호의 대상으로 보고 서비스를 지원하므로 자신감이 없고 매사에 소극적이다.
  · 지원 프로그램: 인간관계 훈련(4회), 자기표현 훈련(6회) → 자신감 향상의 기회 및 서로에 대한 이해증진

〈**사례**〉 재가어르신들은 때로 인근지역 이웃에 살며 같이 서비스를 받고 있는 어르신에 대한 정보를 담당자에게 많이 제공해 준다. 평소에 어딜 가는지 누굴 만나는지, 가족관계와 더불어 과거사, 성격, 생활습관, 타기관 지원여부 등 사회복지사보다 더 많은 정보를 갖고 있다. 그러나, 어르신들은 자신에게 더 많은 혜택이 오기를 기대하면서 자신보다 다른 사람에게 외부의 지원혜택이 훨씬 더 많음을 강조하는 경향이 있다.

② 사회참여 활동 기회의 저조: 재가어르신의 특성에 맞는 프로그램이 부족하여 복지관 이용률이 낮다.
  · 지원 프로그램: 집단활동 프로그램(건강교육, 캠프, 원예치료, 영화관람, 노인생활시설견학)

〈**사례**〉 노인복지관은 일반 어르신의 다양한 문화적 욕구를 수렴할 수 있는 문화복지 서비스와 경제적 · 사회 심리적으로 소외감을 겪고 있는 어르신들을 위한 재가복지 서비스로 구분된다. 그러나, 복지관 내에서 이루어지는 문화복지 프로그램은 대부분 사회교육 프로그램으로 일반어르신들이 많이 이용하고 재가어르신들은 상대적으로 이용률이 낮은 편이다. 재가어르신은 고령으로 신체가 허약하여 강당에서 이루어지는 스포츠 댄스나 생활체조 등과 같은 프로그램의 속도를 따라가기 어려우며 더불어 다른 프로그램에 대한 소외감도 크다.

③ 욕구에 따른 일방적 서비스로 의존심, 이기심 조성: 문제발생 시 가족보다 복지관에 대한 의존심이 강해지며 다른 사람에 대한 배려보다 자기 중심적 생각과 개인적인 입장에 대한 요구가 늘어난다.
  · 지원 프로그램: 봉사활동, 병문안 등을 통한 지역사회 기여 방안

〈**사례**〉 같은 지역에 오랫동안 거주한 재가어르신 사이에서는 체력적인 힘과 권력에 의해 서열이 구분되기도 한다. P어르신은 큰 체구와 큰 목소리로 다른 어르신들에 비해 경로식당에서 자리를 맡는 것에 앞서고, 식권을 구입할 때도 줄을 서지 않고 끼어드는

일이 많다. 수급자이기 때문에 경로식당에서 무료급식을 하는 것은 당연하고 자신이 우선되어야 한다고 주장한다. 본 복지관 경로식당은 90석인데 비해 하루 이용자는 500여 명으로 자리싸움이 종종 있는데, P어르신은 과거 여러 어르신과 싸움이 잦고 사이가 좋지 않아 두레모임을 하는 동안 그동안 사회복지사가 알지 못했던 과거의 갈등관계가 드러났다. 그러나, 두레구성원의 병문안 방문 시 죽음 앞에서 모두 숙연해진 어르신들은 그동안 앙숙이었던 불편한 마음을 화해하는 기회로 삼기도 하였다.

(2) 조직형성

① 대상자 측면
· 인근지역 재가복지서비스 대상 어르신의 집단조직화 6개 그룹
· 연락망 공유 및 월 1회 자조모임을 통한 지속적 사회 교류의 토대 마련
· 두레반장을 통한 지역사회 리더십 개발의 기회 마련
· 현재 활동인원 평균 8~10명. 6개 그룹

② 지역사회 측면
· 마포구 내 재가어르신의 두레공동체 형성. 현재 6개 두레, 수급 및 저소득 어르신 60명
· 점차적으로 마포구 내 전 지역으로 확산하여 지역사회활동을 도모할 필요가 있음

2) 장기 목표

(1) 개인 역량강화
*1단계
① 인간관계 훈련(총4회)
· 레크리에이션(3회) 및 포크댄스(1회)를 통한 사회성 향상

> 〈사례〉 두레모임 인간관계 훈련 진행 후 복지관 강당에서 하는 사회교육 프로그램에 관심을 보였다. 노래교실, 요가, 건강체조, 컴퓨터 교육 프로그램에 대한 욕구를 표현하며 자발적인 참여가 증가하였다.

· 주 1회, 지속적인 프로그램 참여 후 상호 친밀감 및 사교성 형성

> 〈사례〉 두레모임 이전에는 재가어르신들의 모임이 어르신 스스로에게는 불특정 다수의 모임에 불과하여 남남으로 대하였으나, 복지관 이용 시 서로에 대한 안부를 확인하고 두레모임 일정을 자발적으로 확인하게 되는 모습을 보였다. 또한, 전체 두레모임 시 소그룹 두레별로 자리가 조정되며 어르신들 스스로 전체 내의 비공식적 하위 그룹을 조직하였다.

· 구성원 간 개별적인 전화 및 방문 등을 통하여 소속감.부여 및 생활정보 교류

> 〈사례〉 두레구성원 어르신이 감기 등으로 인하여 건강이 악화되거나 프로그램에 결석 시 비공식적으로 두레구성원 간 유동식 식사와 간식을 지원하며 병문안을 하는 형태로 상호간 교류의 기회가 발생한다.

② 자기표현훈련(총6회)

· 사회교육 프로그램 참여의 확대

〈사례〉 두레모임을 통해 복지관의 이용빈도가 높아지고 인간관계 훈련 진행 이후에는 복지관 강당에서 진행되는 노래교실, 요가, 건강체조 등의 사회교육 프로그램에 관심을 보이며 컴퓨터, 손뜨개반 등의 전문 프로그램에 참석하고 경로식당에서 점심시간이 되기를 기다리는 동안 자리안내, 컵과 물병 등을 정리하는 봉사활동까지 프로그램 참여 영역이 확대되었다.

· 자기표현 훈련을 통해 의사소통기술의 증진 및 생활정보의 교류

〈사례1〉 '살면서 어려웠거나 힘들었을 때'라는 주제로 토론을 하였는데 쇼핑마트에서 도둑으로 오해받았을 때, 수급자라고 무시당했을 때, 장애가족과 함께 사는 어려움에 대한 속내를 털어놓으며 서로에 대한 공감을 형성하고 서로를 위로하는 기회가 되었다.
〈사례2〉 취로사업근로를 하거나 경로식당을 이용하면서 그룹으로 비공식적 모임이 있을 때, 강사에게 배운 긍정적 표현과 함께 서로 한가지씩 칭찬해 주는 연습을 자발적으로 하였다.
〈사례3〉 좋은 일이 있을 때 자랑하거나, 서로를 격려하고 위로하기도 하며 잘못한 것에 대해서는 지적하기도 하는 등 감정의 표현이 적극적으로 발전하였다.

(2) **지역사회 역량강화(토착지도력 개발):** 두레반장 활용. 리더역할 부여
 *2단계: 집단활동 프로그램(총5회) - 건강교육, 두레가족캠프, 원예치료, 문화체험, 노인생활시설 견학
 · 기존 구성원 추천을 통한 신규 구성원 모집

〈사례〉 두레모임에 대한 프로그램 내용이 알려지면서 자발적인 참여의사를 밝힌 어르신과 기존 구성원의 추천을 받는 어르신이 증가하여 신규 두레 2개 그룹을 추가로 구성했다.

· 두레반장을 활용한 집단 내 지도력 개발

〈사례〉 두레반장으로 하여금 모임의 일시와 장소, 주제를 공지하도록 하고 구성원들의 근황에 대한 정보를 얻으며, 후원식품의 경우 두레반장을 통해 일괄적으로 전달되도록 협조를 구하여 신선도를 유지했다.

· 두레공동체의 지역사회 내 역할 모색

〈사례1〉 처음 두레를 시작할 때는 각 모임에서 어색한 모습을 보이던 어르신들이 60명의 전체 두레 어르신과의 교류가 익숙해지면서 사회적 교류영역이 확대되는 모습을 보였다. 두레 안에서 연령과 건강상태를 고려하여 식당과 차안 등에서 앞자리를 양보하는 배려의 자세를 보이고, 생활시설을 견학한 이후에는 같은 지역에서 오래도록 함께 살자고 다짐하였으며 지금의 상황에 감사해 하고 현재 상황에서 좀 더 열악한 환경의 어르신들을 위해 봉사활동을 하고 싶다는 의사를 표현하기도 하였다.

*3단계: 자조모임(총45회), 봉사활동(8회)
· 생활 나눔의 기회 제공으로 자조모임의 필요성 인식 강화

〈사례1〉 자조모임은 어르신의 가정 방문으로 식사 초대와 다과의 형태로 이루어졌는데, 30년 동안 독거노인으로 생활한 K어르신은 종가집 맏며느리로 30년 만에 처음 손님 초대상을 차려 본다며 뿌듯하다고 표현하였다. 당뇨와 고혈압으로 식이 조절을 위해

음식과 영양 정보를 많이 알고있는 K어르신은 집 앞의 화분에서 기른 고추와 상추를 내어 놓고 콩가루를 넣어 끓인 미역국 덕분에 초대된 두레 어르신들의 음식비법에 대한 관심을 받았다.

〈사례2〉 어르신들은 서로의 집 '오픈 하우스'에서 주거환경과 집주인과의 관계에 대한 관심을 보였다. 월세, 전세의 가격과 화장실, 부엌, 난방, 채광, 옆집 사람의 생활습관에 대한 상세한 생활정보가 오고 갔으며 주거조건 비교를 통한 생활정보 교류의 장소가 되었다.

〈사례3〉 지속적인 모임을 통해 서로의 상황을 자세히 알게 됨에 따라 우호관계에서 갈등관계로, 갈등관계에서 우호관계로 친밀감의 변화를 보였다. 어르신들은 주거공간과 생활형태가 비슷하여 쉽게 친해지지만, 또한 작은 이해관계와 강한 자기 주장으로 의사소통에 오해가 생겨 모임의 장애가 될 만큼의 공격관계로 변화되기도 한다.

· 외식 및 야외 활동 프로그램을 통한 자조모임의 다양한 아이템 제공

〈사례〉 계절음식과 영양을 고려한 특식을 통해 다양한 외식 문화의 경험을 제공하였는데, 식당에서의 예절과 요리법, 영양성분에 대해 어르신들의 자발적인 의견교환이 이루어지고, 생활상의 대화 소재가 풍부해지는 기회가 되었다.

외식의 메뉴는 한정식보다 일품요리(삼계탕, 냉면, 짜장면 등)로 진행되었는데 음식이나 계절에 연관된 과거의 기억을 회상할 수 있었고, '오픈 하우스' 진행 시 요리를 시연해 보여주기도 하였다.

또한, 두레의 자조모임은 10명 전후의 인원이 이동하는데 인근지역(월드컵 공원, 한강고수부지 등)으로의 나들이와 색다른 문화체험(찜질방, 꽃꽂이 등)은 어르신의 여가문화를 제시하는 기회가 되었다.

· 봉사활동(병문안, 거동불편 어르신 정서서비스)

〈사례1〉 C어르신(미혼): 자녀가 없는 남성 독거노인으로 가사 및 정서지원서비스가 필요하
나, 여자사회복지사나 가정봉사원의 방문을 부담스러워하며 경계하였는데 두레모임
의 또래 어르신들의 방문으로 남자어르신과 교류가 잦아져 생활서비스 지원이 원활해
졌다.

〈사례2〉 상수동 지역의 재가어르신인 Y어르신은 뇌졸중 외상으로 3년 동안 병원 이외에 외
출을 하지 못하며 Y어르신의 남편 또한 병간호로 외출이 어려운 상황이었는데, 두레
모임에 위의 가정을 소개하고 서로 격려하고 지지하자고 권하며 어르신들과 함께 방
문해 보니 상수동 지역의 어르신들끼리 모두 오래 전부터 알던 사이로 그동안 동네에
서 보이지 않아 소식도 없이 이사를 갔거나 하늘나라에 간 줄 알았다며 반가워하였다.

---

3. 조직 지도력

(1) 지도력 (각 두레별 반장의 지도력)

＊두레 반장의 유형은 담당사회복지사의 주관적 견해임.

① 노고산 두레 _ 관계중심형: 책임감, 관심, 지지를 통해 구성원 전체와 원활한 관
계를 유지한다.

교회의 임원활동으로 사회성이 좋은 L어르신은 고령으로 두레어르신들
의 존경과 지지를 받으며, 평상시 두레구성원 어르신들의 건강상태와 안
부를 묻기 위한 전화교류가 잦고, 프로그램 일주일 전부터 모임의 장소
와 시간을 홍보하며 어르신들의 관계성 향상에 노력한다. 또한, 개별 구
성원에 대해서도 병문안, 가정방문 등을 통해 관계가 좋으며 본인의 후
원물품을 나누기도 하고 생활이 어려우신 어르신들의 속사정에 대해 사
회복지사에게 조언하기도 하는 등 적극적인 모습을 보인다.

② 신수 두레 _ 과업중심형: 생활정보가 많고 추진력이 강하나 구성원들과의 관계 성이 부족하다.

L어르신은 적극적인 종교활동으로 개인적인 사회활동이 많아 두레구 성원 개인에 대해 섬세하지 못한 편이나 생활정보가 많고 포용력이 좋 으며 추진력이 강하고 늘 건강하고 씩씩한 모습을 보인다. 프로그램 장 소와 일정에 대해서는 평소 친분이 있는 몇몇 사람들에게만 홍보하고 K어르신에게 보조자로서의 역할을 부여해 어르신 개별 연락과 관계형 성의 도움을 받으며 참여 인원확보 등 목표수행 및 달성에 강한 의지를 보였다. L어르신은 구성원들 간의 갈등관계 발생시 제한과 차단, 중재 등의 역할을 하지만 문제의 원인에 대한 분석이 부족하여 어르신들의 개별적인 입장을 들어주고 이해하는 면은 부족하다.

③ 염리 두레 _ 과업중심형: 감정표현에 솔직하고 개방적이며 리더십이 있으나 강 한 성격 때문에 구성원과 갈등관계가 잦다.

M어르신은 경제적 어려움으로 오랫동안 취로사업을 해온 경우로 매사 에 적극적이지만 강한 성격 때문에 일부 구성원과 갈등관계를 보였다. 우호적인 관계의 구성원과는 의견 충돌 이후 관계회복이 빠르나 갈등 관계의 구성원과는 갈등을 피하고 개별 연락은 하지 못하겠다는 의사 를 분명하게 표현하였다. 취로사업을 오래하면서 지역어르신들의 특성 을 많이 알고 있어 프로그램 장소와 일정을 어르신들에게 홍보하고 신 규 두레 구성원을 추천하는 등 적극적인 활동 모습을 보였으나, 두레반 장으로서 갈등관계에 대한 해결 노력이 전무하여 구성원의 전체 융화 는 이루어지지 못하였다.

④ 창전 두레 _ 관계중심형: 구성원들과의 관계성이 좋으며 포용력과 이해력이 풍 부하다.

J어르신은 취로사업을 하는 등 경제적 어려움이 크지만 함께 취로사업

을 하는 두레어르신에게 자신의 집을 휴식공간과 다과를 제공하는 중간 기점으로 활용할 만큼 관계성이 좋다. 대체로 포용력이 넓고 적극적이어서 두레구성원 개개인에 대해 관심으로써 세심하게 배려하며 프로그램 장소와 일정에 대해서도 구성원들에게 모두 연락될 때까지 홍보하고, 또한 신규 두레 구성원에 대해서도 적극적으로 추천한다. J어르신은 두레구성원 중 가장 젊어 다른 어르신들에 대한 예의를 갖추지만, 때로 담당직원을 도우려는 마음에 구성원들의 의견을 묻지 않고 의사를 결정하기도 한다. 구성원들 간의 갈등관계 발생 시 중재자로서의 역할을 잘 수행하나 J어르신의 심리적 충격(2004년 자녀가 생활고를 비관해 자살함)이 잘 해결되지 않은 상황이므로 구성원의 개인적인 문제까지 포용하기에는 여유가 없는 편이었다.

⑤ 상수 두레 _ 관계·과업중심형: 생활정보와 개별 어르신에 대한 정보가 많고 추진력이 강하다.

J어르신은 두레반장 중 유일한 남자어르신으로 추진력이 강하여 두레모임 시 구성원들에게 매우 적극적으로 홍보하고 어르신 개별 연락과 잦은 교류를 통해 구성원들 간의 친밀한 관계를 유지한다. 프로그램 장소와 일정에 대해 구성원들에게 모두 연락이 될 때까지 홍보하고 참여를 유도하며 구성원이 두레모임의 참여의사를 밝힌 후 참석하지 않으면 집까지 찾아가 함께 모시고 오는 모습도 관찰되었다. 또한, 유머가 많아 모임의 분위기를 밝게 해주고 구성원들이 모두 웃을 수 있는 분위기를 형성하기도 한다. 이로 인해 남·여 어르신들 간의 융화가 이루어졌다. 두레모임에 대한 관심이 높아 신규 두레 구성원에 대한 적극적인 추천과 어르신들의 개별적인 정보를 담당 사회복지사에게 미리 제공하여 문제 발생 시 중재의 역할을 할 수 있도록 도움을 준다.

⑥ 공덕 두레 _ 관계중심형: 구성원들과의 관계를 중시하지만 고령으로 인해 적극

적 활동이 어렵다.

K어르신은 공덕두레 중 가장 고령으로 위계질서가 분명하고 원만한 관계를 유지하나 한글 해독의 어려움과 취로사업으로 인한 낮시간의 부재로 연락망 활용도가 미흡하다. 그러나, 구성원 중 연세가 가장 많아 구성원들 간의 갈등관계 발생 시 제한과 차단 등 중재의 역할이 뛰어나 두레 구성원들의 지지를 받고 있다.

(2) 서비스 이용자(두레 구성원)

두레모임의 대상은 현재 재가복지서비스를 받고 있는 어르신들을 중심으로 담당자와 기본적인 친밀관계가 형성되어 있는 어르신들을 중심으로 하며, 그 외 추가된 인원은 어르신들의 추천이나 신규 재가복지서비스의 대상자로 선정된 저소득 어르신이다. 지역사회에 오랜 세월 동안 거주하며 수급자로 선정되거나 취로사업을 통해 이미 동사무소와 지역사회 내 교회 등에서 서로 안면은 있었으나 자존감 및 사회성의 결여로 사회적으로 긴밀한 교류는 없는 상황이었으며, 건강 및 심리적인 이유로 사람들이 많이 모이는 복지관의 이용도 꺼리는 상황이었다.

두레모임의 구성은 행정구역상으로 같은 동사무소 관할이거나 물리적으로 거리가 가까운 것을 기준으로 하였다. 이렇게 구분된 두레 어르신들은 사회복지사의 방문상담 및 개별적인 사례관리를 통해 서비스가 지원되는 한편, 두레모임의 집단활동 프로그램을 통해 사회적인 교류를 넓혀 나가 복지관의 이용을 높여 사회교육강좌나 문화활동에 참여할 수 있도록 하였다.

또한, 독거어르신들을 위해 1:1로 연계하던 가정봉사원을 두레집단과 기업사회봉사팀과 결연하여 집단 대 집단이 교류할 수 있도록 하였다. 기업사회봉사팀은 지역사회의 후견기관으로 물적 · 인적 자원의 지원으로써 어르신들의 자조모임에 참여하였는데, 봉사활동의 내용이 경제적 지원뿐만 아니라 심리적 · 사회적 활동으로도 확대할 수 있음을 제시하는 기회가 되었다. 그러나, 두레집단과 봉사팀 등 많은 인원이 모여 진행하는 만큼 일정 조정에 어려움이 있고 회사의 사정 및 부서 이동, 퇴사의 이유로 봉사활동 인원에 변동이 있었다.

따라서, 두레집단과 결연하게 될 후견기관은 지역사회 내에서 거주하며 교류할 수 있는 지역사회기관 혹은 단체를 연결하여 접근성을 높여야 할 것이다.

4. 조직화에서 사회복지 실천가의 노력

두레공동체는 담당 사회복지사가 재가복지서비스 대상자를 사례관리하던 중 사회성의 결여로 심리적으로 고립되고 있는 어려움을 해결하고자 인근지역에 거주하는 어르신들을 집단으로 조직하여 서로 긍정적인 영향력을 미칠 수 있도록 하고, 사회성 향상을 도모하고자 프로그램을 계획하였다. 두레공동체 프로그램은 담당자와 어르신들과의 지속적인 사례관리로 관계가 이미 형성되어 있고 개별적인 성격과 특성을 파악하고 있어 갈등관계 조율에 도움이 되었다.

구분	과업	활동내용
초기 지도력	가능케 하는 자	- 관계중심적 접근을 통한 참가자 모집, 동기부여 - 초기 집단 활동 프로그램에 대한 긴장과 불안 완화 - 자조집단의 조직 및 목표 설정
주요역할	상담가	- 방문상담, 사례 파일 작성 관리 - 클라이언트의 개별 욕구 파악 및 자원 연결 - 집단 활동 시 상호작용의 갈등 파악 및 해결
	기획자	- 두레공동체 구성 및 조직화 - 전문강사 섭외 및 프로그램 진행 - 프로그램 보조 자원봉사자 섭외 - 도구 및 장소 준비, 예산 관리 및 조정

5. 전략과 전술(프로그램 및 방법)

(1) 옹호 전략

① 미시수준(개인과 환경 관계의 개입)

〈개인〉
- 개별 상담 / 방문상담
- 구성원과의 갈등 및 우호 관계 확인
- 공동체에 대한 소속감을 부여하여 심리적 소외 감소

〈집단〉
- 인간관계 훈련, 자기표현 훈련 등으로 대인관계 기술 향상
- 자조모임을 통한 집단경험으로 사회성 향상
- 교육활동의 참여 유도로 사회적 경험의 기회 제공
- 사회기여의 동기와 능력을 유지 · 증진할 수 있도록 제안 추진

② 거시수준(사회정책, 법, 제도 개선)
- 고령 및 신체 허약으로 인한 취로사업 탈락자의 생활보장을 동사무소에 의뢰
- 취로사업 탈락자를 고령자취업센터에 의뢰, 부업마련
- 지역사회 관료 및 의원과 연계하여 재가어르신의 자조집단에 대한 자원 확보 및 권익향상 도모 필요

(2) 합의 전술과 대립전술

① 내적 합의
두레공동체 프로그램은 복지관에서 서비스를 받는 재가어르신들을 집단

으로 조직화하여 보호의 대상이 아닌 능동적이고 적극적인 삶의 자세로 지역사회에서 생활할 수 있도록 사회적인 교류를 높이고자 하였다. 지금까지의 성과로는 i) 어려운 환경에 처한 서로의 상황에 대한 이해로써 삶에 대해 긍정적인 모습으로 만족할 수 있는 이유를 발견하고, ii) 자발적으로 복지관의 교양교육 프로그램에 등록하며, iii) 나아가 거동이 불편하여 활동의 제약이 있는 다른 재가어르신들을 찾아가 가사와 정서서비스를 지원할 수 있게 된 점을 들 수 있다. 따라서, 차후에는 어르신들에게 기존의 두레조직을 유지할 수 있도록 동기를 부여하고 관계성을 향상시켜나갈 수 있도록 하며, 마포구 24개 동 중에서 6개 동 지역에만 지원하고 있는 두레 프로그램을 마포구 전지역으로 확대함이 필요할 것이다.

재가어르신들을 위한 집단활동 프로그램은 여러 형태로 타 복지관에서도 이루어지고 있으나 본 복지관에서 실시한 두레공동체 프로그램은 재가어르신들에게 경제적인 지원뿐만 아니라 문화적·사회적 지지를 통해 지역사회 교류를 확대하여 건강과 경제적 어려움에 집중되어 있는 관심도를 여가활동 프로그램의 참여로 전환하였다는 데 의의가 있다.

이 프로그램을 진행하는 데 강점으로 작용한 것은 첫째, 재가복지담당자가 2년 동안 월 1회 정기적으로 어르신들을 방문하여 신뢰관계가 형성되어 있어서, 어르신들은 신규 프로그램 진행에 대해 두려움이나 부담감보다는 긍정적이고 협조적으로 참여하였다는 것이다. 이는 타 복지관의 재가복지사업이 담당자의 업무과중과 인력부족으로 인해 가정봉사원 파견사업을 주로 진행하는 것에 비해 본 복지관은 담당 사회복지사의 직접적인 방문과 사례관리로 신뢰관계가 돈독하고, 서로에 대해 우호적인 관계가 형성되어 프로그램에 회원들의 협조가 높았기 때문이라고 판단된다. 둘째, 어르신에게 부여된 반장이라는 리더의 역할은 공식적 지위로 인정받아 삶의 의욕을 높이는 계기가 되었고, '오픈 하우스' 진행 시의 식사 준비와 병문안 및 환자어르신 방문 등의 과제도 해야 할 일을 마련해 줌으로써 참여동기를 지속적으로 부여하는 계기가 되었다. 셋째, 복지관 자체적으로 2003년도에 소규모 시범

사업이 진행되어 수급자 어르신들의 입을 통해 직접적인 홍보가 이루어져 참여하고자 하는 의욕이 높았다는 데 있다.

따라서, 질적인 서비스를 제공하는 특화 프로그램을 진행하기 위해서는 사회복지사가 어르신들과 직접적으로 접촉하여 실제적이고 생동감 있는 욕구파악이 우선되어야 하기 때문에 담당해야 하는 사례의 수가 적절하도록 업무량 조정이 필요하리라 예상된다.

본 복지관의 재가복지사업은 사회복지사 2명이 어르신 160건을 담당하고 있고, 두레모임 대상자는 60명으로 나머지 대상자에 대해 이 프로그램(두레모임)이 진행되는 동안에도 형평성을 유지하려고 노력하였으나 미흡한 부분이 있었으리라 추정되며 신규 케이스 발굴의 노력도 부족하였다. 또한, 두레 구성원 어르신들은 서로에게 정서적·심리적 지지를 제공하고자 하였지만 마음의 상처가 치유되지 못해 자존감이 낮은 어르신들은 다른 어르신들을 포용하는 여유가 없고 여전히 부정적인 모습으로 남아 있다는 한계가 있었다.

② 외적 합의

이 두레모임사업은 2003년도 자체사업으로 진행되었고 2004년에는 삼성복지재단의 지원사업으로 진행되었으며, 2005년에도 삼성복지재단의 지속 지원사업으로 선정되어 진행될 예정이다. 하지만, 차후에도 두레공동체가 지역사회 내 어르신 자조집단으로서 역량을 강화하고 지속적인 관리와 유지가 원활히 진행되기 위해서는 담당사회복지사와 더불어 두레를 물적·인적으로 후견해 줄 수 있는 협력기관이 필요할 것으로 예상된다. 지금까지 진행한 두레모임은 마포구 일부 지역에 제한적으로(24개 동 중 6개 동만 실시) 진행되었으나 마포구의 타 지역으로 두레프로그램을 확대할 수 있도록 해야 할 것이다. 따라서, 기존 대상의 두레 프로그램이 자체적으로 이루어지고 지역사회조직으로 정착할 수 있도록 물적·인적 자원의 지원이 가능한 후견기관 및 봉사단체를 연계하고 사회복지사는 신규 대상 두레를 발굴하여 프로그램의 효과와 혜택을 확대할 수 있도록 조정하는 것이 필요할 것이다.

또한, 재가어르신들이 사회적으로 참여할 수 있는 기회를 부여하고 자신이 지속적으로 세상에 필요한 존재임을 인식시켜 줄 수 있는 역할 부여가 있어야 할 것이다. 구성원 각자에게 지위와 역할을 부여해 자조집단을 주도적으로 진행해 나갈 수 있도록 독려하며, 이제는 더 이상 지역사회에서 소외되어 있다는 표시(stigma)를 받거나 사회적 비용으로 지원과 혜택을 받는 보호의 대상이 아니라 사회의 일원으로서 새로운 역할을 지니고 지역사회 안에서 더불어 살아갈 수 있도록 하여야 할 것이다.

6. 지역사회복지 모델

본 프로그램은 로스만의 3대 모델 중 '지역사회개발 모델'로 문제의 결정 및 해결에 관여된 어르신들의 참여에 의한 집단활동 프로그램을 통하여 지역사회 내에서의 역량을 강화하고자 하였다. 따라서, 지리적으로 인접한 대상자를 그룹화하여 정해진 프로그램에 참여하는 과제를 수행하며 구성원 간 협력자로서 활동하고 앞으로는 공적인 이익을 위하여 지역사회에 기여할 수 있는 역할을 모색해야 한다.

7. 주민 참여의 한계

(1) 참여자 측면

① 재가복지 대상자의 신체적, 경제적 조건의 한계

재가어르신은 저소득 및 신체허약 어르신으로 취로사업, 부업 등의 경제적인 활동과 고혈압, 관절염, 당뇨 등의 건강상 어려움을 가지고 있어야 재가복지 대상자로 선정될 수 있는 조건이 되므로 적극적인 사회 활동을 권유하기에 제약이 따른다. 따라서, 두레모임 프로그램을 진행하는 동안 경제적인 어려움과 건강상의 이유로 프로그램 참석 인원 변동이 잦았다.

프로그램을 진행하는 동안 취로사업에 대한 정부지침이 바뀌어 80세 이상 고령 어르신이 취로사업대상에서 탈락하게 되자 경제적 어려움으로 소일거리를 찾느라 프로그램 결석이 잦아져 두레의 결속력에 문제가 생겼다. 이에 복지관 내에서 진행하는 노인일자리 사업(수의제작)과 결연 후원자를 연계하여 경제적 어려움을 해결하였고 이후 프로그램에 정기적으로 참여할 수 있게 되었다.

또한, 예기치 못한 질병 발생으로 병원에 입원하거나 노화로 인해 면역력이 약해진 데 따른 잦은 감기와 잔병치레 등의 결석에 대해서는 송영서비스와 이동지원 봉사자 연계, 일상생활에서의 건강관리와 기분전환 프로그램을 통하여 참여 동기를 부여하였으나 일기변화에 민감한 어르신의 건강상태로 인해 참석률을 높이는 데는 어려운 한계점으로 남아 있다.

② 사회조직 내의 갈등관계
어르신들은 초기 관계형성 시 대인관계에 대한 어색함과 경계심 등으로 소극적인 모습을 보였으나 모임을 통해 교류가 잦아지자 갈등관계를 보이기 시작하였다. 두레는 모두 마포구 내 거주하고 계신 어르신들을 그룹화하였으나 두레 집단의 특성은 각기 다르게 나타났다.

· **노고산 두레**는 대부분의 구성원이 종교(기독교 90%)가 있는 수급자로 정서적으로 안정되어 부드럽고 협조적인 모습을 보였고 경제적으로는 정부의 생계비를 고정적으로 받고 있으므로 예상 외의 지출이 발생하지 않으면 현재 상황에서는 큰 어려움이 없어 보였다. 노고산 두레 구성 어르신들은 늘 차분한 분위기로 집단의 역동이 눈에 띄지 않았는데, 이것이 소극적인 성격 때문에 표현하지 않는 것인지 실제적으로 우호나 갈

등관계가 형성되지 않는 것인지 정확히 알 수는 없었다.

· **염리두레**는 대부분의 구성원이 취로사업(80%)을 하고 있다는 공통점이 있었다. 어르신들은 정서와 문화에 대한 욕구보다 경제적인 욕구를 더 강하게 표현하였고, 두레모임의 날짜도 다른 어르신의 일정과 상관없이 취로사업 날짜와 겹치지 않을 것을 요구하였다. 어르신들이 수급자로 선정되지 못하는 경우는 구옥의 자가를 소유하고 있거나 부양 자녀가 있기 때문이었는데 이런 이유로 인해 어르신들의 자존감은 매우 높은 상태로 자기 주장이 강해 의견충돌이 잦으나 서열관계가 분명하여 반장의 의견에 절대적으로 따르는 모습도 보였다.

· **창전두레**는 복지관에서 가장 가까운 지역으로 복지관 이용률이 높아 구성원들의 교류가 공식적 · 비공식적으로도 자주 이루어졌다. 창전두레는 유일하게 여자어르신으로 구성된 두레로 서로 융화된 모습을 보였으나 두레모임 이외의 복지관 활동에서는 개인적인 모습이 많았다. 어르신들은 사회화의 형태가 각기 다르게 이루어져 봉사활동에 적극적인 어르신은 다른 어르신들에게도 봉사활동을 권하고 반응을 보이지 않으면 갈등관계를 보이는 등 각자가 선호하는 사회적 활동들을 적극적으로 권하다가 의견 충돌이 나타나기도 하였다.

· **신수두레**는 오랜 기간 독거노인으로 생활하여 개인주의적 성향이 강하며 자신의 상황을 드러내거나 공동체가 적극적으로 어울리지 않는 특성을 보였다. 이들은 수급자이므로 경제적인 어려움은 크게 나타나지 않고 가정 방문 시 개인 비용으로 방문 물품을 구입하는 넉넉함도 보였다. 또한, 이들은 여성 독거노인으로서 자기관리가 철저하였으며 청결함과 예의에 대해서 강조하였다. 구성원 어르신들에 대한 불만과 갈등은 겉으로 드러내지 않고 담당 사회복지사의 개별 방문 시 비공식적으로 전하는 모습이 눈에 띄었다.

· **상수두레**는 구성원 대부분이 수급자이지만 강변북로의 확장공사로 인한 주거지 재개발로 2003년도에 모두 이사하여 주거마련을 위한 경제적

인 어려움이 컸다. 두레 어르신 대부분이 상수 지역에서 오랫동안 거주하여 서로 안면이 있고 젊은 시절의 모습까지 기억하고 있어서 과거 회상의 주제가 관계형성에 도움이 되었다. 상수두레 어르신들은 두 개의 하위그룹으로 나뉘는 모습을 보였는데, 조건부 수급자로서 정부의 생계비 보조와 함께 10일 전후의 취로사업을 통해 생계를 꾸리는 어르신 그룹과 수급자로서 정부의 생계비가 전액 지원되는 어르신으로 나뉘었다. 전자는 경제적 어려움과 함께 무리한 근로로 인해 건강상의 어려움도 가중되어 있었으나 감동적인 순간들에 대한 표현이 적극적이었고, 후자는 전자에 비해 프로그램 참여에 적극적이고 여유있는 모습을 보였다.

· **공덕두레**는 아파트 재개발과 도로개편 이후 주거지역이 분리된 공덕오거리 인근에 위치해 있는데 구성원의 주거에 비해 거리가 먼 편이다. 이 두레는 여자 어르신 3명으로 시작되는데, 고아로 자란 어르신에 의해 언니와 동생의 의자매를 맺는 등 친밀한 관계를 형성하고 있었다. 첫째와 막내 등 서열관계가 분명하면서 가족으로서의 의미부여가 강하고 신뢰관계가 돈독하다.

두레 구성원 어르신들은 사회적 상황과 위치에 따라 그 역할과 태도가 바뀌는 것으로 나타났는데, 사례관리를 위해 개인적으로 방문상담할 때와 두레 집단활동 프로그램을 진행할 때, 또한 전체 두레 모임 때와 복지관을 이용할 때 모두 다른 모습을 보였다. 위의 사회조직 내의 갈등관계에 대한 분석은 사회복지사의 주관적인 견해이지만 마포구 지역이라는 행정적인 범주 내에서도 노고산, 신수, 염리, 창전, 상수, 공덕 두레의 모습은 분명 다르게 나타났다. 지역적인 생활양식이 다르고 구성원의 여성과 남성의 성 차가 있으며 독거 · 부부 · 손자녀 · 장애가족 등의 형태로 가구의 모습도 달랐다.

그러나, 두레모임 프로그램은 10명 내외로 구성된 소규모 집단으로 두레를 성별, 연령별, 동거가족 등의 기준으로 세분화하여 분석하기에는 어려움이 있다. 차후에 마포구 전 지역으로 두레모임 프로그램이 확산된다면 두레

집단의 역동과 더불어 구성원의 태도 변화 요인에 대한 분석도 가능하리라 예상된다.

(2) 지역사회 자원 동원의 한계

본 두레공동체 프로그램은 재가어르신을 중심으로 구성원들의 역량강화를 통해 자조집단을 조직화하고 지역사회에 기여할 수 있는 활동을 하는 것을 목적으로 한다. 프로그램의 서포터즈로 지역사회자원을 활용하고자 계획한 바가 없어 2004년도에는 적극적으로 고려하지 못하였고 지역사회자원의 연계대신 두레구성원의 확대에 주력하였다.

그러나, 자조집단이 지역사회 내에 정착하여 활성화되기 위해서는 지역사회 자원 동원이 효과적이라 판단되어 자원개발과 연계를 적극적으로 활용할 필요가 있다고 생각되었다. 이에 창전두레를 모 기업의 단체봉사팀과 연결하였으나 다른 두레와의 일정상 조정이 어려워 봉사팀의 관리 소홀로 현재 활동이 미비한 상황이다.

따라서, 2004년도 프로그램을 바탕으로 2005년에는 적극적인 홍보를 통해 두레공동체에 대한 인지도를 높여 지역사회자원을 확보하고 장기적으로는 지역사회역량을 강화하는 것이 필요하다.

2004년 사회적 지지 척도, 자아존중감 척도, 사전 · 사후 검사 결과

구분	사회적 지지 척도						자아존중감 척도					
두레명	노고산두레	창전두레	염리두레	신수두레	상수두레	공덕두레	노고산두레	창전두레	염리두레	신수두레	상수두레	공덕두레
사전검사 (평균)	32	28	26	28	31	미실시	23	19	15	21	24	미실시
사후검사 (평균)	48	49	38	32	40	60	29	31	26	19	24	40
증감정도	△ 12	△ 21	△ 12	△ 4	△ 8	—	△ 6	△12	△ 11	▼ 2	0	—

* 사회적 지지 척도(MSPSS, Multidimensional Scale of Perceived Social Support)는 12문항으로 이루어진 5점 척도로 60점 만점이며, 자아존중감 척도(RSE, Rosenberg Self-Esteem Scale)는 10문항으로 이루어진 4점 척도로 40점 만점 기준이다.

사업실적

프로그램		사업실적 (단위: 회/인원, %)			사업예산 (단위: 천 원, %)		
		계획	실적	비율	예산	결산	비율
오리엔테이션		1/25	1/35	140	180	177	98
사회성 향상 프로그램	인간관계훈련	4/100	4/122	122	260	260	100
	자기표현훈련	6/150	12/155	103	780	778	99
집단활동 프로그램	두레가족캠프	1/60	1/52	88	3,300	3,345	101
	문화체험	1/60	1/51	87	600	471	79
	건강교육	1/60	1/50	83	250	273	109
	원예치료	1/60	4/56	94	430	354	82
	노인생활시설 견학	1/60	1/48	80	600	576	96
조직력 강화 프로그램	자조모임	40/400	45/360	90	2,600	2,408	93
	봉사활동	12/96	8/62	65	360	187	52
	두레가족 결연식	1/60	1/53	89	800	733	82
어르신 두레가족앨범		—	1	—	—	700	100
사례집		1	1	100	800	900	113
실무자 활동비		—	—	—	300	314	104
총합계		70/1,131	81/1,044	115/93	11,260	11,476	102

* 직접 사업비: 삼성복지재단 지원금 10,060,000원, 복지관 운영비 1,416,000원

6. 부천 시니어클럽: '손주사랑'

1:3 세대 사회통합 프로그램:
'손주사랑' (어르신 인형극 동아리)

강시내(부천시니어클럽)

1. 프로그램 개요

본 프로그램은 노인인구 증가로 인하여 발생하는 노인문제와 55세 정년 퇴직 노인의 역할상실에 대한 문제를 해결하기 위한 방안으로 노인들의 조직화와 지역사회의 지지체계를 강화시키는 것을 목적으로 한다.

이에 『'손주사랑' (어르신 인형극 동아리) 1:3 세대 사회통합프로그램』은 노인에게 사회 재참여 기회를 제공하여 역할상실의 문제를 해결하고자 계획된 프로그램으로 노인봉사활동을 통해 노인의 여가를 유용하게 활용하는 기회를 제공하며 사회문제를 해결하고, 사회참여를 통해서 사회통합적인 노후생활을 영위하게 하여 소외와 고독의 문제를 해결하는 데 중요한 역할을 제공하였다.

인형극 교육 및 공연활동은 동화구연가로서 활동해온 노인들에게 1인 1특기 습득을 통한 전문 자원봉사활동의 기회를 제공하고 이러한 활동을 통해 여가선용의 보람을 제공하였다.

이 프로그램은 인형극 교육을 실시하여 대본 연습을 통해 자기 표현능력을 키우고 인형과 무대제작을 어르신들 스스로 만듦으로써 자신감 및 신체기능 향상을 도모하였으며 홍보를 통해 지역사회에 노인자조집단의 활동을 대내외적으로 알려 활동에 대한 만족감을 높였다. 이것은 부천노인인력지원기관에서 2004년 1월부터 12월까지 운영되었다.

2. 프로그램의 목표

1) 단기목표

현재 노인세대에게 발생되는 문제가 무엇인지 사정하고 지역사회에서 조직화를 통해 해결할 수 있는 방안을 모색해보았다.

(1) 문제해결

첫째, 노인들의 사회참여 기회를 제공하고자 했다. 많은 고령자들이 사회참여를 희망하고 자원봉사 의지를 가지고 있으나 자신의 어떠한 능력을 가지고 어떠한 분야에서 봉사해야 할지 잘 알지 못하고 있다는 것을 본 기관에 등록하는 회원들을 통해 알 수 있었다. 등록 상담을 통해 활동하기 희망하는 인형극 교육 프로그램과 이후의 활동에도 참여하기로 합의하였다.

'손주사랑'(어르신 인형극단)의 회원이 됨으로써 한 조직의 성원으로서의 역할이 생기고 공연할 수 있는 활동처를 개발해 나감으로써 노인들에게 사회참여의 기회가 제공되었다.

둘째, 자기계발을 통해 전문성을 갖추도록 하였다. 모두 여성 노인으로 구성된 손주사랑 회원은 50%가 전업주부로 60년 이상을 살아오면서 자기특기를 계발할 기회를 가지지 못했다. 그래서, 인형극 교육을 통해 무대장치, 연기, 인형다루기, 인형 만들기 등의 1인 1특기 기능을 습득하여 자신감을 획득하고 개인의 전문성을 갖출 수 있도록 하였다.

셋째, 새로운 지식을 습득하는 평생학습의 기회를 제공하였다. 유치원 운영 경험이 있는 회원 한 분을 제외하고 인형극은 모두에게 처음 접하는 분야였다. 2년 간 본 기관에서 동화구연 교육을 받아온 회원들에게도 관련된 지식의 범위를 확장시킬 수 있었다. 또한, 이러한 지식의 확장은 사회활동 범위도 넓힐 수 있다는 긍정적인 기대감을 가질 수 있게 하였다.

넷째, 인간관계 프로그램 및 인형극 발표회 및 활동을 통해 자존감의 향상 및 신체적·정서적 기능 향상을 가져왔다. 서○○ 회원은 활동 전에는 신체능력이 저하되어 어깨와 허리가 결리는 등의 증상이 있었는데 교육을 받으면서 신체기능이 향상되었다고 했다. 또한, 인형극 공연을 마치고 평가회의 시간에 관객들의 호응도가 좋다는 의견을 나눔으로써 자존감이 향상됨을 알 수 있었다.

(2) 조직형성

첫째, 동화구연 활동가 모임 '손주사랑'을 조직하였다. 2002년 5월, 1기 동화구연가 양성교육을 마친 후 동화구연 공연활동을 하기 위해 조직되었으며 회장과 총무를 선출하고 클럽회칙을 정하여 자체적으로 운영되도록 하였다. 이를 통해 연구활동을 하고 서로 정보를 교류하며 동료 지지자들이 생겨나기 시작했다. 이○○ 회원은 회장을 맡고 보니 책임감이 생겨 뒤로 슬그머니 빠지고 싶을 때도 쉽지 않고, 회원들에게 쓴 소리도 하게 되었다고 한다. 처음에는 받을 것만 생각했는데 회장이 되고 보니 기관 입장에서 회원들을 격려하고 다독이는 역할도 하게 되었다고 한다. 장○○ 회원은 동화구연을 잘하는 회원을 보면 부럽고 집에서도 더 많은 연습을 하게 된다고 한다.

둘째, 2003년 3월에 어르신 봉사활동 집단이 구성되어 동화구연 공연 활동을 해왔다. 활동인원은 15명이며 2년 간 지역사회의 유치원 및 어린이집과 성가요양원, 부천혜림원, 노인대학 등에서 지속적으로 공연활동을 해왔고 긍정적인 평가를 받고 있다.

손주사랑 1기, 2기 회원들이 합쳐져 조직된 봉사활동 집단은 본격적으로 지역사회로 나가서 유아 및 노인을 대상으로 동화구연 공연을 펼치고 부천 YMCA와 부천혜림원에 정기적으로 활동을 나가게 되었다. 2003년 10월에는 경기도에서 주최하는 자원봉사대회에 나가 단체수상을 하는 영예도 안게 되었다. 이를 통해 활동회원들의 자부심을 증대시킬 수 있었으며 소속감과 활동에 대한 만족도를 높일 수 있었다.

셋째, 2004년 8월에 '할머니 인형극단' 이 조직되었다. 동화구연이라는 한 가지 아이템으로는 역동적인 활동을 펼치기에 다소 부족했다. 인형극 교육을 수료함으로써 '인형극' 이라는 매개체로 지역사회 내에서 좀 더 전문적인 분야의 활동을 하게 되었다. 월 2회의 정기적인 공연을 통해 유치원 및 어린이집이 긍정적인 평가를 받았으며 회원들도 할 수 있다는 자신감을 얻게 되었다. 기존의 동화구연 활동을 통해 쌓아온 노하우와 경험을 활용할 수 있어서 큰 장점이 되었고 담당자에게 의존하여 소극적으로 활동에 참여해 온 회원들이 적극적인 의사표현과 자발적인 연구모임을 만들어 활동하게 되었다. 3기 회원들은 1, 2기에 비해 능력이 다소 떨어진다고 생각하여 수업시작 1시간 전에 도착하여 연습하고 필요한 도구들을 미리 만드는 등의 열성을 보였다. 유○○ 회원은 교육이 너무 재밌고 활동하는 것도 너무 신난다며 손자가 다니는 유치원에서 한 번 공연을 해달라는 부탁이 왔다며 가능한지 물어왔다.

위의 조직들은 연속적이며 지속적인 조직으로 형성되었다. 조직의 핵심 멤버들은 지속되며 필요한 또 다른 인원들은 계속 보충해가는 형식으로 이루어졌다.

2) 장기목표

(1) 개인 역량강화

첫째, 어르신들의 역할증대 및 지위향상을 가져올 것으로 기대한다. 사회에서 활용 가능한 기술을 습득함으로써 자신감을 갖게 되며 사회구성원으로서 역할이 주어진다는 점에서 노인들의 역할 상실의 문제가 해결될 수 있고 전문지식을 습득한 노인의 향상된 능력이 사회적으로 활용가치가 있으므로 노인의 향상된 지위를 기대할 수 있을 것이다.

둘째, 노인들의 활동적인 여가 문화 형성에 기여할 수 있다. 할머니 인형극단 '손주사랑' 프로그램은 노인들의 배움에 대한 욕구를 충족시키며 교육에 따른 활동이 뒤따르므로 어르신의 여가 문화를 사회적 활동으로 변화시킬 수 있다. 곽○○ 회원은 7년 간 치매에 걸린 남편을 수발해왔다. 게다가 근래에 자녀까지 사고로 곽○○ 회원 집에서 치료를 받게 되면서 곽○○ 회원은 심적으로 너무 힘들었다고 했다. 그래서 본인의 여가시간을 만들어 뭔가 다른 흥밋거리를 찾아봐야겠다고 생각한 끝에 본 기관에 찾아와 손주사랑에 가입하게 된 것이다. 지금은 예전같이 환자를 돌보는 데 스트레스를 받지 않고 그것에만 매달리지도 않는다고 한다. 자꾸 대본을 외워도 잊어버려서 속상하지만 대본을 외우면서 자꾸 머리를 쓰니까 건강에 좋은 것 같다고 했다.

셋째, 지역사회의 전문가를 배출한다. 전문성을 가지게 됨으로써 활동에 대한 자부심과 긍지를 가질 수 있으며 삶의 경륜과 아이들을 길러 본 경험이 강점이 된다. 따라서, 지역사회에서 어르신을 전문가로서 인식하게 될 것이다. 계남유치원에서 공연할 때, 원장님께서는 본인이 기대했던 이상의 공연이었다며 이 정도 수준일지 몰랐다는 이야기를 했다.

넷째, 노인문제로 대두되고 있는 고독감, 소외감을 극복할 수 있다. 활동을 통한 자신감과 사회에 담당할 몫이 있다는 사실이 고독감과 소외감을 감소시킨다. 서○○ 회원은 인형을 가지고 아이들과 손자, 손녀에게 이야기를 들려주고 배운 손 유희로 노래도 함께 하기도 한다면서 손자, 손녀가 할머니를 더욱 좋아하게 되었다고 했다. 자녀들도 처음엔 뭐하러 배우러 다니느냐고 했지만 활기차게 생활하는 것을 보고는 발표회할 때 가족들도 초청해 달라는 이야기를 했다고 들었다.

또한, 팀으로 운영되어 공연이 진행되므로 동료 지지자들이 생겨나고, 관객들의 높은 호응도는 회원들을 고독감과 소외감에서 벗어날 수 있게 한다.

다섯째, 세대 간 사회통합효과를 들 수 있다. 핵가족 영향으로 단절되어 있는 1-3세대를 이어주는 역할을 하며 어린이 세대가 공연 관람을 통해서 노인에 대한 새로운 이미지를 갖게 되고 1-3세대뿐만 아니라 2세대도 어르신들에게 친근감을 갖게 되었다. 위에서 예를 든 서○○ 회원 가정의 경우도 자녀 세대와 손자녀 세대와의 새로운 교감을 나누게 되었으며 공연을 통한 교감이 사회통합효과를 기대할 수 있게 한다. 얼마 전 공연을 간 그림나라 어린이집에서 4살 정도의 한 어린아이가 공연 전에 입장을 하면서 회원들을 보고 '할머니'라고 부르는 모습을 보며 인간적인 끈끈함을 느낄 수 있었고 공연 공간이 세대 간 교류의 장으로 비춰졌다.

여섯째, 경제적 자립 능력을 제고할 수 있다. 지속적인 교육(지도자 반)을 통해 전문가로 배양하여 경제 활동가로 성장할 수 있도록 지원하고자 한다. 노인의 4고(苦) 중 경제적인 문제가 크게 대두되고 있다. 그러한 문제를 해결하고 사회적 자원으로 활용하기 위해서는 회원들이 소정의 활동보수를 지원받으면서 활동해야 한다. 그래서, 원장님들께 그 가능성을 물어본 결과 대부분 긍정적인 반응이었고 2005년 5월 중 2곳이나 공연료를 지급하면서 인형극을 보겠다는 예약을 하였다.

(2) 지역사회 역량강화

본 기관이 위치하고 있는 부천시는 문화의 도시로서 만화, 영화에서 음악제에 이르기까지 다양한 공연과 예술·문화제를 장려하고 있다. 10월에 열린 부천시 평생학습축제에 손주사랑 회원들이 참여하여 활동을 홍보하고 노인들의 사회참여활동을 알렸다.

2004년 4월, 자원봉사센터에서는 손주사랑 공연단을 우수자원봉사단체로 선정하고 상금을 지급하여 회원들의 사기를 진작시켰다.

회원을 모집할 때는 복지관과 동사무소에서 홍보해주었으며, 지역의 봉사자가 공연 시에는 무대설치, 촬영 등의 역할을 담당했다. 공연을 하기 위해 이동할 때는 각 유치원 및 어린이집에서 차량을 준비했다.

색동회 어머니회에서는 동화구연과 인형극 모니터를 해주어 발전적인 공연이 되도록 했다.

3. 조직 지도력과 구성원

1) 지도력

지도력은 크게 과업중심 지도자와 인간관계 중심 지도자로 나누었다.

(1) 과업중심 지도자

과업중심 지도자는 전담 강사진 및 프로그램 담당 사회복지사, 팀장, 실장, 관장으로 교육 및 활동에 대한 전반적인 업무를 관리하고 담당했다. 관장과 실장은 교육에 대한 모니터링, 프로그램 진행 관리 등을 총 지휘하고 감독했으며 팀장은 활동을 시작할 때 함께 나가 활동 모니터링을 했다. 담당 사회복지사는 주 2회의 교육 일정관리, 참여자 관리를 하고 활동 일정관리 및 신청기관 접수 등의 역할을 담당하여 회원들이 공연하는 데 차질이 없도록 하였다. 또한, 전담 강사진은 일정에 맞게 교육 프로그램을 진행하였으며 활동에도 빠짐없이 나와 공연에 대한 모니터링을 해주고 연습을 시켰다.

(2) 인간관계중심 지도자

인간관계중심 지도자는 회장과 총무를 선출하고 운영진을 두어 운영진을 통한 동료지도자 체계를 구축하였다. 또한, 담당 사회복지사는 회원 상담을 하고 개인의 지지자로서 역할을 하는 인간관계중심의 지도자 역할을 담당했다.

(3) 지도자의 자질과 역할

과업중심 지도자는 능력중심 지도자이자 프로그램의 효율을 평가하는 자이며 목표수행 및 달성을 위한 리더 역할을 하는 것이며 감독자의 역할을 한다.

윤○○ 회원은 담당 사회복지사가 도중에 변경되고, 사회생활도 처음인 데다가 너무 어리게만 보여 과연 본인들의 일을 잘 챙겨줄 수 있을까 걱정을 했는데 회원 정리에 보여주었던 과단성, 일정진행의 추진력들을 통해 새롭게 보고 신뢰하게 되었다고 말했다.

인간관계 중심 지도자는 구성원들의 원활한 참여를 유도하고, 지지자가 되어주며 프로그램의 효과성과 윤활유 역할을 한다.

유○○ 회원은 자기주장이 상당히 강하고 담당자의 지시와 상관없이 본인의 형편에 맞게 활동하는 경향이 있었다. 회원들이 서로 일정상의 조정을 할 때도 양보를 잘 하지 않았었다. 그러나, 담당자가 지속해서 상담하고 항상 활동할 때도 전화로 사후관리 차원의 관심을 보였더니 담당자와 유대관계가 형성되었고, 이 후 일정을 조정할 때는 '선생님이 하라는 대로 할게요' 라는 반응을 보였다.

(4) 프로그램 진행에 따른 지도력

첫째, 교육 및 활동처 개발을 위해서 회원 개개인의 특성 및 장·단점을 파악하기 위한 인간관계 중심 지도력을 발휘했다. 또한, 회원들과 친밀감을 유지하기 위해 노력하고 개별적으로 어떻게 활동을 전개해 나가기를 원하는지 청취하였다. 담당자를 신뢰하여 활동에 대한 계획을 믿고 따라올 수 있도록 하고 '손주사랑' 활동이 회원 개별적인 다른 활동에 우선하도록 흥미와 팀워크를 유지할 수 있게 하였다.

둘째, 활동을 계획할 때는 교육을 받았지만 활동에 적극적이지 못하고 부적합한 회원들을 정리했다. 개인적인 상황과 형편은 이해하지만 '손주사랑' 활동을 하는 데 있어서 다른 회원들에게 부정적인 영향을 미친다는 판단을 했기 때문이다. 특히, 인형극단은 개별 활동이 아닌 팀워크가 주가 되는 활동이므로 조직 기능이 제대로 발휘될 수 있도록 노력하고 담당자가 활동을 계획하고 추진하는 데 최대한 영향력을 발휘할 수 있는 과업중심의 지도력을 발휘하였다. 회원을 정리하는 데 여러 가지 위험이 따랐지만 오히려 그 사건을 기회로 남아있는 회원들이 긴장감을 가지고 분발하게 되었으며 타 기관에서 활동하고 있는 회원들에 대한 불만이 해소되고 담당자를 신뢰하는 계기가 되었다.

셋째, 활동을 계획한 후 활동이 시작된 시점부터는 회원들에게 지도력을 위임했다. 담당자는 보수교육을 진행시키고 신청하는 기관과 회원들의 활동을 연결시켜주는 정도의 업무를 담당하고 회원들에게 자립적으로 모임을 이끌어가도록 했다.

2팀으로 나누어 회장을 비롯하여 연출자가 지도력을 발휘할 수 있도록 담당자는 최소한의 관여만 했다. 회원들 스스로 팀원들의 원활한 참여를 유도하고 때로는 질책도 하며 팀워크를 유지해 가는 것을 볼 수 있었고 담당자가 지도할 때보다 동료 지도자들이 효율적이고 효과적으로 조직을 이끌어 가는 것을 볼 수 있었다.

개인사정으로 바쁠 때에 담당자에게는 곧잘 본인이 할 수 없다는 의사표현을 해왔는데 회원들이 관리를 하다 보니 서로에게 피해를 주지 않고 참여하는 데 열심인 모습을 볼 수 있었다. 곽○○ 회원은 교육시간에 늦는 경향이 있었는데 교육시작 1시간 전에 연구모임을 하기로 회원들끼리 시간을 정한 후로는 친척집에 다니러 갔다가도 오전 7시에 출발해서 남들보다 일찍 도착하는 등의 변화를 보였다.

2) 지역주민 혹은 서비스 이용자

지역주민 및 서비스 이용자가 회원들 상호간에 발휘한 영향력에 대해서 알아보았다.

(1) 아동 및 청소년
아동 및 청소년은 동화구연과 인형극 공연을 관람하는 직접적인 관람객으로서 활동에 대한 피드백 집단이므로 인형극 공연을 하는 데 영향을 미치고 회원들에게 지지자 역할을 한다. 극이 끝나고 나면 감사의 표시로 다같이 인사를 하고 회원들끼리 서로 안겨 기념사진을 촬영하려는 모습이 회원들에게 활동에 대한 보람을 갖도록 만든다.

(2) 노인
같은 대상인 노인들에게는 대리만족과, 본인들도 교육을 통해 사회참여를 할 수 있다는 기대감을 상승시켜주며 참여하는 노인들은 자신감을 획득하고 자조집단으로 발전해 간다.

(3) 지역사회 유치원 및 어린이집
지역사회 유치원 및 어린이집 원장들을 통해 활동에 대한 긍정적인 반응을 볼 수 있었으며 원장 모임에서 적극 홍보하여 타 기관에 알려줄 것을 약속했다. 실제로 공연을 관람한 한 기관으로부터 소문을 타고 연결된 경우가 많았다. 또한, 공연료를 지불하고 2005년 공연을 관람하겠다며 어린이날을 맞이하여 공연 예약을 하기도 했다.

4. 조직화에서 사회복지 실천가의 노력

(1) 주요역할

조직화를 위한 담당자의 노력은 다양한 역할로 나타났다.

첫째, 노인 문제 해결을 위한 목표를 설정하고 그 해결 방안으로 본 프로그램을 계획했으며 참가자를 모집하고 자원봉사활동 교육을 하고 활동처를 개발하고 활동계획을 세우는 것은 안내자로서 역할을 한 것이다.

둘째, 회원들의 불만을 집약하여 해결하고 조직화를 격려하고 협동적인 일을 참여하는 데 있어서 만족감을 갖도록 무대 설치 등 회원들의 힘만으로 해결하기 어려운 일은 함께 도왔다. 또한, 원만한 관계가 수립될 수 있도록 교량적인 역할을 수행하였다. 개별적인 상담을 할 때, "A팀에서 ○○○ 회원이 역할을 참 잘 해주시고, 궂은 일을 도맡아 해결한다는 얘길 들었다" 라는 등의 칭찬을 해주었고, '자신을 긍정적으로 생각하고 있구나' 라고 느낄 수 있도록 상담자, 지지자, 중재자 역할의 조력자가 되었다.

셋째, 인형극에 필요한 자료를 제공하고 도구를 구입하고 팀을 결성하는 방법과 절차에 대해 조언을 했다. 또한, 지역사회의 유치원 및 어린이집에 홍보를 하여 활용 가능한 자원(손주사랑)과 지역사회의 욕구(공연관람)를 연결하였으며 인형극을 마칠 때면 당일 활동에 대한 소감을 발표하고 평가를 하는 전문가로서의 역할을 담당했다.

넷째, 담당자는 조직가로서 활동하였다. 소극적으로 활동하거나 중복되어 활동하던 회원들을 탈락시킴으로써 활동조직에 불필요한 요소들을 제외시켰고 시간이 지남에 따라 회장, 팀장들에게 권한을 이양하므로 자생 가능한 자조조직으로 발전시켰다. 처음에는 회원들이 의존적인 경향이 있어서 육체적으로 조금만 힘든 일이 있을 때에는 시도도 하지 않고 남자 직원들에게 도움을 요청하는 등의 모습을 보였으나 회원들과 담당자가 무대설치 등의 활동준비를 하면서 조직 내에서도 할 수 있다는 자신감을 갖게 되었고 문제들을 스스로 해결하려고 노력하였다.

(2) 옹호전략

① 개별상담을 통해 개인의 능력부족으로 활동참여를 주저하는 회원들에게 팀 구성원으로서의 참여를 유도하고 음향, 무대제작, 무대설치, 조명 등의 활동을 담당하게 했다. 그래서 1인 1특기 전문기술 습득의 목표에 대하여 성공을 거둘 수 있었다. 무대 담당을 했던 김○○ 회원은 연기력이 부족하여 소극적이었지만 무대설치를 담당한 후로는 공연할 때도 가장 먼저 도착하고 다른 회원의 무대를 설치할 때에도 자신 있게 설명하며 메인으로서 당당히 활동하는 모습을 볼 수 있었다.

② 지역 유관기관과 아동시설에 사업을 알려 활동을 적극적으로 전개하였고 노인 역할에 대한 인식변화를 유도하였다. 또한, 사회적 일자리 사업을 추진하여 일하는 노인상(像)을 정립하였으며 궁극적으로는 극단을 창립하여 회원들이 지속적이고 안정적으로 극을 연구하고 공연을 올리도록 지원하며 지역사회의 특화된 자원으로 성장·발전시키기 위해 노력할 것이다.

5. 지역사회개발 모델

어르신 인형극 동아리 '손주사랑'은 지역사회능력을 향상시키고 사회통합을 지향한다는 점에서 지역사회개발 모델로서의 설명이 적합하다.

고령사회를 대비하여 노인들이 사회에서 지속적으로 활동하며 활기찬 삶을 살 수 있도록 기관에서는 노인들에게 적합한 활동을 위한 교육을 실시하였다. 어르신들은 자발적으로 교육에 참여했으며 활동 영역을 넓혀나가면서 지역사회 내의 다른 노인들에게 고무적인 모델이 되었다. 또한, 손주사랑의 공연을 관람한 원의 선생님들은 대부분 회원들의 활동에 대한 놀라움을 나타냈다.

'손주사랑'은 조직에 포함되어 있는 회원들이 스스로 역량을 강화시켜 나가는 모습이 자극제가 되어 지역사회 내의 노인들에게 사회참여 활동을 활발히 할 수 있게 하였다.

6. 주민참여의 한계

(1) 참여자 측면
예정보다 3주의 교육기간이 늘어나면서 지역 노인복지관 프로그램을 이용하고 있는 회원과 경제 활동을 하는 회원의 경우에 겹치는 시간 때문에 일정을 놓치는 경우가 종종 있었다. 또한, 대상이 노인이다 보니 급작스런 건강상의 문제로 활동일정에 차질이 생기는 경우가 있었다.

(2) 본 기관의 다른 프로그램 이용자
손주사랑이 교육실을 거의 독점하다시피 사용하여 본 기관에 등록한 다른 프로그램 회원들의 교육을 다른 기관의 교육실을 빌려 사용하게 되는 어려움이 있었다. 교육실이 1개로 물적 자원의 한계가 있었다.

(3) 제도
지역사회 내의 노인복지관에서 동화구연 활동을 노인 일자리 사업으로 편승시킨 결과 복지관 소속 동화구연 활동 노인들이 활동비를 지급받게 되어 본 기관의 어르신들이 불만을 토로하였다.

3부
치료 및 변화 목적의
자조집단 프로그램

7. Peer Leadership을 활용한 여성장애인의 역량강화(empowerment) 프로그램, 'Dream Cafe' : 대구 신당종합사회복지관 - 김은주

8. 자조모임을 활용한 저소득 한부모 가정의 역량강화 - 교육/취업지원망 구축 중심으로: 이대성산종합사회복지관 - 김은정

9. 원예치료(Horticultural Therapy)를 적용한 재가노인의 역량강화: 반포종합사회복지관 - 김태현

10. 정신장애인의 긍정적 자기인식을 활용한 서비스직 직업재활프로그램, 'Think Big' : 한울지역정신건강센터 - 정공주

Peer Leadership을 활용한 여성장애인의 역량강화(empowerment) 프로그램, 'Dream Cafe'

김은주(대구신당종합사회복지관)

사업실행 요약서

<table>
<tr><td rowspan="6">사업
개요</td><td>단체(기관)명</td><td>(대구) 신당종합사회복지관</td></tr>
<tr><td>사 업 명</td><td>Peer Leadership을 활용한 여성장애인의 역량강화(empowerment) 프로그램, 'Dream Cafe'</td></tr>
<tr><td>사업목적</td><td>Peer Leadership에 근거한 카페 형식의 자립지원 프로그램을 실시함으로써 여성장애인의 지속적인 자조 및 자기성장의 기회를 도모하며, 나아가 지역사회의 다양한 자원체계들을 조직화하여 경제적, 사회적 참여의 기회를 통해 여성장애인 개개인의 역량을 강화하고자 함.</td></tr>
<tr><td>사업추진 지역 및 대상</td><td>· 사업추진 지역: 대구광역시 달서구 성서지역
· 대상: 2003년 Win club 회원 10명
· 2004년 Dream cafe 참여를 희망하는 여성장애인 15명</td></tr>
<tr><td>사업기간</td><td>2004년 1월 - 12월</td></tr>
<tr><td>○사업실행 내용
일반적으로 여성장애인은 장애로 인해 야기되는 경제적 빈곤, 소수집단으로서의 가학적인 대상, 각종편견 외 여성으로서 갖게 되는 어려움 등을 동시에 겪음으로써 이중차별의 대상으로 직접적으로 노출되어있다.
본 프로그램은 이러한 여성장애인을 대상으로 이들의 욕구에 적합한 Peer Leadership을 활용하여 자기성장 및 사회참여 증진을 통한 경제적 자립기반을 조성하는 등의 여성장애인의 역량강화를 목적으로 한 프로그램이다.
위의 목적을 달성하기 위해 1단계로 여성장애인의 Peer Leadership을 매개로 한 자조집단을 형성하고 지역사회 자원체계를 활용한 Dream Cafe 행동체계를 조직하여, 여성장애인의 자조적인 Peer Leadership을 조직화함으로써 여성장애인 자조의 기반을 마련하였다.
2단계로 다양한 교육활동에 참여함으로써 자기성장의 기회를 확대하였고 Dream Cafe 설치운영을 통한 생산적인 활동에 참여를 도모하였다. 이로써 Dream Cafe의 운영을 통하여 자기성장과 사회적 참여의 기회를 활성화하였다.
3단계로 전문기술을 활용하여 작품활동의 참여 및 온 · 오프 라인 연계를 통한 다양한 판매처를 개발하였다. 그리고 강사뱅크제도를 통하여 외부기관 강사 등의 활동을 통해 참여자들의 경제적 자립능력을 향상시켰다.</td></tr>
</table>

1. 프로그램 개요

서비스 제공자, 조사자, 소비자가 역량강화에 대한 관심이 증가하기 시작하면서 클라이언트 자신의 의지와 판단에 입각한 자기결정은 모든 종류의 사회사업실천과정에 걸쳐 중요한 가치로서 받아들여져 왔다. 역량강화 실천에서는 클라이언트와 사회복지사의 관계에서 힘의 불균형을 줄이고 클라이언트의 자발적이고 주도적인 문제정의를 수용함으로써 그들 자신의 상황을 이해할 수 있으며 나아가 해결책에 대한 결정권이 클라이언트에게 있음을 인정해 주어야 한다.

1960년대 사회운동이 미국에서 활성화되면서부터 다양한 차원의 사회운동을 통해 불이익을 당하는 집단의 자기결정권이 중요하다는 인식이 확대되기 시작하였고 여기에 미국 내에 이미 뿌리내리고 있던 자조와 상호부조의 전통이 더해지면서 역량강화적 접근으로 구체화되기 시작하였다. 이러한 등장배경은 자립생활패러다임의 등장과 맥을 같이 한다. 사회복지실천 전반에서도 사회복지 서비스 대상자에게 단순한 서비스 제공보다는 역량을 부여해야 한다는 주장이 제기되었다.

이러한 맥락에서 사회복지실천 전반, 특히 장애인복지에서 장애인에게 서비스를 제공함으로써 장애인 당사자의 의사가 모든 상황을 호전시키는 결과 중심적인 체계보다는 장애인 당사자의 의사가 충분히 포함된 결정사항을 실천하는 과정 중심적인 체계를 선호하게 되었다. 개인의 역량강화는 자기결정의 실천을 통해 진정한 의미를 가진다고 할 수 있다.

장애인들은 장애로 인한 추가 부담에서 야기되는 경제적 곤란뿐만 아니라 소수집단으로서 가학적인 대상과 각종편견 및 고용의 어려움, 또한 사회적 선입견과 제도적 장벽, 물리적 환경접근에 있어서 어려움을 갖게 되는 특수한 조건을 가지게 된다. 이들 중에서 특히 여성 장애인이 직면하는 사회적 차별구조와 제한성, 이에 따르는 개인적 가족기능 수행은 매우 심각한 수준으로 일반적으로 사회정책의 주류를 이루는 남성들이 직면하는 제한성보다 상대적으로 훨씬 크다고 할 수 있다.

대다수 여성 장애인이 사회적응과 직업재활의 전제조건인 교육의 기회를 상실하고 있고 이는 그들의 저조한 취업률 및 경제활동 참가율과 직접적으로 연계되고 있다고 판단된다. 즉, 여성 장애인은 여성이라는 이유로 처음부터 교육의 혜택으로부터 차별받게 되고, 따라서 신체적 · 정신적 장애를 극복해도 경제적 자립을 이룰 수 있는 직업재활의 기회를 상실하게 된다.

가정과 사회에서의 차별과 냉대로 인해 여성 장애인들은 만성적인 스트레스와 심리적 고통을 겪고 있다. 남녀 간 큰 차이 없이 전체 장애인의 78.9%가 장애로 인해 심리적인 부담을 느끼는 것으로 나타났다. 남성 장애인이 여성 장애인보다 더 민감하게 사회의 장애인에 대한 차별을 의식하는 것으로 보고되었으나 낮은 교육수준과 사회참여도, 경제적 자립도, 가정 내외에서의 학대, 결혼과 사랑의 어려움 등으로 인해 여성 장애인들의 자아존중감은 매우 낮은 것으로 보인다. 장애우권익문제연구소의 조사에서도 많은 여성 장애인들이 스스로의 존재가치를 잃어 가고 있으며 그 결과 정신적으로나 행동 면에서 기본적인 인권을 주장할 자신감을 상실해가고 있다고 답변한 것으로 나타났다(오혜경, 1997).

또한, 여성 장애인은 남성 장애인(16.%)에 비해 장애관련 연금이나 보상급여를 받는 경우가 매우 낮고(3.2%) 장애인 등록도 남성(72.8%)에 비해 여성이 낮은 비율(35.1%)을 보이고 있는 것을 볼 때 복지서비스에 대한 인식이 상대적으로 낮고 서비스를 받고자 하는 태도도 소극적이어서 자립의 의지가 남성 장애인에 비해 상대적으로 낮은 것으로 보인다(권선진, 1997).

경제활동을 하고 있는 여성 장애인의 경우 퇴근 이후 중복되는 가사부담으로 인하여 적절한 생활정보를 취득하는 데 취약한 상황에 놓여있다. 여성 장애인의 특성상 사회적으로 가족이나 친척 외에 지지집단이 형성되어 있지 않은 현실로 인하여 직장 내의 차별이나 고충 등의 사회적 문제가 발생하더라도 혼자 대처하거나 적절한 지지집단 없이 대처할 수 있는 능력이 부족하여 이들로 하여금 더욱 고립된 채 지속적인 사회생활을 유지하기 힘들게 되기도 한다.

이에 본 프로그램은 'Peer Leadership'에 근거한 카페 형식의 자립지원 프로그램을 실시함으로써 여성 장애인의 지속적인 자조 및 자기성장의 기회를 도모하며, 나아가 지역사회의 다양한 자원체계들을 조직화하여 경제적·사회적 참여의 기회를 통하여 여성 장애인 개개인의 역량을 강화하고자 하였다.

2. 프로그램 목표

1) 단기목표

여성 장애인은 일반적으로 장애로 인해 야기되는 다양하고 복합적인 문제에 당면해 있다. 이러한 문제로 자기성장 기회의 저하, 사회참여 기회의 부족, 경제적 자립기반 조성의 어려움이 발생된다. 이를 해소하기 위해서 본 사업의 문제해결적인 측면으로는 자기성장 기회의 제공을 위한 의사소통훈련, 자아성장프로그램, 위기대처 훈련 등을 실시하였다. 그리고, 사회참여 기회의 확대를 위해 문화체험 활동 및 건강증진 활동, 경제적 자립기반의 조성을 위해 취·부업 훈련 및 활동프로그램을 실시하였다.

(1) 문제해결

자아성장 기회의 제공, 사회참여 활동증진, 경제적 자립능력 향상 등의 3가지 문제해결의 단기목표를 세워 프로그램을 진행하였다.

먼저, 자아성장 기회를 제공하기 위하여 프로그램 참여대상인 지역의 여성 장애인을 대상으로 프로그램 설명회를 실시하여 프로그램 참여정보를 제공하였다. 그리고, 프로그램 실행 시 발대식을 통하여 개개인의 프로그램 자긍심을 향상하고 세부프로그램으로 선서식을 통해 확고한 참여의지를 가질 수 있는 동기를 마련하였다. 실행프로그램으로는 2회의 자아발견 프로그램으로 일일테마여행을 실시하여 일상스트레스의 감소 및 자아발견의 기회를 제공하였다. 또한, 회원 주도의 의사소통 및 위기대처 프로그램을 실시하여 자조적 대처법을 숙지하였다.

자기계발 기회의 확대를 위하여 검정고시를 준비하는 회원을 대상으로 개별 결연학습을 실시하여 긍정적인 반응을 도출하였다.

〈사례1〉 의사소통프로그램 중 가족 간의 의사소통 문제에 대한 논의에서 이ㅇㅇ회원은 남편과 정기적인 싸움으로 인한 불만을 표시하였다. 이 내용을 소재로 상황을 재연하는 역할극을 통해 남편의 행동을 이해하고 수용하는 계기가 되었다는 소감을 나누었다.

〈사례2〉 고등학교 졸업 검정고시를 준비하는 문ㅇㅇ회원에게 대학생 자원봉사자와 연계한 프로그램을 실시함으로써 2005년 4월에 있는 검정고시에 자신감을 가지고 공부하게 되었다는 긍정적인 반응을 보이고 있다.

참여회원들의 사회참여 활동증진을 위하여 본 복지관에서 주최한 '결식아동, 어르신을 위한 희망나눔 음식바자회'에 자조모임 경비로 후원용 티켓을 구입하는 등의 후원자로 참여하였다. 그리고, 지역유관단체에서 실시하는 건강증진 프로그램(물리치료서비스)참여, 공예강좌 강사활동, 창업활동, 전문강사 활동(주부교양대학) 등을 통하여 회원들의 사회참여를 활성화하였다.

〈사례1〉 김ㅇㅇ회원은 서구제일복지관 아동프로그램 보조강사 활동을 하고 있으며 이를 계기로 아동 지도자 부문의 강사자격증을 취득하기 위해 노력 중이다.

〈사례2〉 신ㅇㅇ회원, 김ㅇㅇ회원은 복지관 아동 방과후 특별활동 프로그램의 주강사로 활동하고 있다.

〈사례3〉 강사활동팀은 12월 15일, 주부교양대학에서 비즈공예 부문에 대한 팀 강의를 실시하였다. 그리고 호응이 높아 2시간 강의를 3시간으로 연장하여 강의하였다.

마지막으로, 공예전문기술교육프로그램을 실시하여 전문기술 습득의 기회를 제공하였고 배운 기술을 토대로 작품 제작 활동을 지원하여 상설전시장의 개장 및 정기전시회를 개최하였다. 또한, 작품에 대한 판매망을 구축하고 강사활동 및 취·부업 활동을 활성화함으로써 수익을 창출하는 등의 경제적 자립능력의 향상을 도모하였다.

〈사례1〉 1기 이○○회원은 복지관 인근에서 열쇠도장 가게를 창업하여 현재까지 운영 중이다. 1년 동안 프로그램 참여 후 얻은 자신감을 가지고 창업을 하였으며 현재는 재정상태도 안정궤도에 올라 프로그램 참여에 열정적이며 신규회원 모집에도 적극적이다.

〈사례2〉 1기 김○○회원은 프로그램 시간 외에 인터넷으로 자료를 수집하고 창작품을 개발하였으며 전시를 통해 많은 판매고를 올렸다.

〈사례3〉 지역주민 박○○는 복지관 내 작품전시장에 관심을 보였는데 12월 연말을 맞이해 친척선물 명목으로 탈 액자를 2점 구입하였다. 선물을 받은 친척이 긍정적인 반응을 보여 현재 지인들의 구정선물로 5점을 주문한 상태이다.

〈사례4〉 산후조리 중인 1기 회원 김○○는 출산 전 제작해 놓은 칼라믹스 작품을 신년선물로 지역사회에 대량 판매하여 20여 만 원의 수익을 창출하였다. 산후조리 후 강사활동을 통한 경제활동도 계획하고 있다.

〈사례5〉 취부업활동팀 2기 회원 김○○는 11월, 20여 만 원의 작품판매 수익을 얻어 가족들에게 자신이 결혼 후 처음 받은 경제활동의 성과라며 자랑하였고, 가족들은 회원의 적극적인 삶의 자세에 긍정적인 지지를 하였다. 또한, 김○○회원은 취부업활동팀의 총무를 맡아 작품판매뿐만 아니라 유급강사활동과 연계될 수 있도록 복지관과 논의 중이다(2005년 1월~2월, 아동특별활동 프로그램 겨울방학나라 유급강사활동 확정).

(2) 조직형성

프로그램 진행 중 회원 자조적인 모임과 지역주민 중심의 서포터 자조모임이 각 3개씩 조직되었다. 회원 전원이 참여하는 친목중심의 자조모임인

'무지개'와 자조모임 회원들의 분과팀인 취부업활동팀, 강사활동팀 '드림카페'가 조직되어 활동 중이다. 지역주민들의 서포터 자조모임은 지역목회자 중심의 프로그램 후원회의 조직과 강사로 구성된 보수교육 후원 자조모임, 창업 및 취업회원 자조모임 등으로 구성되었다. 그리고, 지역 언론 홍보단체를 중심으로 하는 홍보 서포터 자조모임의 조직을 진행 중이다. 회원들은 대상별 자조모임의 운영을 통해 사회참여의 활성화를 도모하였고 지역주민 서포터 자조모임을 통해 사회지지체계가 구축되었다.

대상자적 측면에서의 조직형성으로는 2003년 12월에 조직된 여성 지체장애인 자조집단 '무지개'가 조직되었고, 그 후 정기적으로 자조모임(월례회, 간담회)을 실시하고 있다. 그리고, 2003년 프로그램 참가자인 1기 회원과 2기 회원들의 기수별 모임 조직과 칼라믹스와 비즈공예 등의 분과팀의 조직, 취부업활동팀과 강사활동팀의 조직 등 프로그램 내에 다양한 팀이 조직되었다.

〈사례1〉 7월 1일, 1기 회원이 자조적으로 2기 신규회원 환영회를 기획하고 실시하였다. 환영회에 앞서 회원 각자의 소감(1기: 성공사례발표, 2기: 참여 소감) 나누기를 통해 정서적 공감대 및 지지체계를 형성하였고 1기와 2기가 융화될 수 있는 계기를 마련하였다.

〈사례2〉 정규 프로그램 중 월 1회, 강사진 없이 1기 회원의 2기 지도프로그램을 실시하였다. 칼라믹스 교육을 중심으로 1기 회원 1명과 2기 회원 2명이 한 조가 되어 신규교육을 받는 프로그램을 진행하고 있다.

〈사례3〉 취부업팀을 조직해 정기적인 취부업 활동을 통한 판매수입을 창출하고 있다.

〈사례4〉 강사활동팀을 조직해 주부교양대학, 아동 방학나라 등 다양한 분야에서 유급 강사 활동을 하고 있다.

지역주민 참여적인 측면의 조직형성에서는 프로그램의 후원회가 조직되어 활동하였다. 또한, 지역유관기관 중심의 후원회 프로그램에 참여하는 강사중심의 후원회가 조직되었다. 그리고, 프로그램 참여자 중 창업 및 취업활동을 하고 있는 회원들의 후원회가 프로그램 참여회원에 대한 지지체계로 구축되었고 현재 지역언론사 중심으로 후원회 조직을 추진 중이다.

〈사례1〉 종교기관 목회자 자문위원이 프로그램 장소를 무상 지원함으로써 지역종교기관 (성서남부교회)의 교육관을 매주 2회 사용하였다. 장소 대여뿐만 아니라 기타 부대시설까지 무상으로 지원받아 프로그램을 보다 효과적으로 수행하였다.

〈사례2〉 병원(혜성병원)의 물리치료실을 건강증진 프로그램 진행 공간으로 매주 1회 무상으로 사용하였다.

〈사례3〉 달서구 가정도우미지원센터와 연계하여 회원 중 지원이 필요한 가정에 봉사단을 수시로 파견하여 가사 서비스를 지원함으로써 프로그램 참여 환경을 조성하였다.

〈사례4〉 창업과 취업활동을 하는 회원을 중심으로 프로그램 후원 자조모임을 조직하여 회원들의 사기진작을 위한 심리적 지지체계를 구축하였다.

〈사례5〉 지역언론매체(대구일보, 푸른신문, 달서라이프)에 정기적으로 프로그램을 홍보함으로써 지역사회 인지도를 향상시키고 취재기자를 중심으로 홍보기자단 위촉을 추진하고 있다(신문보도 10여 회).

2) 장기목표

지역사회의 다양한 자원체계들을 조직화하여 여성 장애인의 경제적·사회적 참여의 기회를 확대한다. 여성 장애인 개개인의 역량을 강화하기 위해 전문기술습득을 통한 자격증 취득, 전시회 개최, 강사활동, 취부업활동 세미나 참석을 통하여 여성 장애인의 주체적인 역량강화를 도모하였다. 지역사회에서는 지원단체의 확보를 통해 토착 지도력을 개발하는 등의 성과를 달성하였다.

(1) 개인 역량강화(변화)

프로그램 참여를 통한 개개인의 역량을 강화하기 위하여 대표적으로 대인관계기술 훈련, 자아기능향상 훈련, 전문자격증 취득과정 프로그램을 실시하여 장기적인 역량강화의 기회를 마련하였다.

먼저, 프로그램 발대식을 실시하여 1기와 2기의 상호교류의 장을 마련하였고 발대식을 통해 운영위원 및 강사진에게서 지지를 받는 등의 효과를 달성하였다.

자조적으로 신규회원의 환영회를 실시하여 1기 회원의 성공사례를 발표함으로써 2기 회원의 참여동기를 촉진하였다. 여성 장애인 연대 세미나를 통해 여성 장애인 리더들의 역할수행을 모니터하였고 전문기술교육을 통해 전문기술을 습득하여 한국수공에 협회 공인 자격증 취득의 기회를 제공하였다. 그리고, 취부업활동팀 및 강사팀을 조직하여 활발한 작품제작 및 강의활동을 활성화할 수 있는 계기를 마련하였다.

〈사례1〉 회원 자체적으로 기획하여 소전시회(7월 1, 2일) 및 정기전시회(10월 15일)를 개최함으로써 회원들의 작품에 대한 자부심을 증진하고 개인의 능력을 강화시키는 계기를 마련하였다.

〈사례2〉 취부업활동팀이 조직되어 회원 8명이 작품제작 및 판매를 통해 수입을 창출하고 있다.

〈사례3〉 강사활동팀을 조직하여 회원 6명이 지역의 단체에서 강사활동을 하고 있다.

〈사례4〉 김○○회원은 시각장애를 가지고 있으면서도 한국수공예협회 초·중급 공인자격증을 동시에 획득하는 성과를 나타냈으며 현재 아동프로그램 주강사로 활동 중이다.

〈사례5〉 여성장애인 연대 주최세미나에 참석하여 여성 장애인의 리더역할을 수행하는 여성장애인들을 모니터함으로써 개개인의 사회참여에 대한 동기를 부여하였다.

(2) 지역사회 역량강화(토착지도력 개발)

지역사회의 역량강화를 위해서 장애인전문사역교회를 자원망으로 확보하였고 장애인 특장차 6인승, 25인승 등의 이송차량을 확보하였다.

공간지원으로는 성서남부교회 교육관을 프로그램실로 지원받아 활용하였고 건강증진 프로그램 지원병원을 조직하였다. 그리고, 회원 대다수가 거주하는 주공단지의 대표들을 조직하여 프로그램 지원 및 홍보의 역할을 부여하였으며 지역사회 공예전문가중심의 자문위원회를 조직하여 회원들의 교육을 전담하도록 하였다.

〈사례1〉 6월부터 복지관 연계기관인 혜성병원과 연계하여 회원의 건강상태를 파악하고 장애에 따른 맞춤형 물리치료 실시 등의 건강증진 프로그램을 진행하였다.

〈사례2〉 지역주민의 프로그램 참여를 위한 정기 전시회와 교양강좌를 실시하여 주민들의 프로그램 참여 관심도를 증진하였다.

〈사례3〉 지역의 공예전문가를 대상으로 칼라믹스, 십자수, 퀼트 부문의 후원회를 조직하여 보수교육 전문 봉사자의 역할을 부여하였다.

3. 조직지도력과 구성원

(1) 지도력

회원의 지도력 증진을 위한 관계중심 지도자로서의 역할을 위하여 동료지도자 체계의 구축 및 분과별 자조모임 팀장제를 실시하였다. 그리고, 과업중심 지도자적 역할을 부여함으로써 진행 스태프의 전문적인 참여와 추후의 연계성을 강화하였다.

관계중심의 지도력으로는 'Peer Leadership'을 활용하여 1기 회원의 동료지도자 체계를 구축하기 위하여 월 1회 회원 주도의 프로그램을 실시하였다. 그리고, 자조모임 내 분과팀을 조직하여 강사활동 및 취부업 활동을 활성화하여 동료참여지지 및 자조적 운영의 기반을 마련하는 등 참여회원의 관계

중심적인 지도력을 개발하였다.

〈사례1〉 이동이 불편한 1, 2기 회원을 전동스쿠터나 자가 차량을 가진 회원들이 당번제로
이동지원을 하고 있다.

〈사례2〉 결석회원 발생 시 1기, 2기 회장단이 방문 상담을 하는 등의 활동을 함으로써 프로
그램 참여동기를 촉진하고 있다.

〈사례3〉 분과팀장제를 실시하여 팀별로 회원 관리 및 작품제작 활동을 하고 있다(강사활
동, 취부업활동팀 조직 및 팀장 선출: 사회복지사 개입 최소화).

〈사례4〉 각 팀별 활동 및 월례회를 복지관이 아닌 회원의 자택에서 정기적으로 실시하고 있다.

과업중심의 지도력 개발을 위하여 프로그램 운영에 대한 전담 강사진 및
진행 스태프를 구성하여 운영하였고 지역대학의 사회복지전공자를 교육하
여 프로그램 모니터 요원으로 활용하였다. 그리고, 지역공예전문가 중심의
후원회를 조직하여 회원들의 신규, 보수교육을 실시하였다.

〈사례1〉 인근 대학 사회복지전공자의 모니터요원 활동을 통해 회원 개개인에 대한 참여관
찰을 실시하였고 관찰된 내용을 토대로 정기적인 모니터 회의를 하였다.

〈사례2〉 참여강사를 조직하여 전문 강사 후원회를 조직하고 회원대상으로 보수교육을 하였다.

---

(2) 지도자의 자질과 역할

자조적인 지도자 자질의 획득과 역할을 위해 동료 지도자와 참여자 전원
이 관계중심 지도자, 회원 및 강사진이 수행한 과업중심 지도자를 수행하였
으며 관계중심 지도자로서의 자질과 역량을 개발하기 위하여 동료 지도자적
인 역할수행을 감당하도록 하였다.

월 1회, 1기 회원을 중심으로 2기 회원을 지도할 수 있는 신규회원 지도 프

로그램을 실시하였고 프로그램 결석회원 가정에 1, 2기 회장단이 방문하여 프로그램에 참여함으로써 지지자적 역할을 수행하였다. 그리고, 자조모임 내 분과팀을 조직하여 회원 간 자조적 관계성을 증진함으로써 강사활동 및 취부업활동의 활성화를 도모하였다.

〈사례〉 프로그램 참여 증진을 위해 회원 참여 전화공지를 자조적으로 수행하고 있으며 프로그램의 전반적인 행사를 자조집단과 논의를 통해 기획하고 있다.
   예) 수업진행, 전시회, 송년회

과업중심의 지도자적 역할의 수행을 위해 회원들에게 가족참여의 과업수행을 하도록 하였다. 내용으로는 당일 프로그램 작품을 가족과 함께 제작하고 완성하도록 과제를 부여하여 가족 내에서 프로그램 인지도의 상승 및 가족 지지체계를 구축하였다. 그리고, 참여 강사진으로 공예전문가 중심의 후원회를 조직하여 활동하는 등의 과업중심의 지도력을 개발하였다.

〈사례1〉 방학 중 모든 프로그램에 가족과 함께 하는 프로그램이라는 타이틀을 제공하고 실시함으로써 프로그램에 대한 가족의 참여 및 지지를 도모하였다.
〈사례2〉 참여 강사 중심으로 자조적인 후원회를 조직하여 프로그램 지지체계를 구축하였다.

4. 조직화에서 오는 사회복지 실천가의 역할

프로그램 초반기에는 대상자 개발과 프로그램 기획, 그리고 조직 구성에 대한 역할을 수행하였고 중반기에는 지지자와 조력가의 역할을 수행하여 회원의 자조적인 참여를 유도하였으며 하반기에는 조언자적 역할과 사례관리

외 담당자의 개입을 축소화하여 대상자의 자조적인 프로그램 운영기반을 구축하였다.

초반기의 개입으로는 참가자의 모집 및 접촉, 프로그램 개발을 담당하는 기획가적인 역할을 수행하였으며 방문상담을 통한 신속한 라포 형성을 유도하였다. 그리고, 가족 안에서 회원의 프로그램 참여를 지지하도록 유도하는 지지자적·촉진자적 역할과 운영자문위원회를 조직화한 조직가로서의 역할도 수행하였다.

중반기에는 회원들에 대한 사례관리를 통해 사례관리자적 역할을 하였으며 전문 교육프로그램의 기획 및 실행을 통하여 교육자적인 개입을 하였다. 또한, 자조모임 내 분과팀을 조직하여 회원 간의 응집력을 강화하기 위한 조직가적인 역할을 하였으며 지속적인 개입은 지양하고 전체적인 관리부분만 담당하는 다양한 연계프로그램의 기획가적인 역할도 강화하였다.

후반기에는 자조모임에 대한 관리자가 아닌 전반적인 조언가적인 개입만 하였고 지역사회 판매망 및 강사파견의 활성화를 위해 옹호자, 협상가적인 역할을 수행하였다. 마지막으로, 회원들의 프로그램 지속성을 위한 사례관리를 담당하는 사례관리자의 역할을 수행하였다.

〈사례〉 중반기에 접어들면서 회원들과의 합의 하에 담당자의 역할을 축소하여 강사 및 회원 간의 사전연락, 프로그램실 세팅, 재료 주문, 전시회 일정논의 등의 운영을 회장단 중심으로 진행하였다.

5. 전략과 전술

가족환경적인 측면과 지역환경적인 측면의 개입을 통하여 미시수준의 옹호전략과 지역관공서 지원사업 추진을 통한 거시적인 옹호전략을 수립하였다. 그리고, 프로그램 참여회원회의, 운영전반에 대한 전략적인 개입유도, 지역단체 연계프로그램 합의 등의 전술을 사용하였다.

(1) 옹호전략

미시수준의 옹호전략으로 가족환경적인 측면에서와 지역환경적인 측면에서 전략적인 개입을 하였다. 가족환경적인 측면에서 정기적인 방문상담 및 가족참여 프로그램을 통하여 참여회원의 가족체계를 파악하고 회원 가족의 라포 형성 및 회원의 사회참여 활동에 대한 긍정적인 의식을 도모하였다.

지역환경적인 측면의 옹호전략으로 회원들의 강사활동을 위해 프로필 작성 및 작품 리플렛을 제작하여 지역사회에 홍보하였고, 취득자격증 및 전시회의 언론 홍보를 통하여 회원 및 프로그램에 대한 인지도 상승의 효과성을 도출하였다.

〈사례1〉 아내 비하적인 언어폭력이 심하던 송ㅇㅇ회원의 남편이 프로그램 정기전시회에 찾아와 회원의 작품 및 프로그램 홍보전단지를 보고 전시회 뒷정리 지원 및 추후활동에서 적극적 참여를 유도하는 지지적인 남편이 되었다.

〈사례2〉 정기전시회에서 회원들의 공예강사 프로필을 자세하게 기록한 홍보지를 지역사회 어린이집 및 유관단체에 배포하여 강사활동의 계기를 마련하였다.

〈사례3〉 지역 언론사에 공예전문 자격증을 취득한 회원에 대한 기사를 게재하여 지역사회 인지도를 증진하였다.

〈사례4〉 회원들의 작품을 리플렛으로 제작하여 전국에 홍보함으로써 프로그램 인지도 및 회원들의 공신력을 향상하였다.

거시수준의 옹호전략으로 사회정책제도의 개선을 위해 전략적으로 개입하였다. 인식개선을 위하여 지역주민을 대상으로 온·오프라인을 활용한 프로그램 홍보를 실시하였으며 다양한 캠페인 활동을 통하여 여성 장애인에 대한 편견과 인식변화를 유도하였다.

여성 장애인 전문기술습득과 사회참여의 제도화 추진을 위해 본 사업을 구청 특수사업으로 정착화하는 것을 추진 중이다.

〈사례1〉 7월 말에 완공된 작품전시장을 활용하여 지역사회주민이 본 프로그램에 참여하도록 유도하였다.

〈사례2〉 장애인식개선 캠페인을 통해 지역주민의 인식전환의 계기를 마련하였다(3회 실행 / 대구 거북이 마라톤 대회, 6. 22. 두류공원 일대 등).

〈사례3〉 정기전시회를 지역사회 야외 전시장에서 개최함으로써 지역사회 주민들의 본 프로그램 참여를 유도하였다(2회 / 7. 1～2, 10. 15. 달서구 노인문화대학 야외전시장).

〈사례4〉 법인 IT 사업팀의 지원으로 홈페이지 내 인터넷 쇼핑몰 구축을 추진 중이다.

〈사례5〉 구청 지원사업으로 지원을 신청한 상태이다.

〈사례6〉 여성 장애인 자활지원센터를 위한 사업자 등록을 추진 중이다.

(2) 합의 전술

합의 전술로는 참여회원 간의 합의와 지역사회단체 간의 합의를 통해 전략적인 개입을 하였다. 참여회원 간의 합의로는 참여자들의 호칭을 회원으로 명명하여 프로그램 주체자로서의 참여를 유도하였고 월 1회 정기월례회를 실시하여 프로그램의 효과성을 위한 전반적인 진행에 관해 회원과 회의를 거쳐 프로그램으로 실행하였다. 이를 통하여 참여 동기 촉진의 효과성이 나타났다.

그리고, 프로그램의 자조적 운영의 합의를 통해 강사 및 참여회원의 사전연락, 참여회원의 대상모집, 자조모임 조직, 작품재료 주문, 전시회 일정조정 등을 담당 사회복지사가 하지 않고 회원의 담당을 정하여 활동하였다.

〈사례1〉 7월 1일, 신규회원 환영회에서 1기 회원 성공사례를 발표함으로써 "나도 할 수 있

〈사례2〉 5월부터 실시된 지속적 취부업활동을 통해 자립기반 조성의 계기가 마련되어 프로그램 참여의 동기부여가 이루어졌다.

〈사례3〉 9월부터 실시된 취부업활동, 강사활동팀의 조직으로 1, 2기 회원의 자립기반이 조성되었다.

지역단체들의 합의로는 우선 단체 간의 관계성 확장이 있었다. 지역 종교기관, 유관기관 등의 후원회를 조직하여 합의를 도출하였고 타 지역 복지관과의 연계성을 통해 강사 파견 및 기타 프로그램 진행의 합의를 도출하였다.

그리고, 초반기 대상자 모집 및 연대 활동을 통하여 대구 여성 장애인연대와 장애인 특수목회를 하는 둥지교회 및 지역의 언론가와 연계하여 홍보에 주력하였다.

프로그램 실행 면에서, 프로그램 운영자문위원이 목회자로 활동하는 교회의 교육관을 프로그램실로 활용함으로써 대상자들의 접근의 용이성을 향상하였으며 복지관 운영위원회, 지역병원 물리치료팀, 강사서포터 그룹, 지역 기자단 중심의 조직을 통하여 지역단체 간의 합의를 도출하였다.

〈사례1〉 지역 종교기관을 연계하여 교회 교육관을 프로그램실로 이용하였다.

〈사례2〉 지역 병원기관을 연계한 건강증진 프로그램으로 물리치료실을 무료로 이용하였다.

〈사례3〉 9월부터 프로그램 강사활동을 하고 있다(서구 제일종합사회복지관 아동방과후프로그램).

〈사례4〉 10월 15일 달서구 가정도우미지원센터 주부교양대학의 비즈공예 강좌에서 강사활동을 하였다(성서우체국 연계프로그램: 주부 50명 대상).

〈사례5〉 달서구 가정도우미지원센터의 2005년 사회교육프로그램 정기 공예강좌 강사활동이 확정되었다.

6. 지역사회복지 모델

여성 지체장애인의 역량강화를 위한 본 프로그램은 자조정신의 강조, 문제해결능력의 강화, 해결과정에서 대상자의 광범위한 참여의 특징을 지닌 것으로 로스만(1995)의 지역사회복지실천모델 중 지역사회개발 모델(community development models)로 설명할 수 있다.

참여자들의 자조정신을 고취하기 위하여 여성 장애인의 정기적인 자조모임을 조직화하였고 자조모임 내 강사활동팀 및 취부업 분과팀을 조직하였다. 그리고, 지역주민을 대상으로 운영위원회를 조직하고 참여강사를 중심으로 후원회를 조직하여 대상자들의 지지체계를 구축하는 등 지역주민의 자조적인 참여정신을 강조하였다.

그리고, 파생된 문제해결능력을 강화하기 위하여 자아기능향상프로그램, 취부업교육프로그램, 사회참여증진프로그램 등의 다양한 개입을 통하여 대상자들의 자조적인 문제해결능력 역량강화의 기회를 제공하였다.

또한, 정기전시회, 캠페인 및 지역사회 인구 조직체 내에서 수립된 욕구인 문화생활 영위 및 복지 사업 참여에 대한 서비스를 설계하여 지역주민과 회원, 기관 스태프 간의 상호작용을 통해 문제 파악 및 해결과정에서 주민들의 광범위한 참여를 도모하였다.

전체적으로, 여성 장애인 자조모임 회장단 조직과 분과별 팀장제 실시 등의 동료지도자적 역할의 수행을 통해 참여 여성 장애인 개개인의 리더적인 인적 자원으로서의 역량을 강화하였고 경제적 자립기반의 조성을 위해 습득된 전문공예기술을 자원화하였다. 이를 통하여 지역사회 주민의 프로그램에 대한 인식 및 참여를 증진하고 잠재적 자원의 다중적인 영향력을 확대하는 지역사회개발 모델의 기반을 구축하였다.

여성 장애인 개개인의 욕구를 수렴하여 자조적인 문제해결방안을 모색하고 다양한 자원체계들을 조직화하여 여성 장애인의 역량을 강화하기 위한 본 프로그램의 성과는 지역사회개발 모델(community development models)

이 지역사회 및 다양한 사회복지실천대상자의 문제해결을 위한 접근방법에 상당한 활용성을 갖는다는 것이다.

7. 주민 참여의 한계

프로그램 실행 시 도출된 한계점은 참여자적 측면과 지역주민의 측면에서 도출되었다.

참여자적 측면에서는 프로그램 참여의 범주 부분과 자조모임 참여의 측면에서 한계점이 두드러졌다. 프로그램의 참여에 대한 접근성을 높이기 위해 2층에 위치하고 있는 본 복지관 시설을 이용하지 않고 지역의 1층 교회 교육관을 활용하였다. 비장애인의 도보로 복지관에서 8분 거리에 있으나 회원들의 가정에서 다소 원거리에 있고 하계와 동계의 기후조건으로 인한 한계성이 도출되었다. 이를 위한 대응책으로 자가 이동수단이 있는 회원들이 당번제로 회원들을 이송하고, 종결단계에서 회원 가정으로 프로그램실을 이동하는 등의 자구책을 제시하였다.

그리고, 자조모임 측면에서는 프로그램교육 기술습득이 부족한 회원들이 자조모임을 등한시하는 경향이 나타났다. 파생되는 문제점을 경감하기 위하여 강사활동, 취부업 활동 부분에서 공예부문 외 기타 다양한 기술의 개설을 통한 자조모임의 다양화를 추진하였다.

지역주민적인 측면의 한계성은 취부업활동 작품 구입 시 회원들의 작품이 수준급인데도 불구하고 장애인의 작품이라는 것에 초점을 맞추어 이타적인 활동으로 작품을 구입하는 경우가 발생하였다. 대응책으로 회원들의 공인자격 및 경력의 프로필화를 통해 인식개선을 유도하였다. 그리고, 복지관 입지특성상 저소득계층 주민의 본 프로그램 참여의사가 도출되었으나 여성 장애인 프로그램이라는 한계성으로 인해 주민의 불만이 표출되었다 대응책으로 정기적인 공개강좌를 통해 주민욕구를 해소하는 등의 활동을 하였다.

8. 프로그램 평가와 전망

본 프로그램을 통해 'Peer Leadership'에 근거한 카페형식의 자립지원 프로그램을 실시하여 여성 장애인들의 지속적인 자조 및 자기성장의 기회를 도모하며, 지역사회의 다양한 자원체계들을 조직화하여 경제적 · 사회적 참여의 기회를 제공하였으며, 또한 여성 장애인 개개인의 역량을 강화하는 기반을 마련하였다.

프로그램의 향후 전망으로는 여성 장애인의 자조기반을 구축하여 여성 장애인 개개인의 자기성장을 통한 사회참여의 활성화가 이루어졌고, 또한 적극적인 사회활동을 통하여 참여자들의 경제적 자립기반 조성의 기회를 제공하였다. 이러한 경험을 기반으로 프로그램 참여회원을 조직하여 정식 사업자등록이 된 사업체 형식의 자활지원센터의 개소를 준비 중이다.

그리고, 자활지원센터를 활용하여 여성 장애인 취부업 작업장 및 주민대상의 강좌를 개설하고 운영하는 공예문화원의 역할을 통하여 회원 개개인의 경제적 자립기반을 구축하고 나아가 지역사회의 문화를 선도하는 사회교육 지도자 및 문화 조성자로서의 역할을 할 수 있도록 운영할 계획이다.

자조모임을 활용한 저소득 한부모가정의 역량강화 – 교육/취업지원망 구축 중심으로

김은정(이대성산종합사회복지관)

1. 프로그램 개요

본 프로그램은 기존 한부모 프로그램이 자녀에 대한 지원과 심리정서적 지원에 국한되었던 한계를 극복하여 한부모 가정이 가진 복합적인 문제에 지역사회 자원망을 활용하여 통합적으로 개입하고자 기획되었다. 특히, 한부모들이 큰 어려움을 겪고 있는 취업 문제와 자녀교육 문제를 중심으로 자조모임을 통해 스스로 문제를 해결할 수 있는 역량을 강화하고 이를 지원할 수 있도록 지역사회 조직을 구성하고자 하였다. 이러한 목적 달성을 위해 한부모의 역량강화, 한부모의 지역사회 내 지원체계 조직이라는 세부목표를 제시하였고, 이를 위해 직업 및 창업교육, 자조모임, 개별사례관리, 자녀학습지도 및 일일교사, 교육지원망 조직 및 활동, 취업지원망 구축 및 협의체활동 사업을 실시하였다.

한부모의 역량강화를 위한 직업교육은 외부 전문가를 활용한 직업교육을 통해 취업시장에서 경쟁력을 갖출 수 있는 역량을 배양하고자 하였고, 직업의 기회가 상대적으로 제한되어 있는 여성 한부모를 중심으로 지역 내 구청, 여성발전센터, 직업교육기관과 연계하여 창업교육을 실시하였다. 자녀교육 집단 프로그램을 통해 결속력과 친밀감이 높아진 한부모들이 스스로 자조모임을 구성하여, 자녀양육의 어려움과 사회적인 편견에 대해 함께 나누고 지지받을 수 있도록 함과 동시에, 취업문제에 대해 활발한 정보의 교류와 의사소통이 이루어질 수 있도록 하였다. 나아가 한부모들의 역량과 관심주제에 따라 직접 자녀들의 공부방 학습지도 및 동아리 지도교사가 되어 자녀공부방을 운영하였다. 이를 바탕으로 자녀들이 다니고 있는 인근초등학교 및 중학교 학교사회사업 프로그램을 적극 활용하고 교사와의 연계를 강화하여 상담 및 간담회를 실시하였다. 또한, 자조모임과 공부방 운영을 통해 역량을 강화한 부모들이 1일 교사로 활동하는 등 학교와 연계하여 지역의 교육문제에 적극적으로 개입할 수 있도록 하였다. 동시에 지역 내 예체능학원, 구청, 학습기관 등과 연계하여 지원체계를 재조직하여, 자신의 자녀 및 또래 자녀들의 교육문제에 대한 공동책임감과 연대의식 고취를 통해 지역사회 변화에 기여할 수 있도록 하였다.

그리고, 지역사회복지관인 본 기관을 중심으로 지역 내 분산되어 있는 자활후견기관, 동사무소, 인력개발센터, 구인처 등 기관들과의 지원망을 조직하고 정기적인 협의체 활동을 진행하여 한부모에 대한 일자리 연계가 원활히 이루어질 수 있도록 함과 동시에, 교육문제를 중심으로 강화된 자조모임을 바탕으로 지역 내 취업문제 해결을 위한 지역 네트워크 구축의 기반을 마련하고자 하였다.

한부모들은 이러한 활동 등을 통해 서비스를 수혜받는 대상에서 벗어나 스스로 취업문제와 자녀교육의 어려움을 극복하는 주체가 되도록 역량을 강화하고자 하였으며, 또한 이를 효과적으로 가능케 할 수 있도록 지역사회 내 취업, 교육 지원체계를 조직·구축하여 한부모 가정의 문제해결을 위한 지역사회의 자생력을 증진할 수 있도록 2004년 1월부터 12월까지 운영되었다.

2. 프로그램 목표

1) 단기 목표__문제해결과 조직형성을 중심으로

(1) 문제인식

한부모 가정이 가지고 있는 문제는 한 가지 원인에 의해 발생하는 경우가 극히 드물고 여러 원인이 복합적으로 작용하여 발생하기 때문에 다양성과 복합성을 고려한 종합적인 원인의 분석이 필요하다. 김영모(1982)와 김수환(1986)은 한부모 가정을 포함한 영세민 실태조사에서 이들이 가지고 있는 문제의 요인을 개인적인 것과 사회적인 것, 그리고 가족적인 것으로 나누었는데, 개인적인 요인으로는 주벽, 노름, 나태, 무능력 등을, 가족적인 요인으로는 무유산, 과다자녀수 등을, 사회적인 요인으로는 실업, 과중한 세금, 저교육 등을 제시하였다. 고순이(1990)는 도시빈곤모자의 실태와 복지에 관한 연구에서 모가정의 문제의 원인을 남편의 사망, 유산이 없는 것, 가족의 질병, 과다한 자녀수, 무능으로 살펴보고 있다. 한국여성개발원(1998)은 저소득 모자가정 자립의 장애요인을 인적자본의 취약성, 자립의지 결여, 자녀양육에 관한 문제, 비공식적 자원망의 부족, 주거의 불안정성, 기타 공식적 지원체계의 취약성의 여섯 가지로 분류하고 있다.

> "가장 힘든 건 먹고 사는 문제죠. 애들 아빠랑 헤어지고 나서 내가 벌어야 하는데 수입이 불규칙해서…… 그나마 요즘에는 일이 잘 들어오는 것도 아니고 내가 특별히 무슨 기술이 있는 것도 아니고, 여기저기 닥치는 대로 일하긴 하는데…… 앞날만 생각하면 깜깜해요."
>
> ─한부모 박○○ 씨─

> "IMF 나고 나서 가게 망하고 여기(임대아파트)까지 오게 됐는데, 이것저것 해보려고 해도 나아지는 게 없고 더 나빠지기만 하고, 내 주제에 앞으로 뭐 더 나아지겠나 싶고…… 이제 모르겠어요. 그냥 삽니다."
>
> ─한부모 오○○ 씨─

"돈 벌어야 하니까 애들 돌봐줄 시간이 없죠. 밤늦게 들어오니까 낮에 애들이 뭐하고 지내는지 몰라요. 걱정돼도 어떡하겠어요. 마음이야 학원 같은 데도 보내서 뒷바라지 해주고 싶지만 형편도 안되고…… 지금은 그냥 애들이 고등학교나 무사히 졸업하면 다행이고 …… 그것만으로 감사하겠다 싶어요."

-한부모 황〇〇 씨-

"먹고는 살아야 하는데 애들이 어리다보니 맡길 데도 없고, 그렇다고 시간제로 일하는 데를 찾아야 하는데 그게 쉽지도 않고 …… 내가 일하는 동안 집에서 큰애가 동생들 돌보는데 그동안 무슨 일 나는 게 아닐까 조마조마해서 그나마 일도 제대로 못해요."

-한부모 양〇〇 씨-

"딸만 둘인데, 애들이 사춘기가 되니까 내가 어떻게 키워야 할지 도대체 모르겠더라구요. 애들이 잘못하는 일이 있으면 나도 모르게 손이 그냥 올라가는데 이러지 말아야지 하면서도 어떻게 해야 할지 모르겠고……"

-한부모 김〇〇 씨-

"(이혼 후에)애가 마음을 못 잡았죠. 나하고 있으면 지가 하고 싶은 대로 못하고 자꾸 다툼이 나니까……그렇다고 엄마한테 가면 애 엄마가 먹고사는데 힘들고 그러니까 아빠한테 가라고 하고 …… 그러다보니 학교도 자꾸 빼먹고 엇나가고 ……애한테 미안한테 나도 사는 게 답답하니까 자꾸 애엄마나 세상 원망하게 되고, 그러니까 술 마시게 되고……"

-한부모 최〇〇 씨-

이상의 자료들은 한부모 가정의 부모들이 느끼고 있는 심정들을 정리한 것이다. 이를 기반으로 조직형성 초기에 그들에게 처해진 상황에 대한 문제들을 정리해 보면 다음과 같다.

① 심리정서적 문제: 자존감 저하 및 대인관계 형성의 어려움
배우자와의 이별로 인한 상실감 및 정서적 고통을 겪고 있으며, 저소득 지역 한부모의 경우 한부모에 대한 사회적인 편견과 더불어 만성화된 경제적 어려움으로 인해 시간적, 경제적 여유가 없어 사회활동이 위축되어 대인관계 형성과 유지에 어려움을 겪게 된다.

② 경제적 문제: 낮은 직업능력과 직업훈련교육의 기회 부족, 자립의지 부족

여성 한부모의 경우 이별 전 생계부양자 역할을 했던 남편을 잃게 됨으로써 경제적 문제에 직면하게 되며, 남성 한부모 또한 부인이 담당했던 가사 및 육아가 유급의 타인에게 이전됨으로 인해 새로운 가계지출이 발생하게 되고 이혼시 위자료나 자녀양육비를 지불해야 하는 경우가 많아 경제적 어려움에 처하게 된다.

특히, 저소득 지역 한부모의 경우 낮은 학력, 높은 연령, 전문기술 부족, 열악한 건강상태 등으로 인해 경제적 문제를 해결하기에 매우 불리한 조건에 처해 있으며 이러한 한부모 가정의 경제적 취약성은 구직 및 창업활동, 혹은 연속적인 직업경험에 한계를 갖게 하여 한부모의 경제적인 어려움을 가중시킨다. 이러한 만성화된 경제적인 어려움은 한부모의 자립의지를 감퇴시켜 무력감, 의존, 열등감을 발생시키고 이는 다시 경제적 자립능력을 떨어뜨리는 악순환의 고리를 형성하게 된다.

③ 교육문제: 자녀교육 및 양육의 어려움, 부모의 역할수행 능력 부족

경제적인 활동으로 인해 한부모가 생계에 전념할 경우 자녀의 탁아문제와 자녀의 교육 및 보호는 소홀히 될 수밖에 없으며 자녀들의 정서적 욕구 충족과 사회교육에 대한 욕구가 있다 하더라도 이를 충족시키기 어렵고, 이를 해결할 물질적인 지원과 심리적인 지지를 나눌 기회가 저조하다.

한부모들은 일반가정보다 더 많은 스트레스를 경험하게 되며, 이러한 한부모들의 정서적 문제의 장기화는 자녀와의 직접적인 문제를 초래하기 때문에 이는 자녀들의 성격장애, 비행, 가출 등으로 이어지기 쉬운데, 이에 대해 적절히 대처할 부모로서의 역할수행 능력이 부족하여 어려움을 겪고 있다.

④ 지원체계의 미비

공식지원체계인 정부와 지역자치단체가 생계비지급, 직업훈련 및 취업알선, 양육 및 보육비 지원 등의 정책을 실시하고 있으나 매우 미흡한 실정이며

한부모들은 시간적 · 경제적 여유가 없음으로 인해 사회활동이 위축되어, 친구, 이웃, 종교기관 같은 비공식적 자원망의 부족으로 어려움을 겪고 있다.

성산동 영구임대아파트단지에 위치한 본 복지관에서는 2003년 삼성복지재단으로부터 '지역사회 자원망을 활용한 빈곤지역 한부모 가정 부모의 역할수행 능력 증진 프로그램'을 지원받아 진행하면서 가정의 중심인 한부모의 역할수행 능력을 증진코자 하였으며 특히 지역사회 자원망을 적극 활용하여 한부모 가정에 대한 통합적 개입을 실시해왔다.

지속적인 집단프로그램과 부모교육을 통해 여러 가지 어려움에 처한 한부모들의 자존감을 높이고, 특히 가정 내 부모로서의 긍정적인 역할 수행을 도모하였으며 한부모들의 역동을 이끌어내 자조모임을 형성케 하여, 이후 한부모들이 스스로 활동해나갈 수 있는 자조모임의 기반을 이룰 수 있었다.

그리고, 또래공부방 운영을 통해 부모들이 어려움을 호소해왔던 자녀양육과 교육문제를 적극적으로 지원하였으며 이를 통해 한부모 가정 자녀들에 대한 접근성을 높이고 부모들의 프로그램 참여 및 부모교육 참여를 높이는 핵심적인 계기가 되었다. 또한, 부모들의 욕구를 적극 반영하고 다양한 지역자원들을 활용하여 학습함은 물론, 특기교육, 동아리 활동지원까지 확대 진행함으로써 부모들의 만족도를 높임과 동시에 자녀에 대한 개입으로 한부모 가족 전반에 대한 통합적 개입의 기반을 마련하였다.

또한, 수준이 다른 개별 가정의 다양한 욕구를 세밀하게 사정함으로써 가정별로 개별 flow-chart를 마련하고 한부모들의 욕구에 따른 취업정보, 자녀에 대한 개입, 경제적 지원 등 서비스를 제공하였다. 특히, 한부모들의 욕구가 가장 높았던 경제적인 어려움 지원에 중점을 두고 자활기관 및 지역사회 구인처와 연계, 직업교육 연계, 사회적 일자리 연계, 지역사회 내 취업 등의 가시적 성과를 얻을 수 있었다.

이러한 접근을 통해 한부모의 가정운영 능력이 증진되고 그 결과 한부모 자조모임이 형성되어 활동하였다. 그러나, 지역사회 내 한부모 가정의 자립이라는 한 축의 성과에도 불구하고 한부모들이 자신의 가정을 넘어서 지역사회 문제의 해결주체로서 자리매김하기에는 미진한 점이 있었다.

특히, 다른 어려움보다도 대부분의 한부모들이 낮은 직업능력을 지니고 있는 데다가 직업훈련교육의 기회마저 부족하여 한부모의 시급한 문제 중 하나인 경제적 문제를 해결하기에는 한계가 많았다. 이는 1차 년도 사업의 결과로 역할수행 능력과 자존감이 증진된 한부모 본인의 의지와 본 기관의 적극적인 지원에도 불구하고 이를 실현할 지역 내 지원 네트워크의 부족과 미흡한 연계망 및 비효율적인 운용에 그 원인이 있었기 때문이다.

또한, 자녀교육 문제에 있어서도 본 기관의 일차적인 보육지원과 학습지도 및 다양한 서비스 제공을 통해 자녀교육 및 부모역할에 대한 관심이 상승된 한부모들은 부자가정을 중심으로 좀 더 개별적인 교육지원에 대한 욕구와 함께 일방적인 서비스 수혜자에서 벗어나 자녀들의 교육에 직접 참여하고자 하는 의지가 매우 높아지게 되었다. 이러한 한부모들의 자녀교육에의 높은 관심을 자신의 자녀뿐만 아니라 다른 자녀들에게까지 확대하여 지역사회의 자녀교육 문제를 스스로 해결해가도록 역량을 강화할 필요성을 가지게 되었다.

따라서, 본 프로그램에서는 1차 년도 사업성과를 바탕으로 2004년에는 부모들이 가장 어려움을 호소해왔던 취업 문제와 자녀교육문제를 중심으로 부모들의 자조활동을 강화하여 서비스 수혜의 대상에서 벗어나 스스로 취업문제와 자녀교육의 어려움을 극복하는 주체가 되도록 하였다. 또한, 이를 가능케 할 지역 내 취업 및 교육 지원체계를 조직·구축하여 한부모 가정의 문제해결을 위한 지역사회의 자생력을 증진하고자 한다.

(2) 문제해결

위에서 제시된 한부모의 심리정서적 문제와 경제적 문제 및 교육문제를 해결하기 위해 개별사례관리를 통해 수준이 다른 개별가정의 다양한 욕구를 세밀하게 분석하여 개입을 시도하고자 하였다. 먼저, 한부모의 자존감 향상 및 가정운영능력증진을 위해 집단 프로그램과 부모교육을 24회에 걸쳐 실시하였으며 가족캠프 및 문화체험을 통해 가족관계 향상을 도모하였다. 이러한 개입으로 형성된 자조모임을 바탕으로 정기적인 자조모임을 구성하고 정기적인 모임을 유도하고자 하였다.

한부모들이 많은 어려움을 호소한 자녀교육 및 양육의 어려움은, 우선 자녀들을 위한 방과후교실과 초·중등 공부방을 운영하여 지원하고자 하였으며, 특히 집단프로그램에 참여했던 1기 참여자들이 2기 참여자들과 함께 지속적으로 이러한 공부방을 매개로 부모교육에 참여하여 자조모임을 지속적으로 꾸려갈 수 있도록 하였다. 나아가 공부방에 한부모들이 직접 1일 특기지도 교사나 봉사활동 지도교사로 참여하여 자신의 자녀뿐만 아니라 다른 한부모의 자녀도 지도할 수 있는 경험을 갖도록 유도하였다.

한부모의 경제적 문제는 낮은 직업능력과 직업훈련교육의 기회부족에서 기인하므로 이를 위해 개별상담을 통해 욕구를 사정하고 정기적인 직업교육과 창업교육을 통해 직업능력을 향상하려는 목표를 설정하고 진행되었다.

이렇게 자조모임을 통해 자존감과 부모역할능력, 직업능력이 향상된 한부모들이 자신들의 문제 해결을 위해 외부환경을 변화시킬 필요가 있다는 논의가 이루어졌고, 한부모의 경제적 자립지원을 위한 취업지원체계 및 자녀들의 문제를 지원·예방하기 위한 교육지원 체계를 구축하는 목표가 수립되었다.

〈사례1〉 한부모 정ㅇㅇ씨 (40세, 자녀 3명, 수급자)

대상자는 수급자로서 초·중·고등학교에 각기 재학중인 자녀 3명이 있는 여성가장이다. 가사도우미나 식당에서 도우미를 하면서 생계를 꾸려나가고 있었으나 안정적으로 일을 하지 못해 경제적 부담이 과중했으며, 이러한 경제적 어려움으로 인해 본인의 욕구만큼 자녀들의 교육과 양육문제에 신경을 쓰지 못해 스트레스가 높은 상태였다. 대상자는 중학교에 재학 중인 딸에게 가사일을 부담케 하거나 오빠와 남동생의 수발을 시키는 등 딸에게 상당부분 일을 전가하여, 이로 인해 딸은 원만한 또래관계를 맺는데 어려움이 컸고 부모자녀 간에 가족관계가 원만하지 않았던 상황에서 본 프로그램에 참여하게 되었다.

자녀의 교육문제가 가장 큰 부담이었으므로 일단 초·중등 자녀들을 자녀공부방에 참여시켜 학습과 교육 프로그램을 제공하였으며, 실업고등학교에 재학 중인 자녀는 컴퓨터 직업교육 프로그램에 참여하도록 하여 자녀교육에 대한 대상자의 부담을 감소시켰다.

동시에 12주 동안 진행된 한부모 집단프로그램에 참여하여 다른 부모들과 함께 어려움을 나누고 지지받게 함으로써 자존감을 높이고 효율적인 가정운영 능력을 증진하게 하였고, 여름 가족캠프 및 문화체험(가족 마라톤대회, 축구관람)에 자녀들과 함께 참여케 하여 원만한 가족관계를 맺어나갈 수 있도록 지원하였다. 또한, 대상자가 불규칙적인 일보다 규칙적이고 장기적인 일에 대한 욕구가 컸기 때문에 지역 자활후견기관을 통해 '세탁사업단'에 함께 참여할 수 있도록 지원하여 경제적인 안정을 도모하였다.

(3) 자조집단 조직 형성

이대성산복지관은 2003년부터 한부모들의 자존감 향상 및 부모역할 수행 능력 증진을 위한 자조집단 형성을 지원해왔다. 2003년 1기 참여자들이 자녀공부방 부모모임 명목으로 초기 모임을 시작하였으며 초기 자조모임에서 자녀문제에 대한 의사소통을 통해 집단의 응집력을 높였다. 이와 함께 집단프로그램 및 부모교육을 실시하여 자조모임을 정례화시켜 나갔으며 2004년 2기 참여자들이 형성된 자조모임에 함께 합류하면서 모임을 정기적·지속적으로 안정화하였다.

이러한 자조집단을 지원하기 위해 성산복지관에서는 마포지역의 초·중등학교와 입시학원, 예능학원과 같이 사설교육기관 등의 교육지원체계를 구축하여 정기적인 협의회를 실시하고자 하였고 지역사회 각 취업처와 자활후견기관, 지자체기관 등을 연계하여 취업지원체계를 구축하였다.

〈사례1〉 자조모임의 구성

초기 프로그램 참여 대상자 모집 시 가정방문/개별상담을 통해 대상자들에게 프로그램 참여를 독려했으나 '낙인'에 대한 저항으로 인해 참여율이 저조하였다. 참여율을 높이기 위해 자녀공부방 부모모임 명목으로 부모교육을 실시하였고 이로 인해 형성된 사회복지사 - 대상자 간 라포와 신뢰를 바탕으로 다시 개별상담을 병행하여 1기 한부모 집단을 꾸릴 수 있었다.

집단이 형성된 후 참여한 한부모 가정 모두가 한-일전 축구대회를 관람하였고, 함께 응원하는 과정을 통해 가족 간의 전체 응집력이 급속하게 상승되었다. 이후 집단프로그램, 자녀공부방, 부모교육, 캠프 등을 통해 한부모들이 자신의 상황을 개방하고 고충과 어려움을 자유롭게 이야기할 수 있게 되었으며, 프로그램에만 기계적으로 참여하던 대상자들도 프로그램 후반기에는 다른 한부모의 경조사를 챙기고 명절 때 회식하는 등 변화된 모습을 보이게 되었다.

이러한 성과를 바탕으로 2기 한부모 모임은 1기 자조모임의 긍정적이고 활기찬 분위기 속에서 시작되었다. 집단이 성숙해 나가면서 1기 모임의 리더 역할을 했던 대상자들이 취업이나 자녀교육에 있어 가시적으로 긍정적인 변화모습을 보임에 따라 2기 참여자들이 자조모임에 점점 더 능동적으로 참여하게 되어 안정된 조직구성이 이루어지게 되었다.

〈사례2〉 교육지원체계 구축

마포 지역 내 10개 지역 초 · 중 · 고등학교장이 참석하는 협의회를 개최하였으며 교육기관 당사자들의 기관 및 대상자에 대한 이해 증진에 큰 효과를 나타내었다. 협의회에 참여했던 초등/중등학교의 경우 상담, 급식지원, 비행예방 프로그램 지원 등의 욕구를 밝혔고 특히 실업계 고등학교들의 경우 정서적 문제를 포함해 청소년 취업문제에 특히 큰 관심을 보이며 직업교육 연계에 대한 구체적이고 좀 더 밀착된 지원 네트워크 참여 의사를 밝혀 취업지원협의회에 포함시키고 회의를 정례화하였다.

〈사례3〉 취업지원체계 구축

마포 지역 내 다양한 구인처(일반사업장, 공공사업장 포함 총 57개 처)와 접촉하여 지속적으로 지원체계에 결합시켰다. 참여 업체 및 기관에는 복지관을 통한 홍보, 이용, 인력 연계 등의 인센티브를 제공하여 취업문제를 체계적으로 지원할 수 있도록 하였으며, 특히 청소년의 경우는 구인업체에서 인턴십 경험을 할 수 있도록 연계하여 가시적인 성과를 볼 수 있도록 하였다.

2) 장기 목표__개인 및 지역사회 역량강화를 중심으로

(1) 개인 역량강화(변화)

· 부모교육을 통해 다양한 정보를 습득하여 가정운영능력을 증진하였다. 프로그램 참여를 통해 구성원들의 자존감을 회복하고자 한 결과 자녀에 대한 관심이 조성되고 부모역할 수행능력이 증진되었다.

· 자녀양육과 가정생활의 어려움에 대해 서로 의견을 주고받음으로써 고립감을 해소할 수 있었다. 특히 1기 자조모임 참여자의 성공사례(직업교육을 통한 취업연계, 펀드를 통한 창업)를 나누고, 2기 참여자들이 변화에 대한 가능성에 자신감을 갖고 서로 지원해주는 분위기를 조성시켜 활발한 상호교류의 장을 마련하였다.

〈사례〉 자조모임 참여자 한부모 최○○ 씨 (37세, 자녀 2명, 차상위)

처음에는 한부모 프로그램 참여에 소극적·부정적이었으나 지속적으로 참여하면서 부모모임을 주도적으로 이끌며 적극적·긍정적으로 변화하였다. 예전에 어느 정도 넉넉한 생활을 하다가 갑자기 한부모가 되면서 경제적·심리적인 어려움을 급격하게 겪고 있는 상태였는데, 집단 프로그램에 참여하면서 '그동안 나만 너무 힘들다고 생각하고 혼자 고민하고 살았던 것 같다. 이렇게 한 번씩 나와서 얘기를 나누는 게 좋고 여러 가지를 배울 수 있어 큰 힘이 된다' 면서 부모모임에 큰 만족도를 표시하였고, 얼굴 표정이 밝아지고 점점 열성적으로 참여하여 2기 모임 참여자들에게 긍정적인 역할모델(role-model)이 되었다.

IMF 이전에는 작은 가게를 운영하며 어느 정도 넉넉하게 생활하였는데, 경제적 형편이 어려워지면서 자녀(11세, 9세) 양육부담이 더욱 커지는 등 스트레스가 컸다. 대상자는 그동안 경제적인 자립을 위해 여러 가지 시도를 나름대로 해보았고, 특히 자영업을 했던 경험이 있어 다시 일을 시작하기 위해 다방면으로 노력했었으나 여러 시도가 계속 실패하면서(통닭집 프랜차이즈를 운영하려고 준비하였으나 갑자기 조류독감 파동으로 실패, 포장마차 운영을 시도하다가 사기를 당하는 등) 패배감이 높아지고 점점 삶에 비관적으로 되었다. 그러나, 본 프로그램에 참여하면서 자존감을 회복하였고, 특히 직업교육에 참여하면서 폭넓고 정확한 구직정보를 얻었고 창업교육을 통하여 실질적인 돌파구를 찾았다.

본 기관과 연계된 지역 저소득 여성가장지원 펀드를 통해 다른 여성 한부모들과 함께 창업(반찬가게)을 준비하게 되었다. 창업을 위한 마지막 단계에서 동업 구성원들 간의 의견차이로 무산되기는 하였으나 구체적으로 준비하는 과정을 경험함으로써 어려운 상황이 닥치더라도 의논할 수 있는 동료 한부모들과 기관에 대한 신뢰를 얻게 되어, 패배감을 극복하고 무엇이든 할 수 있다는 자신감을 갖게 되었다.

취업지원체계를 통해 지역 내 여성능력개발센터에 의뢰되어 텔레마케터 교육을 받았으며 직업교육 종료 후 취업이 예정되어 있어, 이후 어느 정도의 경제적 안정 속에서 생활해 나갈 수 있게 되었다.

〈사례2〉 자조모임 참여자 김○○ 씨 (50세, 자녀 2명, 조건부 수급자)

경미한 신체장애가 있어 취업이 계속 되지 않았는데, 프로그램 초반에는 이 때문에 의욕을 잃고 자주 음주를 하거나 자녀들에게 이유 없이 호통치는 모습을 보였으나, 다른 사람들과 지속적으로 교류하면서 음주가 현저히 줄어들고 다른 사람들의 참여를 독려하는 모습을 보였다. 프로그램에 참여했던 남성 한부모 한 명이 사고를 당해 병원에 입원했을 때, 담당자들을 재촉하여 문병을 가기도 하였으며 그 자녀들을 걱정하는 모습을 보이는 등, 자조모임의 지도자로서 주도적으로 변화된 모습을 보였다. 또한, 자녀공부방에 간식을 구입해 주거나 자녀들이 봉사활동을 할 때 담당자를 도와 아이들을 지도하는 모습을 보이는 등 주체적으로 활동하는 모습이 눈에 띄었다.

프로그램 종료 후에는 본 기관 지역발전센터에서 모집한 '주민기자단(알리미)' 의 일원으로 참여하여 마을 소식지를 발간하는 일을 맡고 있는데, 함께 프로그램에 참여했던 동료 한부모들에게도 함께 활동할 것을 권유하는 모습을 보이는 등, 대상자 본인의 변화를 넘어 다른 대상자들과 지역의 변화를 이끌어내는 데 중추적인 역할을 하게 되었다.

(2) 지역사회 역량강화 (토착지도력 개발)

지역사회 초 · 중 · 고 학교 및 사설 교육기관과 정기적인 협의회를 개최하여 한부모 자녀들의 상황에 대한 문제를 환기하고 교사들의 인식 변화를 유도하였다. 또한, 실업고등학교와 연계하여 한부모 가정 자녀의 진로지도 및 취업교육을 실시하여 한부모 자녀문제에 대한 지역사회의 자생력을 강화하였다.

복지관에서 진행되는 자녀공부방은 부모교사활동이다. 초 · 중등 자녀공부방에 부모가 직접 교사로 활동하거나 자녀들의 활동에 부모들이 참여함으로써 '함께 키우는 자녀' 의 공동체 의식을 함양할 수 있었다.

또한, 복지관을 중심으로 한부모들을 지원하기 위해 구인처를 개발하고 취업, 아르바이트 등의 일자리를 연계하여 취업지원체계에 참여한 구인처들의 지역사회 참여와 공헌을 유도하였다.

〈사례1〉 학교에서의 대상자 의뢰와 참여

교육지원체계에 참여한 ○○중학교에서 기관으로 대상자(한부모 가정의 자녀)를 의뢰하여 상담 및 복지관 프로그램 참여 등의 지원을 요청하였다. 의뢰된 대상자는 아버지와의 갈등 및 대인관계의 어려움이 주요 문제였으며, 본 기관에서는 정기적인 상담서비스 및 봉사활동 기회를 대상자에게 제공하기로 하였다. 학교에서는 간식비를 지원하기로 하였고 본 기관에서는 정기적으로 학교와 소통하고 의논하는 등, 그동안 일회적이고 산발적이었던 학교와의 연계체계가 정례화되었으며, 지역 한부모 가정의 아동 · 청소년 문제에 함께 협력해갈 수 있는 기반이 되었다.

3. 조직 지도력과 구성원

1) 지도력

(1) 관계중심 지도력

　　초기 모임 구성 시 사회복지사는 관계중심 지도력을 통해 구성원들 서로
에게 영향을 끼치고 집단이 활성화할 수 있도록 유도하였다. 집단 내 참여자
리더 역시 2기 참여자들에 대한 관심과 지지를 보여주며 관계중심 지도력을
갖도록 하였으며, 이를 통해 구성된 자조집단에서는 'Peer Leadership'을 적
극적으로 활용하여 자조모임 1기 참여자들을 통한 동료지도자 체계를 구축
하였다. 담당자 혹은 리더에 의한 일방적 지시와 명령하달이 아닌 조직 전체
의 의견을 수렴하고 건전한 갈등해소체계를 가질 수 있도록 대상자들 간에
관계중심 지도력을 갖도록 하였다.

(2) 과업중심 지도력

　　자조모임이 안정된 후에는 실무자가 목표를 설정하고 공유하도록 하여 자
조모임을 이끌어나갔으며, 지원체계구축 및 조직에 있어서도 지원체계를 구
축하는 데 있어 각 지원체계를 구성하는 각 매개체에 분명한 목표와 인센티
브를 제시하면서 진행하였다.

2) 지도자 자질과 역할

(1) 관계중심 지도자: 조정자/촉진자/옹호자

사회복지사는 프로그램 참여자들을 지지하고 함께 수행하는 조정자로서 자조모임을 진행하였으며 대상자에 대한 지지 및 옹호, 대상자의 개별적인 욕구에 대한 개입과 가족지원을 통해 자조집단과 대상자들의 역량강화를 촉진하였다.

(2) 과업중심 지도자: 자원개발자/사례관리자

프로그램 전반의 목표달성을 위한 과업중심적 리더십을 수행하였으며 개발 가능한 조직과 시스템, 그리고 체계에 참여할 수 있는 자원 확보에 주력하고 프로그램 매개체의 원활한 조정 및 참여 확대를 위해 자원개발자, 사례관리자로서의 역할을 수행하였다.

4. 조직화에서 사회복지 실천가의 노력

① 참여자들의 라포 형성과 자조모임 형성을 위한 지원

개별 상담 및 사례관리를 통해 대상자들을 지지 또는 옹호하였으며 1기와 2기의 원활한 통합을 위한 조정자로서의 역할과 집단을 활성화하고 촉진하기 위한 리더십을 발휘하였다.

② 자조집단 운영을 원활하게 하기 위한 지원

지속적인 자녀교육 및 집단 프로그램을 통해 구성원들의 관심을 환기시키고 대상자들의 지속적인 참여를 독려하였으며, 조직 내 동료지도자들에게 개입하여 개별상담을 통한 심리정서적 지지 및 사후관리를 실시하였다. 이를 위해 가족 응집력을 높이고 집단참여를 독려하기 위한 다양한 가족이벤

트를 기획(축구대회 관람, 가족마라톤대회 참여, 쉼과 휴식을 위한 가족캠프)하였고 수시로 구성원들 및 자녀들과 소통하고자 하였다.

③ 지역사회 자원망 조직 및 개발, 구축과 강화를 위한 노력

기획자와 조직자로서 지역 네크워크 참여 단위를 선정한 후, 접촉·모집·설득하였고 협의체를 구성하고 회의를 개최하였다. 자원망을 통해 새로소개된 구직처와 기관을 네트워크에 포함시키고 대상자 의뢰 및 연계, 모집활동을 통해 자원망을 활용하였고 이로써 서비스 대상자를 확대하기 위해노력하였다.

5. 전략과 전술

(1) 옹호 전략

본 프로그램은 ① 참여한 자조집단 구성원들의 변화를 통한 개인의 역량강화와 ② 지역사회환경의 변화를 통한 지역사회 역량강화의 두 가지 목표를 갖고 진행되었으며 이를 달성하기 위한 옹호전략과 합의전술을 살펴보기로 한다.

① 미시수준(개인과 환경관계에 개입)

개별 사례관리를 통해 수준이 다른 한부모 개별 가정의 욕구를 세밀하게사정하고 그에 따른 상담, 취업연계, 자녀에 대한 개입, 멘토 연결 등 다양한서비스를 제공하였으며, 자조모임을 형성하여 참여자들이 함께 어려움을 나누며 자신과 가족에 대한 통찰력을 키우고 직접 자녀교육에 참여함으로써문제해결을 위한 자신감을 갖게 하였다. 또한, 직업교육을 통해 대상자들의직업능력을 향상시키고 구직을 위한 실질적인 준비를 할 수 있도록 하였다.

"처음엔 제대로 안되니까 답답하고 두렵고…… 그냥 가만히 쉬기나 했으면 바랬죠. 그런데 자꾸 이거 해봐라, 저건 어떠냐, 나와라 해서 사람들하고 어울리다보니 내 성격도 좀 밝아지는 것 같고 사람들하고 어울리고 밖에 돌아다니다 보니 악착도 생기고……"

-한부모 이○○ 씨-

"창업은 그냥 관심만 있었지. (교육 받아보니까) 별 생각이 다 드는 거야. 예전에 했던 거 다시 해보고 싶고, 욕심도 나고…… 어떻게 시작할까 주변에 물어보러 다니고 ○○ 씨랑 같이 괜히 가게 터 자리 보러 다니고……"

-한부모 최○○ 씨-

② 거시수준(사회정책, 제도개선)

지역 내에 분산되어 있는 기관 및 다양한 구인처들과 접촉하여 취업지원 체계에 참여시키고 네트워크를 구축하며 이러한 지원체계를 활용한 대상자들의 취업연계, 인턴십, 교육 등이 상시적으로 이루어질 수 있도록 하였으며, 이러한 상시적 체계에 대해 지방자치단체의 협조와 참여를 요구해 나갔다. 구축된 지역 내 학교/교육기관이 포함된 지원체계를 구성하고 상시적인 협의체 활동을 통해 지역사회와 학교현장이 밀접하게 연계되도록 하여 학교사회복지의 외연을 확장·제도화해 나가는 데 일조하였다.

(2) 합의 전술의 사용

① 대상자 모집 및 자조집단 형성: 보편화된 이슈인 '자녀문제'로 접근

한부모 집단이 낙인에 민감한 대상 집단이므로 대상자 모집 시 자녀공부방을 활용, 공부방 부모모임과 부모교육으로 시작하여 점차 한부모 모임으로 결정하고 확장시켜 나갔다. 이를 통해 자녀양육 및 교육에서의 어려움을 나누면서 자연스럽게 자조모임 형성을 유도하였다.

"계속 참여할 생각은 못했어요. 그런데 엄마들이랑 애들 문제를 얘기하다보니 내가 겪었던 애들 문제 같은 걸 다른 엄마들한테 얘기해주니 도움되는 것

같고 나도 이런저런 얘기 들으니까 좋고 …… 자연스럽게 두 번, 세 번 오게
되더라구요."

-한부모 오○○ 씨-

"처음에는 뭐하러 이런 데 나가나 싶었는데 하도 오라니까 어쩔 수 없이 ……
(왔죠) 솔직히 뭐 자랑할 게 있다고 모이나 …… 그런데 처음에 모여서 아이
들 얘기하니까 서로 부담이 없었죠. 얘기 나누면서 식사도 같이 하고 그러다
보니 친해져서 자기 사는 얘기도 하게 되고 ……"

-한부모 김○○ 씨-

② 동료지도자의 활용: 성공한 변화사례를 동료지도자로 활용

1기 참여자들을 적극적으로 참여시켜 2기 참여자들에게 역할모델(role-model)을 제시함과 동시에 집단을 활성화시키는 촉매제가 되었다.

"이○○ 씨랑 ◎◎배달을 같이 하게 됐잖아요. 나는 사실 그거 보고 온 거
야. 그 엄마 말이 복지관에서 모이는데 가족들끼리 놀러가고 서로 친해져서
재밌다는 거야. 옆에서 보니 좋아 보이고 나도 같이 하면 좋겠다 싶어
서 ……"

-한부모 최○○ 씨-

③ 지원체계 구축

교육지원체계 구축은 학교체계를 지원체계에 포함시키는 것이 쉽지 않아
최초 모임에는 기관장이 초·중·고등학교 학교장들을 초청하여 협조를 구
하는 형식으로 지속적인 연계틀의 기반을 마련하였다. 학교측에서 의뢰된
상담 수행과 봉사활동의 장소제공을 통해 지속적인 관계를 맺으며 공통의
관심으로 확장시켜 나갔다. 취업체계 구축은 구인처 및 각급 기관을 지원체
계에 포함시키기 위해 참여기관에 대한 홍보와 판매 등 다양한 인센티브 제
공을 시도하였다.

6. 주민 참여의 한계

① 참여자 측면: 참여 대상자의 다양한 편차

빈곤지역 한부모 가정이라고 하지만 모든 한부모 가정을 묶어 단일한 특성을 가진 집단으로 보기에는 무리가 있었다. 각 가정의 개별적인 욕구가 다양한데다 대상자별로 직업능력의 편차가 커서 적절한 직업교육이나 창업교육에 참여시키기에 어려운 측면이 있었다. 따라서, 직업능력에 대한 정확한 사정을 통해 각 대상자의 수준에 적절한 직업교육을 받게 할 필요가 있고, 이를 위해 다양한 수위의 직업교육이 기획되어야 할 것이다.

② 지원체계를 활용한 취업연계의 어려움

취업지원체계 구축 후 대상자를 취업처에 연계하는 시도를 여러 번 하였으나 구인처의 욕구와 대상자의 욕구가 일치되기가 어려워 가시적이고 실질적인 성과를 내는 데 어려움이 있었다. 구직구인 활동이 경제상황을 민감하게 반영하기 때문에 그 성과에 어느 정도 한계를 가지고 있을 수밖에는 없으나 지원체계 안에 더 다양한 취업처를 포함시키는 등의 노력이 더욱 필요할 것으로 보인다.

③ 지원체계 참여의 한계

자조집단 활동을 통해 참여자들의 역량이 강화되고 지도력을 생성하여 자신들의 문제에 대해 스스로 해결할 수 있는 활동을 기초적인 수준에서 벌여 나갔으나, 이들이 구축된 취업지원체계 및 교육지원체계에 구성원으로 참여하여 자신들의 문제해결에 대해 좀 더 적극적인 목소리를 내고 체계를 변화시켜 나가는 데는 한계가 있었다. 이후로는 이들을 지원하는 체계에 구성원으로서 적극적으로 참여하여 직접적으로 환경을 변화시켜 나갈 수 있도록 해야 할 것이다.

7. 결론 및 함의

본 복지관에서 실시한 '자조모임을 활용한 저소득지역 한부모의 교육·취업망 구축 및 강화 프로그램'을 지역사회 조직화의 목표에 따른 과정분석으로써 조직화 전략의 유용성을 알아보기 위해 사례를 분석한 결과와 그 함의를 정리해보면 다음과 같다.

첫째, 자조집단의 활동은 구성원들의 역량을 강화시키고 지도력을 효과적으로 형성시킬 수 있었다. 참여자 자신의 역량강화를 통해 개인의 변화뿐만 아니라 환경의 변화를 유도해 낼 수 있었으며, 집단 프로그램 및 취업·창업교육, 문화체험, 소모임 활동 등 구체적이고 다양한 집단활동을 통해 구성원들의 자존감을 높이고 환경을 변화시킬 수 있는 역량을 기를 수 있었다. 또한, 집단을 통해 형성된 지도력은 지역사회에 제2, 제3의 자조집단을 만들어 낼 수 있는 기반이 되었다.

둘째, 자조집단 구성원들은 자조집단 활동을 통해 개인의 문제를 넘어서 지역사회환경을 변화시키는 힘을 가질 수 있게 되었다. 한부모들이 자녀문제를 통해 교육문제에 대해 알아가고 자녀교육에 스스로 참여하는 과정을 통해 당사자들은 수동적인 수혜자 입장에서 벗어나 주체적인 노력으로 공통의 문제를 해결하기 위한 경험을 하였고, 이를 통해 증대된 구성원들의 역량은 집단의 역량강화로 확대되어 지역사회 내 영향력을 확대시키고 제반 지역사회 차원의 문제제기를 통해 지역사회 변화를 모색할 수 있는 가능성을 보여주었다.

셋째, 지역사회 조직화는 지역사회 환경변화에 영향력을 갖게 되고 구성원들은 사회에 대한 책임감이 향상되었다. 교육지원체계 및 취업지원체계에 참여한 교육기관과 구인처, 각급 기관들은 개별적인 자신들의 목표에서 벗어나 공통의 문제해결을 위해 협력하는 경험을 할 수 있었으며, 이를 통해 지역사회 공동체의 한 구성원으로서 이후에 지속되는 문제를 함께 해결해 나갈 수 있는 지역사회 문제해결능력을 갖게 되었다.

사회복지실천은 궁극적으로 클라이언트의 역량을 강화시키는 것이며 지역사회 조직화와 개인과 지역사회의 역량강화를 목적으로 한다. 따라서, 지역사회 문제를 해결하고자 하는 사회복지실천에 있어 클라이언트에게 시혜적 서비스 제공이 아닌 문제해결의 역량을 강화시키기 위한 실천이 필요하다고 할 것이다.

원예치료(Horticultural Therapy)를 적용한 재가노인의 역량강화 프로그램

김태현(반포종합사회복지관)

	단체명	(서울) 반포종합사회복지관
	사업명	원예치료(Horticultural Therapy)를 적용한 재가노인의 역량강화 (empowerment) 프로그램 - 식물재배, 수확, 분배(판매)를 통한 자활공동체적 접근 -
	사업목적	원예치료 프로그램을 통하여 재가노인의 심신의 무력감을 극복하고 자활공동체를 통하여 자립에 필요한 자원을 획득하고 소득활동을 유지할 수 있도록 함으로써 역량강화(empowerment)를 실현한다.
	사업추진지역/대상	· 사업추진지역: 서울시 서초구 반포지역 · 대상: 재가복지서비스 대상자 15명
	사업기간	2004년 3월 ~ 2005년 2월
사업 개요	○사업실행 내용 서울시 B복지관과 S구에 위치한 주말농장과 재가노인의 가정에서 실시되었으며 프로그램 기간은 2004년 4월 1일부터 2005년 2월 24일까지 총 49회를 실시하는 것이다. · 준비단계는 3월 중순에서 3월 말까지 집중적으로 대상자 면담을 통해 서비스 참여에 대한 적절성 여부와 잠재적 강점을 파악하여 집단에서 유용하게 발전할 수 있기 위한 자료를 확인하였다. · 실행개입단계는 주 1회, 4월 1일부터 5월 27일까지 2시~4시, 2시간 동안 총 10회이며 실내집단 (원예활동) 기간으로 의도적 집단개입을 하였으며 의식 및 기술교육으로 집단응집력 강화를 위한 개인 내적 · 대인적 역량강화에 집중하였다. · 실행중간단계는 4월 29일부터 11월 25일까지 10시~13시까지 3시간 동안 야외집단(텃밭 활동)의 재배, 수확 등 31회를 진행하였고 자생적 리더십 강화를 위한 개별 및 집단적 역할분담 등으로 공동체적 역량강화에 집중하였다. · 실행강화단계에서는 7월 29일부터 10월 25일까지 7회간 수경재배 및 수확물 생산에 관한 가정원예 기술교육을 실시하고 11월 4일부터 12월 30일까지 가정에서 수확한 콩나물을 매주 1회 판매하는 방식으로 진행되었다. 이러한 가정원예활동을 통한 콩나물수확, 품질개선, 안정적인 판매망 구성을 통한 자활적 공동체강화에 중점을 두었다. · 종결단계로는 2005년 1월부터 2월 24일까지 자조적 공동체 강화기간으로 콩나물 수확과 판매를 유지할 수 있도록 자조모임을 갖고, 지도력 이양을 점진적으로 진행하는 것에 중점을 두고 진행하였다.

1. 프로그램 개요

역량강화는 클라이언트가 능력을 얻고, 개발하고, 소유하고, 용이하게 하거나, 허용하는 과정으로 없거나 부족한 능력을 생성하고 또는 가지고 있는 능력을 실제로 행사할 수 있도록 돕는 사회복지적 접근법이다. 이것을 통해서 개인이나 집단이 상대적으로 무기력한 상태에서 힘을 가진 상태로 이동해 나가는 것이며 개인적, 대인 관계적 및 정치적 힘(power)을 증가시켜 개인과 가족, 그리고 지역사회가 그들의 상황을 개선하기 위한 행동을 할 수 있도록 하는 과정이다. 노인들은 역할 상실로 인해 사회적으로 저평가 받고 소외되기 쉬운데, 노인에게 자신들이 평생 동안 축적해 온 풍부한 경험과 지혜를 활용할 수 있는 기회를 제공하면 자신의 내적 · 대인적 · 정치적 힘을 찾을 수 있다.

본 프로그램은 원예치료를 활용하여 재가노인들의 역량을 강화시키는 전략을 가지고 있다. 원예치료(horticultural therapy)는 대부분의 노인이 성장과정에서 원예활동을 경험하였기에 원예활동에 대한 자연스러운 친숙함이 있다는 것을 이용하였다. 따라서, 노인들은 이 프로그램의 접근에 거부감이 없고 의도적인 집단 및 개별적 접근이 가능하며 소득활동과 연계가 가능하다는 강점이 있기 때문에 노인의 경험과 능력을 이용하여 생활 속에서 적극적 · 독립적 · 생산적 존재로 변화시키는 데 도움이 된다.

본 프로그램은 지역사회복지관 내 재가복지봉사센터에서 서비스를 제공받고 있는 재가노인들을 중심으로 역량강화적 접근을 도입하여 원예치료 프로그램을 실시함으로써 정서와 경제적 측면에 역량강화를 도모하기 위한 것이다. 원예식물의 성장원리를 그대로 적용하여 실내 집단활동을 진행한 후, 야외텃밭 활동과 가정원예를 활용하여 식물경작, 수확, 판매까지 연속적으로 연계하는 자활공동체적 접근을 시도하였다. 이 프로그램은 노인들의 강점과 잠재력을 적극 활용하여 개인 내적 및 대인적 역량강화를 증진시킴으로써 재가노인의 삶의 질 향상에 기여하고자 한다.

(1) 프로그램 구성도 (PROGRAM PROCESS)

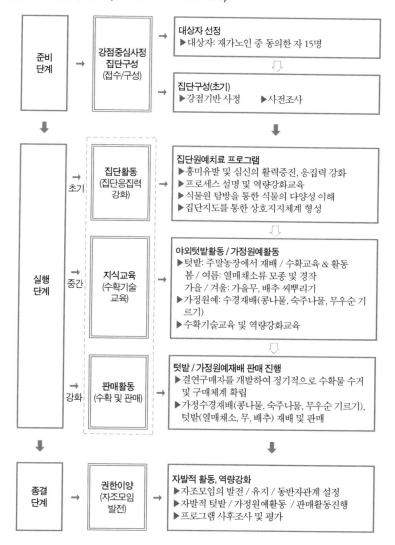

(2) 프로그램 설계상의 중점사항

첫째, 클라이언트의 강점을 찾고 개발하는 데 중점을 두었다. 진행과정에서 클라이언트의 개별적 강점을 발견하고 집단 내에서 유리하게 활용될 수 있도록 역할부여, 직책수여 등 강점을 강화하는 데 주력하였다.

둘째, 협력적 동반자관계에 중점을 두었다. 프로그램 목적과 취지를 설명하고 피드백을 통해 계획을 보완·수정함으로써 소비자로서의 클라이언트의 의견과 자기결정을 유연하게 반영하였다.

셋째, 원예교육과 의식교육을 실시하였다. 집단지도형식으로 원예식물에 관한 전문지식과 재배기술교육을 실시하였다. 의식교육은 집단역동을 이용한 집단지도 형식으로 진행되었고 권리의식, 자립의식, 동반자의식에 강조점을 두었으며 집단상담 등으로 대처기술을 익힐 수 있도록 하였다.

넷째, 노인의 특성과 욕구를 반영하였다. 원예활동은 노인들의 일상생활의 특성, 욕구와 흥미, 계절과 식물의 생육환경 등을 고려하여 집단원예활동, 야외텃밭활동, 가정원예활동 등 적절한 내용을 선정하였고 연속적으로 진행하여 판매활동까지 연결할 수 있도록 하였다.

다섯째, 집단 활동 중심으로 실시하였다. 집단 활동을 통한 전문가의 지지와 동료 간 상호의존, 봉사자의 참여 등을 통한 다각적인 지지망 형성에 중점을 두었다.

여섯째, 팀 접근을 실시하였다. 프로그램 기획단계에서부터 원예치료사 2명과 사회복지사가 참가하였고 일관성 있는 프로그램 진행을 위해서 역량강화, 집단지도, 원예치료에 관한 지식을 공유하였다.

2. 프로그램 목표

1) 단기목표

의도적인 원예치료 프로그램을 통하여 재가노인의 심신의 무력감(power-lessness)을 극복하고 자활공동체를 통하여 자립에 필요한 자원을 획득하고 소득활동을 유지할 수 있도록 함으로써 역량강화를 실현한다.

(1) 문제해결

① 상호관계를 통한 무력감(powerlessness) 극복과 안정감 도모

대상자 선정과정에서 충분한 대화를 통해 욕구를 확인하고 고립감 해소를 위한 다양한 지역사회 내의 자원 활용에 관한 정보를 제공하였다. 또한, 프로그램에 참여시킴으로써 여가 기회를 제공하고 노인들과의 긍정적인 관계설정을 통해 집단의 안정성을 유지하려고 노력하였다.

매주 목요일 10시~13시까지 원예치료사와 공동으로 실내집단활동, 야외 텃밭활동, 가정원예 등을 진행함으로써 여가의 기회를 제공하였다.

• 자아존중감 척도

자아존중감의 변화를 측정하기 위하여 로젠버그(Rosenberg, 1965)가 개발한 검사를 전병제(1974)가 번안하여 사용한 척도로 측정한 결과 사전 평균은 21.7이고 사후 평균값은 30.0으로, 프로그램 실시 이후 8.3점이 향상했다. 'Wilcoxon Matched Pairs Signed-Ranks Test'를 실시한 결과 자아존중감 척도의 경우도 사후검사 값보다 작은 경우는 없고 큰 경우는 구성원 모두 사전검사보다 사후검사에서의 자아존중감 값이 향상되었음을 알 수 있으며 이러한 변화는 P〈0.005 수준에서 통계적으로 유의미한 결과를 나타냈다.

• 역량강화적 변화 척도

이윤화(1998)가 역량강화적 접근의 효과성에 관한 연구를 목적으로 개발한 '역량강화적 변화척도'의 하위척도 중 개인 내적·대인적 변화 척도를 사용한 결과 대상자의 사전 역량강화 변화의 평균값은 전체적으로 45점이었고, 개인 내적 변화는 21.5점, 대인적 변화는 23.5점이었다. 사후 평균값은 각각 전체가 73.3점, 개인 내적이 35.3점, 대인적이 38.0점으로, 본 프로그램 실

시 이후 전체 평균은 28.3점, 개인 내적은 13.8점, 대인적은 14.5점이 증가한 것을 볼 수 있었다. 'Wilcoxon Matched Pairs Signed-Ranks Test'를 실시한 결과 전체(역량강화)·개인 내적·대인적 역량강화 변화 사전검사의 값이 사후검사의 값보다 모두 높아졌으며 이러한 변화는 P<0.005 수준에서 통계적으로 유의미함을 볼 수 있었다.

② 자활공동체를 통한 자립에 필요한 기반조성 및 자원획득

재가노인의 빈곤문제해결을 위하여 공동체를 구성하였다. 이는 집단텃밭활동과 할머니콩나물수확 판매를 통하여 작업능력을 향상하고 자립할 수 있는 기반을 조성하기 위하여 재배 및 판매를 통한 소득활동체계로 구성하였으며 초기에는 집단으로 야외텃밭활동을 진행하였다. 씨뿌리기, 재배하기, 수확하기 등의 식물성장의 원리와 재배방법에 관한 원예전문교육을 진행하고 이에 따른 활동을 실시하였다. 수확물의 대부분은 공동 분배하여 각 대상자들의 집으로 가져가거나 이웃에 나누어 줄 수 있도록 지도하였다.

8월부터 가정원예프로그램으로 수경재배교육을 실시하여 콩나물, 숙주나물, 무순 기르기를 진행하였다. 본격적인 활동은 콩나물 용 햇콩이 나오는 10월 중순부터 무공해할머니 콩나물을 수확함과 동시에 판매할 수 있도록 하여 2004년 12월 현재 6회의 판매를 실시하였다. 2005년 2월 말 종결단계까지 9회 실시하였는데 재료비 및 운영비는 예산을 사용하고, 3월부터는 판매 후 수익금을 개별적으로 분배하였다. 분배된 종자돈을 기반으로 콩 재료비 및 운영비를 공동으로 지출하여 경제적인 자립의 형태를 구성할 수 있었다.

③ 권한이양을 통한 자발적 자조모임 발전

이 모임은 2005년 1월 1일부터 2월 24일까지 진행될 내용으로 이 사업의 가장 중요한 기점이라고 할 수 있다. 이를 위하여 리더십 강화를 목적으로 지도자를 세우고 역할과 권한을 제시하려고 노력하였으며, 권한을 긍정적으로 잘 활용하여 대상자들의 신뢰를 얻는 데 성공하였다. 겨울철에는 노인들이

이동 중 안전사고의 위험이 있기 때문에 가정에서 콩나물을 수확하고 포장했으며 자원연계를 통한 이동성 확보 및 판매망을 구성하여 자립기반 조성에 중점을 두었다. 3월부터는 사회복지사의 개입을 최소화하고 독립적인 의사결정체계를 구성하고 유지할 수 있도록 생산 및 판매활동을 지원하는 것이 필요하다. 재가노인이 그동안 배운 재배기술을 지속적으로 유지하고 발전시키기 위해 월 1회 정기모임을 구성하고, 매주 1회 자체판매망을 구성하여 자원봉사자와 연계함으로써 수거에서 판매까지 이어지도록 지원하는 것이 필요하다.

(2) 조직형성

B복지관 인근에 거주하고 있는 65세 이상의 복지관 사례관리 대상자 15명으로 조직을 구성하였다. 집단구성은 3단계를 통해 대상자를 선정하였다. 1차로 기존 재가노인 67명 중 독립적인 거동이 가능하고 복지관까지 이동 가능한 대상자 32명을 선별하였고, 2차는 전화로 기본적인 프로그램을 소개한 후 참여에 대해 동의를 얻은 20명을 선정하였다. 3차 째 면담한 결과 5명은 장기적 출석이 불가능한 상황을 고려하여 탈락시켰고 최종적으로 15명이 선발되어 참여하였다.

초기 오리엔테이션을 통해 사업전반에 관한 목표 및 내용을 설명하였고 노인들이 주체가 될 수 있도록 사업의 수정 등에 대한 의견을 수렴하였다.

조직형성과 안정적인 유지를 위해 실내집단 활동을 통한 집단응집력을 강화하는 데 초점을 두고 원예치료 및 의식교육을 시도하였다.

〈사례1〉 물병 꽃 싸기에서 자신감 증진을 위해 완성도를 높이고 가장 감사하는 이웃을 찾아가 전달해 주기로 했다.

〈사례2〉 친한 사람들끼리 모여 앉는 것 때문에 집중하는 데 어려움이 있었다. 사다리타기로 자리배정을 실시하여 분산시키고 개별관계에서 집단관계중심으로 전환하려고 노력했다.

〈사례3〉 자기 오렌지를 관찰하고 그림을 그리며 다시 자신의 오렌지를 찾는 과정을 통해서 각기 다른 모양새지만 한마음, 한 공동체임을 강조하였다.

〈사례4〉 야외텃밭활동을 진행하는 과정에서 수확물을 더 가져가기 위해 경쟁심이 생겨났는데, 이를 해결하기 위해서 가위바위보를 통한 분배를 실시하였다. 인원수대로 등분하여 가위바위보에 일등한 사람부터 자기 것을 지정하여 가져가기로 했다.

〈사례5〉 생산물을 가져갈 때 지역사회와 주변 이웃과의 관계를 맺는 데 유용하게 활용되도록 하였다. 생산물을 이웃에게 나눠주고 피드백 전하기 등을 하였다.

2) 장기목표

(1) 개인 역량강화(변화)

대상자 선정 시 강점 사정을 통한 개인의 강점을 찾고 개인의 강점이 공동체에 유익을 줄 수 있도록 역할을 찾는 데 노력하였다. 대상자들에 대해서는 개인 내적, 대인 관계적 변화에 필요한 의식교육을 실시하여 강점을 발견하고 의식을 강화하는 데 집중하였다.

노인들의 경험과 능력을 발휘하는 데 가장 큰 방해는 건강 쇠약으로 인한 자신감 부족으로 파악되었다. 따라서, 노인들과 함께 상의하여 구호를 만들었다. "할 수 있다", "자신 있다"라는 구호를 정하고 매번 담당자가 돌아가면서 구호를 3번씩 외치기로 한 다음, 매일 시작 전에 이를 실행했다. 이와 같이 구호를 하면 힘이 생기고 즐겁고 자신감이 생긴다는 피드백이 있었다.

(2) 집단 역량강화(지도력 개발)

① 지도력 개발

집단 내의 리더십을 개발하기 위하여 리더를 세우고 역할 담당자를 세우는 일에 집중하였다. 가장 고령이면서 포용력과 원예에 대한 경험적 전문지식을 갖춘 분에게 '왕언니' 라는 애칭으로 리더를 세웠다. 리더의 역할은 회원관리 및 연락 담당이었고 야외텃밭 활동 시 원예치료사와 상의하여 작업을 지시하는 것이다. 수리력이 뛰어나고 사리 분별력이 분명한 노인을 분배 담당자로 지정하여 수확물을 인원수대로 구분한 후 가위바위보로 나누어 가지기로 했다. 또, 힘이 제일 세고 운동신경이 뛰어난 노인에게 작업반장의 역할을 수행하도록 하였다. 간식 분배담당자를 지정하여 골고루 분배할 수 있도록 역할을 주고 담당자를 세웠다.

② 집단 응집력 강화 개입

원예치료사는 원예식물에 관한 전문지식과 교육을 실시하였다. 그리고, 사회복지사는 집단응집력 강화를 위해서 사다리타기를 통한 자리배정과 오렌지 관찰을 통한 성원들의 이해, 그리고 가위바위보를 통한 공동분배와 얼굴 그리기를 통한 기분 말하기 등을 시도하였다. 또한, 집단응집력 강화를 위해 '규칙 정하기'를 실시하였다. 왕언니 말 잘 듣기, 분배는 고르게, 욕심부리지 말고 공동체를 우선으로 하기 등의 규칙을 노인들의 말로 정하여 이를 지키도록 상호 지지하였다.

③ 자립 활동개발 및 유지

재배활동 교육을 통하여 직업능력을 향상하고 자립할 수 있는 준비를 하도록 했다. 집단 지도단계를 지나 야외텃밭활동(텃밭가꾸기)을 하였다. 상추, 배추, 열무, 아욱, 고추, 쑥갓을 씨뿌리고 재배하며 수확하기 등 식물성장의 원리와 재배방법에 관한 원예 전문교육이 진행되고 활동을 실시하였다. 수확물의 대부분은 공동 분배하여 초기에는 각 대상자들의 집으로 가져가거나 이웃에 나누어 줄 수 있도록 지도하였다. 가정 원예활동으로 수경재배교육을 실시하여 콩나물, 숙주나물, 무순 기르기를 진행하였고 숙련된 기술로 생산한 콩나물을 판매활동으로 연결시켜 수익을 얻도록 하였다. 안정적인 생산품이 나올 수 있도록 지도하였고 동시에 판매 인프라를 구축하기 위하여 복지관 내의 동아리와 지역주민에게 매주 목요일 오전 11시에 판매하는 것을 홍보함으로써 안정적으로 유지할 수 있도록 하였다. 또한 자조적 기능을 강화하고 독립적 의사결정 체계를 수립하기 위해 노력하였다.

④ 자조적 공동체 유지

재가노인의 자조적 공동체 강화를 위한 자립기반을 조성할 수 있도록 다양한 노력이 진행되었다. 자립기반 조성에 필요한 지역사회 내의 자원체계와의 안정된 관계망 구성을 위해 리더십을 활용할 수 있도록 지원하였다. 또한, 그동안 배운 기술을 지속적으로 활용하고 유지·발전하기 위해서 월 1회 정기모임을 유지하는 데 최소한의 개입을 하는 것이 필요하다. 2005년 3월부터는 그동안 누적해온 수익금을 개별적으로 분배하였고 분배된 종자돈을 기반으로 콩나물 콩 재료비 및 운영비를 공동으로 지출함으로써 경제적인 자립의 형태를 구성할 수 있다.

3. 조직 지도력과 구성원

(1) 지도력
리더십 강화를 위해서 지도자를 세우고 역할과 권한을 제시하려고 노력하였으며 권한을 긍정적으로 잘 활용하여 대상자들의 신뢰를 얻는 데 성공하였다.
노인들의 특성상 과업중심의 리더십보다는 관계중심의 리더십이 강조되는 것으로 파악할 수 있었고 과업중심의 리더십 개발을 위해서 텃밭활동 업무지시, 수확물 분배담당, 간식 분배담당을 지정하였다.

(2) 지도자 자질과 역할
노인 한 사람을 중심으로 한 명의 지도자를 개발하기보다는 각 개인이 가지고 있는 능력과 리더십을 개발할 수 있는 여건과 환경조성이 중요하다고 판단하였다. 지도자로서의 자질을 개발하는 부분은 개인 강점을 기반으로 하는 것이 매우 중요하다. 개인의 강점을 활용한 리더십 개발을 위해 세심한 관찰을 통한 적합한 역할 개발에 중점을 두었다. 회원 전화연락, 텃밭활동, 업무지시, 식물 분배담당, 간식 분배담당, 구호 외치기 선창 담당자 선정 등 세심한 역할배분이 필요하다.

4. 조직화에서 실천가의 노력

원예치료를 적용한 역량강화 프로그램의 성공적인 수행을 위하여 전문가들과 클라이언트, 클라이언트와 클라이언트 관계에서 협력적 동반자로의 역할을 구체적으로 살펴보면 다음과 같다.

담당자	역 할	역할내용
사회복지사	프로그램 개발자	프로그램총괄 · 기획, 예산관리 및 집행
	교육 및 상담자	역량강화적 전문가 교육(팀원) 대상자교육(역량강화적), 집단 및 개별상담
	매개자	인적 · 물적 자원관리, 구매자 모집, 안정적 판매망 구성
	가능케 하는 자	성공적인 적응 지원, 회원자치회 구성, 운영지원
	평가자	관찰일지 관리, 사전/사후조사 및 분석, 평가회 진행
	협력적 동반자	클라이언트와 팀원 간의 협력적 동반자관계 유지 · 강화
원예치료사	프로그램 진행자	프로그램 재료구입 및 준비, 계획서 및 평가서 작성
	교육자	원예식물 관리의 기술과 정보교육, 집단지도, 개별교육
	치료자	집단원예, 가정원예, 야외텃밭 활동, 집단상담 등
	협력적 동반자	클라이언트와 팀원 간의 협력적 동반자관계 유지 · 강화
클라이언트	참여자	개방적인 태도로 집단 프로그램에 참여
	지지자	성원 상호관계를 통한 상호지지
	소비자	소비자로서 욕구와 문제를 명확히 전달, 해결을 위한 노력
	협력적 동반자	진행자와 동료 간의 협력적 동반자관계 유지 · 강화

프로그램 준비단계에는 프로그램 기획, 대상자 선정, 조직의 구성을 위하여 역할을 수행하였으며 실행단계에는 회원과 전문가의 관계에서 개방적이고 성원 상호관계를 지지하고 소비자로서의 권리를 행사할 수 있도록 교육자, 중재자, 가능케 하는 자에 대한 역할을 수행하였다. 종결단계에서는 역량 강화된 능력을 창출하는 것으로 협력적 동반자관계를 강조하고, 자조적 능력을 발휘할 수 있도록 상담 및 조언자적 역할을 하고 담당자의 개입을 축소하여 대상자의 자조적인 프로그램 운영기반을 구축하였다.

5. 전략과 전술

(1) 역량강화 전략

본 프로그램의 진행에서는 역량강화 모델에 원예치료를 적용하였다.

양옥경(1997)은 사회복지사는 역량강화모델을 적용할 때 첫째, 클라이언트를 가능성을 가진 개인으로 보는 역량의 개념 이해 둘째, 클라이언트와 협력적 관계를 유지하는 동반자 관계설정 셋째, 클라이언트를 소비자로 보아 그들의 의사를 존중하고 능력을 확대하고 동기를 부여하는 소비자적인 관점의 중요성을 강조하고 있다.

① 노인의 가능성과 역량에 대한 인정과 강조

재가노인이 일반적으로 가지기 쉬운 무력감은 노인이 가지고 있는 역량과 환경적 요구 사이의 불일치로 인하여 발생되는 것이며 노인의 존재와 본질은 아니다. 원예치료프로그램이라는 자원과 기회에 대한 접근을 통해서 노인이 가지고 있는 강점을 확장하기 위한 역량을 강조하였다.

② 협력적 동반자관계 설정

재가노인은 인생의 많은 경험과 잠재력을 가지고 있으며 문제해결을 위해 자신이 처한 환경과 능력을 가장 잘 알고 있는 사람이다. 실내집단활동 과정에서 지난주에 가져간 식물이 잘 자라고 있는지 등 공동의 관심사를 공유하고 텃밭활동 과정에서는 공동으로 텃밭을 소유하고 가꾸고 재배하고 관리하는 공동책임을 강조였다. 또한, 가정원예활동 과정에서 개인의 수확물이지만 공동판매라는 목표 하에 더욱 효율적인 판매를 위한 성원들의 의견제시와 수렴 등이 이루어졌다. '무공해할머니콩나물' 이라는 브랜드를 공동으로 만들고 품질개선방법, 포장할 때의 양, 포장방법 등을 공동의 의견으로 수렴하여 프로그램진행과정에서 유연하게 적용하였고 변화와 문제해결의 파트너로서 협력적 동반자관계를 유지할 것을 강조하였다.

③ 소비자적인 관점

재가노인은 자기결정권을 갖는 소비자로서 서비스제공의 수혜자가 아닌 능동적인 선택권을 가진 사람이다. 노인들 간의 친밀감이 형성된 이후로는 자연스럽게 의견이 제시되고 활동에 반영되는 경험을 통해서 의견제시의 빈도가 증가하였다. 식물원탐방장소, 일정 조정문제, 원예식물 재료선택 및 구입, 간식메뉴 선정 문제 등에 관한 의견을 제시할 경우 타성원의 의견을 수렴한 후 집단 내의 프로그램에 적용함으로써 성취감을 경험할 수 있도록 하였다. 이를 통해 정보제공을 요구하고, 서비스과정과 서비스품질 등에 대한 적극적인 참여 권리를 행사할 수 있도록 강조하였다.

파슨즈(Parsons, 1998)는 역량강화 프로그램 원칙으로 강점사정, 응집력 있는 집단 활동, 교육중심, 협력적인 동반자관계를 제시하고 있다. 본 프로그램은 '프로그램 설계상의 중점사항' 에서 제시한 바와 같이 첫째, 클라이언트의 강점을 찾고 개발하는 데 중점을 두었다. 둘째, 협력적 동반자관계에 중점을 두었다. 셋째, 원예교육과 의식교육을 실시하였다. 넷째, 노인의 특성과 욕구를 반영하였다. 다섯째, 집단활동 중심으로 실시하였다. 여섯째, 팀 접근을 실시하였다.

(2) 마케팅 전략

① 브랜드화

재가노인의 옹호전략으로 브랜드화를 실시하였다. 브랜드화는 콩나물을 생산하여 판매할 때 단순하게 어려운 가정을 돕기 위해 구매를 유도하기보다는 품질향상을 통해 높은 품질의 상품을 낮은 가격으로 구매하여 상호이득을 창출하기 위한 목적으로 실시하였다.

'무공해 할머니 콩나물' 이라는 브랜드는 노인들 간의 회의를 통해 만들었다. 상품의 명칭뿐만 아니라 브랜드 스티커와 포장비닐 등을 자체적으로 제작하였고 콩나물 콩의 출처와 생산 일시를 기록하고 "본 콩나물은 삼성복지재단의 후원으로 재가노인의 자립기반조성을 위해서 가정에서 직접 재배한 콩나물입니다."라는 문구를 넣었다.

② 고객의 다변화

기존 판매방식은 집에서 키워서 수확하고 포장하여 복지관으로 가져오면 복지관 안내데스크에서 지정된 정기구매자에게 판매하는 것을 병행하였다. 이후 노인이 살고 있는 동네 중심의 판매망을 확보하여 지역사회 안에서 해결할 수 있는 방안을 찾는 것으로 고객의 다변화를 시도하였다. 이는 지역사회 내에서 주민들과의 합의로써 이익을 성취하는 역량을 강화하기 위한 것이었다.

예 복지관을 중심으로 한 지역주민판매와 동네 이웃들을 중심으로 한 관계중심판매가 6대 4 비율이 되도록하였다.

③ 상품 마케팅

고품질의 생산품을 만들어 내기 위해서 초기에 직원들과 이용자들의 콩나물에 대한 반응을 조사하였고 다음 생산품이 나올 때마다 반영하였다.

주로 포장방법, 콩나물의 양과 색깔, 잘못 다듬은 경우 등에 대한 반응을 수집하였고, 노인들과 시중에 판매되고 있는 콩나물에 대한 조사, 원예치료사와 협력하여 콩 구매와 콩나물의 수확시기 및 수확방법 등을 조사하여 반영하였다.

또한, 수확물량을 조정하여 일정량 이상을 수확하지 않도록 함으로써 생산된 콩나물의 희소성을 강조하여 구매자들의 구매 욕구를 자극하였다.

6. 참여의 한계

참여한 노인의 대부분이 70대 이상이며 노인성질환을 가지 있다는 특성 때문에 안정적인 참여에 어려움이 있었다. 또한, 환경의 변화에 적응하는 문제와 의존성을 줄이기 위한 팀원들의 노력에 비해서 성과는 늦게 나타나거나 해결할 수 없는 부분도 있었다. 초기부터 연령제한을 한 것은 아니었으나 재가대상자들이 70대 이전의 연령대의 경우 대외활동에 직·간접적으로 참여하는 경우가 대부분이어서 정기적인 프로그램 참여에 어려움이 있었다. 이것은 프로그램 기획단계에서 예상하지 못했던 문제로 진행과정에서 노인들의 특징과 욕구변화에 맞게 계획을 변경하고 조정하는 등 유연하게 진행하였다.

지역주민 참여에 있어서는, 지역주민에게 상호이익을 추구하기 위한 전략적 개입으로 높은 품질의 상품을 저렴한 가격으로 공급하고 한정된 수량을 판매한다는 관점에서 클라이언트를 옹호하고 장기적인 자립기반을 형성하고자 하는 데는 도움이 되었다. 그러나, 주민들에게 재가노인의 특징을 부각하여 관심과 참여를 끌어내는 데는 한계가 있었다고 판단된다.

7. 프로그램 평가와 전망

본 프로그램은 재가노인 공동체를 통한 식물재배, 수확, 판매활동을 개발하고 지속적으로 유지하게 하는 과정으로써 역량강화적 변화를 기대한 것으로 재가노인의 질적 서비스 향상에 기여하기 위해서 설계되었다. 진행과정에서 클라이언트 중심의 사업진행과 계절의 특성, 원예식물의 성장원리 등을 고려할 필요가 있었으며 세부기획, 예산사용 등 큰 틀의 목적은 유지하되 시행과정에서 유연한 변화들이 있었다.

본 프로그램은 회기가 거듭될수록 노인들이 일상생활에 활력소를 갖고 적극적인 자세로 활동에 임하였는데, 특히 텃밭활동과 가정원예활동에서 과거의 경험을 바탕으로 본인의 의사를 적극 표현하면서 참여하는 모습이 돋보였다. 또한, 수확물 획득과 판매활동에 직접 참여함으로써 자신감과 더불어 책임감이 향상된 점을 엿볼 수 있었다.

원예활동을 통해 자신이 성과물을 만들어 낼 수 있는 능력을 소유하고 있음을 알게 되었고 이를 개발하고 이용까지 할 수 있다는 것을 인식하게 되었다. 대상자들이 자신의 부족한 능력을 생성하고 그 능력을 실제 이용할 수 있었던 점이 노인들의 역량강화가 증진된 것이라고 판단된다.

※ 부록

프로그램 주요내용

과정		세부 진행내용
집단구성		▷강점기반 면접사정(기적 질문, 척도 질문 등) ▷개인의 역량강화 변화 정도, 자아 존중감 정도를 파악하기 위해 사전조사 실시
개입	교육	▷집단응집력 강화에 중점 ▷의식교육은 집단지도 형식으로 권리의식, 자립의식, 동반자의식에 강조점을 두고 집단상담을 통한 대처기술의 교육 실시 ▷사다리타기를 통한 자리배정, 오렌지 관찰을 통한 성원들 이해, 가위바위보를 통한 공동분배, 얼굴그리기를 통한 기분 표현하기 등
	원예활동	①물병 꽃 싸기: 독립적·창조적 작품 활동, 관계형성, 자신감 증진 ② 접시정원 만들기: 자신만의 정원 꾸미기, 성취감 ③ 봄 초화 모듬 심기: 계절 인식, 식물성장 환경조성, 자신감 고취 ④ 오렌지 관찰: 그리기 및 관찰, 성격의 다양성 이해 증대 ⑤ 식물원 탐방: 식물원 탐방을 통한 생육의 다양함 체험 ⑥ 텃밭활동의 이해: 텃밭 고르고 씨뿌리기 ⑦ 압화 열쇠고리 만들기: 손동작의 기민성과 정교성 증대 ⑧ 수경재배(물재배 & 가꾸기): 식물생육원리와 관리기술 배우기 ⑨ 허브 키우기와 이용법: 허브 감각자극, 흙을 통한 재배기술 ⑩ 토양& 수경재배: 성장과정의 인식, 기다림, 수확체험
중간	교육	▷집단 및 자생적 리더십 강화 ▷구호 만들고 외치기, 리더 및 역할담당자 세우기, 규칙 정하기 등 ▷리더십 강화, 각자의 역할분담 강화, 개인별 강점 찾기 등
	텃밭활동	▷4월 29일~11월 25일, 주말농장을 이용한 여가 및 수확활동 진행 ▷씨뿌리기, 가꾸기, 재배, 수확하기 등 재배기술 교육 및 활동 ▷상추, 배추, 열무, 아욱, 고추, 쑥갓, 무우 등 야외텃밭 가꾸기 ▷수확물은 공동분배하였고 이웃에 나누어 주도록 지도, 반응의 피드백
강화	교육	▷자활적 공동체 강화 ▷정기모임의 구조화, 사회복지사, 원예치료사 집단 보조진행자로 역할전환 준비 ▷9월 중 역량강화 변화 정도, 자아 존중감 정도를 파악하기 위해 중간조사 실시
	가정원예	▷7월 29일~12월 31일 수경재배 및 콩나물재배기술 교육 ▷콩나물재배활동을 통하여 여가적 활동에서 작업적 활동으로 연계 ▷수확물 판매개시 및 안정적 판매망 구성, 품질개선, 자립기반 조성
종결	진행중	▷2005년 1월 1일~2월 24일 자조적 활동 강화 ▷리더십 역할 강화 및 이전, 자조모임 구성, 개별적 판매망 구성 ▷3월부터 수익금 누적, 자립을 위한 종자돈으로 사용하기 위해 지급 ▷역량강화 변화 정도, 자아 존중감 정도를 파악하기 위해 종결조사 실시

정신장애인의 긍정적 자기인식을 활용한
서비스직 직업재활프로그램, 'Think Big'

정공주(한울지역정신건강센터)

1. 프로그램 개요

일반적으로 건강한 성인은 성장과정과 사회활동을 통해 적절한 사회기술을 학습하고 재학습하며 일상생활에 적용한다. 그런 적응은 사회 속에서 긍정적인 경험을 하게 하고 자기 확신과 자기 이미지를 강화시키게 한다. 그렇지만 상대적으로 정신장애인들은 되풀이되는 입원과 퇴원으로 사회기술을 적절하게 배우거나 활용하지 못하여 원만한 대인관계를 맺거나 여러 사회활동에 참여함으로써 긍정적인 자기 이미지를 강화하는 경험이 결핍되어 있다. 또한, 정신질환으로 인한 장애와 사회적 편견, 실패의 반복으로 인하여 부정적인 자기 이미지가 계속적으로 강화된다.

따라서, 원만한 대인관계 능력 등 사회기술의 부족은 정신장애인으로 하여금 사회부적응을 초래한다. 더불어 정신장애인 스스로도 자신에 대한 강한 열등감과 낮은 자기효능감으로 인해 실제 자신의 능력을 충분히 발휘하지 못하게 하는 요인이 되고 있다. 정신장애인의 사회기술 부족, 반복된 취업 실패로 인해 형성된 부정적 자기인식은 심리 내적으로 만성적인 우울감, 무기력감, 좌절감, 낮은 자존감을 발생시키며 설사 취업의 기회가 제공된다 하더라도 성공적인 직업유지에 반복하여 실패하는 원인이 되고 있다.

본 프로그램은 정신장애인의 긍정적인 자기인식과 사회기술을 강화하며 서비스직 직업재활훈련과 실습을 통해 정신장애인 취업과 직업유지를 향상 시키는 데 목적이 있다.

프로그램은 연 2회기로 진행되며, 한 회기 당 10명씩, 10세션의 프로그램이 진행된다. 또한 준비단계, 실시단계, 평가단계의 3단계로 나누어진다.

준비단계에서는 대상자와 전문인력을 모집하고 교육하며 프로그램 매뉴얼을 작성한다. 실시단계에서는 참여 대상자들의 자기인식 정도를 파악하여 사전평가를 실시하고, 오리엔테이션을 시작으로 자신감 향상 프로그램, 긍정적 사고 훈련, 서비스직 사회기술훈련, 직장인 사회기술훈련 프로그램을 실시한다. 이후에는 취업연습과정을 통해 자발적 취업과 취업유지를 목적으로 프로그램을 진행한다.

평가단계에서는 개별평가 및 사후조사 후 연구보고서를 작성하며 이후에 프로그램을 홍보하고 재평가하도록 한다.

그동안 정신장애인들이 부정적인 자기 이미지 때문에 취업 및 취업 유지가 어려웠다고 한다면 본 프로그램을 통해 자신감을 향상시키고 긍정적인 자기상을 가지면서 자발적으로 취업하고 유지하도록 하였다.

2. 프로그램 목표

1) 단기 목표__문제해결과 조직형성을 중심으로

(1) 문제해결

① 정신장애인의 부정적인 자기 인식과 자신감 결여
· 긍정적인 자기 인식 프로그램, 사회기술훈련 프로그램 실시: 대상자들
  이 프로그램 취지에 대하여 공감하고 동의하여 자신감 향상을 위한 프
  로그램 참여에 동의서 및 서약서를 작성한다. 자신감에 이르는 10단계
  프로그램을 진행한다.

┌─〈자신감에 이르는 10단계 프로그램〉─────────────┐

　　1단계: 프로그램에 대한 욕구 나누기 / 취업에 대한 나의 부정적인 생각 나누
　　　　　기 / 약속하기, 개별평가

　　2단계: 행복의 대사 / 싫은 느낌과 불행하다는 느낌, 성공한 사람들에 대해서 /
　　　　　거울로 나 표현하기 1 / 지난 취업 경험 나누기

　　3단계: 거울로 나 표현하기 2 / 자아목록 작성하기 / 내가 싫어하는 내모습, 좋
　　　　　아하는 내 모습 / 어디서 일하고 싶은가?

　　4단계: 부정적인 생각을 인정하고 다른 언어로 표현하여 기분의 변화 느끼기
　　　　　/ 목소리의 객관화 / 일 잘하는 사람들은?

　　5단계: 실제로 변화하기 1 → 심층 서비스 교육 세미나

　　6단계: 실제로 변화하기 2 → 이미지 교육 세미나

　　7단계: 정말 변했나? → 취업세미나 실시(1박 2일)

　　8단계: 취업 세미나 복습, 지금까지의 내용 정리

　　9단계: 고용주, 취업회원 강의

　　10단계: 직업능력을 평가하여 개인의 직무 향상을 위한 개별 훈련실시

└──────────────────────────────────────┘

② 성취 경험의 기회 부족

사회기술을 활용할 수 있는 취업장에서 현장실습과 과도기적 취업 기회를 제공하여 정신장애인의 긍정적인 피드백과 성취를 경험하도록 하고 이로써 긍정적 자기인식을 재강화시킨다. 성공적인 취업을 체험하도록 한다.

③ 취업유지율 저조

참가자들의 개별적인 긍정적인 자기인식과 사회기능을 평가하여 개인의 적성과 흥미에 따른 취업을 제공하고 능력이 고취된 참가자들의 자발적 취업과 직업유지를 지원한다. 자발적인 취업에서 참가자들의 긍정적 자기인식과 사회기술의 활용을 지지하고 강화된 긍정적 자기인식을 활용하여 취업유지를 향상시킨다.

(2) 조직형성

① 취업유지 모임(일사모: 일을 사랑하는 사람들의 모임)

한 달에 한 번씩 매월 마지막 주 월요일 7시, 기존 한울지역정신건강센터 취업자 모임에 본 프로그램 대상자를 합류한다. 매월 총 20여 명의 취업유지자와 본 프로그램 대상자들이 참석하고 있다. 이 모임을 통해 취업의지 및 자신감 고취의 계기가 된다. 현재 5월, 6월, 7월, 8월, 9월, 10월, 11월, 12월 총 8회 진행되었다.

② 미취업회원과 취업회원의 만남(취업세미나) 상/하반기 2회 개최

• 취업세미나의 취지

취업회원들과 미취업회원들이 한자리에 모여 서로의 피드백을 통해 그동안의 취업담을 나누었다. 취업을 유지하는 분들은 자존감을 향상시키는 계기 및 여가 선용의 장을 삼았고, 취업을 희망하는 회원들은 취업동기를 북돋우

게 하였다. 고용주들은 취업회원과 미취업회원들에게 직장인으로서의 역할 및 회원들에게 기대하는 부분을 이야기해 주고, 서로에게 질문하면서 그동안 궁금했던 부분을 해소하고자 했는데 이에 대한 참여도가 높았다.

이 세미나는 2005년에도 본 센터 자체적으로 연 2회 정도로 직업재활 프로그램으로 진행될 예정이다.

• 상반기 취업세미나
- 일시: 2004년 5월 26일~27일(1박 2일)
- 장소: 가평 남이섬 소라마을에서 진행
- 참여자: 취업희망자, 취업유지자 총 21명
- 내용: 선·후발대로 나누어 출발하였다. 전체 보드게임, 인간관계 훈련, 직장예절, 서비스 교육, 레크리에이션, 식사, 취업자와 취업희망자의 만남 및 질의응답, 운동
- 평가: 외부에서 진행하는 프로그램은 늘 여러 가지 어려움이 발생하여 계획대로 진행되지 못하는 일이 있는데 너무 알찬 스케줄을 작성하다보니 시간 내에 진행하지 못한 프로그램이 발생하였다. 다소 아쉬웠지만 취업자와 취업희망자가 1박 2일 동안 서로의 피드백을 통해 그동안의 취업담을 나누었던 것이 가장 인상적이었다

• 하반기 취업세미나
- 일시: 2004년 10월 16일 토요일
- 장소: 한울지역정신건강센터 2층 세미나실
- 참여자: 취업희망자, 취업유지자, 현 정신장애인 고용주 총 53명
- 내용: 레크리에이션, 고용주들과의 만남(비클시스템 계장, 칼슨마케팅코리아 대리), 취업회원 강의, 질의응답, 취업유지모임 소개, 센터 취업프로그램 설명, 센터의 취업장 및 취업유지자 소개, 타 기관 선생님의 말씀, 전체 영화 관람.

- 평가: 많은 회원들이 참여하였고 취업에 대한 대단한 열의를 볼 수 있는 시간이었다. 취업희망자는 취업유지자들에게 질문할 문항들을 사전에 준비함으로써 실제적인 질문들을 할 수 있었다. 고용주들은 처음 정신장애인을 대했을 때 어떠했는지 / 일하면서 정신장애인들이 느끼는 어려움은 무엇이었는지 / 정신장애인들에게 고용주가 바라는 점은 무엇인지 / 정신장애인이 일을 한다는 것에 대해서는 어떻게 생각하시는지 / 정말 채용하고 싶은 정신장애인은 어떤 사람인지 / 채용하기 어려운 정신장애인은 어떤 사람인지 / 면접 때 자주 물어보는 질문은 무엇인지 / 추후에 정신장애인을 고용할 계획이 회사에 있는지에 대해서 회원들에게 답해주어 고용주들이 정신장애인을 채용할 때 고려하는 부분에 대해 실제적으로 들을 수 있었다. 취업세미나를 통해서 취업유지자와 취업희망자 간 서로 관계형성을 할 수 있는 시간이 마련되어 그동안 취업유지자나 취업희망자나 서로 모르고 지냈었는데 이후 취업유지 모임 때 함께 만나더라도 어색하지 않도록 서로 관계 형성이 되었던 것이 바람직했다. 또한 서로 격려하고 지지하는 모습들이 인상적이었다. 이후 센터에서도 이런 취업 세미나를 지속적으로 개최할 예정이다.

2) 장기 목표_개인 및 지역사회 역량강화를 중심으로

(1) 개인 역량강화(변화)

① 자기강화훈련 실시
대상자 개별평가 실시 후 인지적 자기강화/자신감향상프로그램/긍정적 사고훈련/사회기술강화/서비스직 사회기술훈련/직장인 사회기술훈련 실시

② 자기강화활용을 통한 현장실습과 과도기적 취업

현장실습을 위한 준비과정/현장실습 + 과도기적 취업/사회복지사와 함께 하는 현장실습/긍정적 자기강화를 위한 취업장 환경조성/성취경험에 의도적인 개입

③ 자기강화응용 _ 자발적 취업과 유지

자발적인 취업환경에서의 자기강화 활용/사례관리, 상담, 취업유지모임 실시

〈사례〉

· 박○택: 32세, 남. 여성들과의 친분관계를 형성하는 것이 어려워 프로그램 초기에는 여성회원들과 함께 앉아 있는 것조차 힘들어하였다. 여성과 좋지 않은 대인관계 때문에 취업 후 모든 대인관계에 어려움이 있을 것이라고 생각하여 취업에 대해 겁을 내고 있었다. 이런 부분을 프로그램 안에서 해결하고자 프로그램 활동을 여성회원과 함께 할 수 있도록 구성하였다. 이 프로그램을 통해 여성회원과 함께 이야기하고 활동하면서 그동안 본인 스스로 어렵다고 느끼고 오해했던 부분을 당일 상담을 통해 해결할 수 있도록 했으며, 이런 과정을 통하여 그동안 여성회원들을 기피하고 혼자서 힘들어했던 부분을 해결하고자 하였다. 후에는 여성회원들과 함께 활동하면서도 별 문제가 없었고 여성들과 관계형성이 힘들 것이라고 막연히 생각했던 인지적인 부분을 수정함으로써 많은 자신감을 얻었다. 이는 취업에 대한 자신감으로 연결되었고, 이런 부분이 해결되니까 사회기술부분에 대한 자신감도 많이 형성되었다고 한다. 면접을 통해 **기획에 취업하였고 취업 후에도 사후관리를 통해 일하면서 겪는 어려움을 상담으로써 해소하고 있다.

· 김○임: 33세, 여. 자신에 대한 부정적인 이미지 때문에 자신감이 많이 결여되어 있었다. 기본적으로 뚱뚱한 외모와 그동안 타인으로부터 받았던 부정적인 피드백, 그리고 흡연 때문에 사회적으로 좋지 않은 이미지를 자신에게 투사하는 경향이 있었다. 겉으로는 큰 어려움이 없는 사람처럼 보였지만 그런 부정적인 자신의 이미지가 취업에 대한 부담감으로 작

용하고 있었다. 프로그램을 통해 자신의 고민과 부정적인 이미지는 다름 아닌 스스로 만들어 낸 것임을 알고 타인도 그렇게 느끼는지를 확인함으로써 부정적인 이미지를 줄이고 자신감이 향상될 수 있었다. 왜 자신을 그렇게 과소 평가하고 자신을 그렇게 하찮게 여기는지에 대해 프로그램을 통해 알아가면서 스스로 자신을 격려해야 함을 알게 되었다. 현재 △△△△에 취업하였고 취업한 이후에도 간혹 자신에 대한 부정적인 이미지 때문에 고민하지만 그때마다 그것은 타인이 주는 부정적인 이미지가 아닌, 자신이 스스로에게 투사하는 부정적인 이미지임을 상기시키고 그런 것들은 스스로 해결할 수 있다고 알리고 있다.

- 이○정: 30세, 여. 자신은 그동안 일하면서 좋은 경험이 없었기 때문에 앞으로도 일하기 어려울 것 같다고 했던 분이다. 실제로는 실수를 많이 하지도 않으면서 자신이 실수를 많이 하는 사람이라고 인식하고 있었다. 프로그램을 통해서 본인이 경험하는 긍정적인 부분에 대해서는 긍정적인 지지를 해주고, 실수가 있는 부분을 다른 의미로 함께 해석하면서 본인이 가지고 있던 실수에 대한 부정적인 생각을 수정할 수 있었다. 그래서, 스스로 자신의 실수를 가상의 실수로 인식함으로써 이것이 취업에 대한 긍정적인 이미지로 변할 수 있었다. 현재는 공공근로를 통해 취업을 유지하고 있다. 아직까지도 일하면서 발생한 실수에 대해서 필요 이상으로 부정적으로 강화하는 면이 있기는 하지만 사후관리를 통해 부정적인 강화가 되기 전에 실수를 다른 의미로 함께 해석할 수 있도록 도울 예정이다.

- 박○현: 31세, 여. 프로그램 이전에는 자기 관리에 대한 강박적인 모습이 있었고, 타인이 자신을 싫어한다는 생각 때문에 늘 다른 사람의 눈치를 많이 보았다. 다른 사람의 행동을 자신에게 좋지 않은 쪽으로 해석하여 자신의 기분을 상하게 만들고 이는 타인과의 관계형성을 어렵게 만들고 있었다. 그래서, 자존감이 매우 저하되어 있었으며 일을 할 때에도 어떤 나쁜 일들이 꼭 발생할 것이라고 생각하기 때문에 본인이 취업하기 어렵다고 생각하고 있었다. 왜 다른 사람들이 자신을 싫어하는 것 같은지, 이렇게 생각하는 근거는 무엇인지, 다르게 해석할 수는 없는지에 대해서 상담했고, 프로그램에 참여했던 사람들과 함께 본인이 다른 사람에게 나쁜 이미지의 사람이 아닌 긍정적인 면을 가진 사람임을 확인시켜 주었다. 자신이 나쁜 이미지로 비추어 졌다고 생각이 들 때에는 그것을 마음에 담지 않고 그

근거를 찾게 하였으며, 근거가 없을 경우에는 그것을 사실로 믿지 않고 연습했던 긍정적인 방법으로 그 부정적인 생각을 바꿔보도록 하였다. 이후에 **에 경리로 취업 연습을 하였는데, 취업 연습을 통해 자신의 긍정적인 부분을 경험하고 더불어 긍정적인 자신의 이미지를 찾아갈 수 있었다. 현재는 취업 연습을 마치고 정식취업을 위해 컴퓨터 학원을 다니면서 워드와 엑셀을 배우고 있다.

· 황○봉: 38세, 남. 본인 스스로 나이가 많아서 취업하기 어렵다는 선입견을 가지고 있었으며, 지금까지 긍정적인 취업의 경험이 없고 또한 건강이 좋지 못하여 취업을 잘 유지할 수 있을지에 대한 막연한 걱정들 때문에 취업에 대한 자신감이 많이 결여되어 있었다. 그리고, 몇 번의 면접에 실패했던 것이 부정적인 경험으로 자리잡고 있어 이러한 부정적인 생각들을 긍정적으로 변화시키며 자신감을 가지게 한다는 것이 참 어려웠다. 프로그램을 진행하면서 담당자 역시 이런 참여자가 프로그램을 통해서 자신감을 얻고 취업에 재도전할 수 있을지 부담스러웠지만 프로그램을 통해 긍정적인 취업을 할 수 있을 거라는 확신을 가지고 프로그램을 진행하였다. 다시 실패할 수 있는 경우의 수보다는 긍정적인 프로그램 참여를 지지하면서 또 그런 긍정적인 자신을 스스로 느끼면서 취업에 대한 자신감을 가질 수 있게 되었다. 프로그램을 통해 얻게 된 자신감을 가지고 **전설이라는 곳에 취업을 하였다. 취업 초기에는 금방 취업이 종료되리라 생각했었지만 상담과 사후지도를 통해 **전설에서도 긍정적인 취업을 경험할 수 있다는 신념을 심어주었고, 회사에서 발생하는 어려움에 대해서는 발생 즉시 담당자와 통화할 수 있도록 하여 그것으로 인해 회사에서의 어려움이 마음 속에 오래 남지 않도록 함으로써 취업 중에 자신감이 유지될 수 있도록 하였다. 현재까지 취업을 유지하고 있다.

· 최○정: 36세, 여. 초기에는 프로그램 참여조차 불안해서 못하겠다고 했었다. 개별 상담 및 프로그램을 통해서 프로그램에 대한 불안감은 많이 줄었고, 이렇게 줄어든 불안감은 자신감으로 변화할 수 있었다. 이후에 프로그램 내에서 프로그램 담당자를 보조하는 역할을 할 수 있게 되었다. 취업장의 면접 및 센터 업무보조 일을 하면서 자신감이 향상되었고 업무 능력 또한 향상되었다. 프로그램 참여 전에는 면접을 보는 것 자체도 어려운 사람이

었는데, 이제는 면접에 대한 부정적인 감정은 많이 감소하였다. 현재 센터 업무보조 역할을 하면서 면접을 준비하고 있다.

· 김○철: 36세, 남. 프로그램 참여 의지는 높았지만 취업에 대한 의지만 컸지 자신감이 없는 상태였다. 지금까지 취업에 대해서 성공의 경험이 없고, 10년 전에 일을 한 이후 정신질환으로 인한 증상 때문에 고생을 많이 하면서 사회기술이 많이 저하된 상태로 정지된 생활을 하고 있었다.
프로그램을 통해서 자발적인 모습이 생겼으며, 일을 할 수 있다는 희망으로 자신감을 많이 회복하였고, 집에서도 달라진 모습이 보인다는 어머니의 피드백이 있었다. 목소리가 평소보다 좀 커지고 행동도 자신감 있어 보인다고 하였다. 우연한 기회에 담당자와 함께 **취업장에 방문했다가 사장님의 말씀에 적극적으로 질문하고 대답하는 모습을 보인 결과 그곳에 바로 취업되었고, 현재는 □□기획에 취업중이다.

· 윤○일: 28세, 남. 그동안 아르바이트는 많이 했었지만 정식 직원으로 일한 경험은 없고, 정규직에 대한 두려움이 있었다. 프로그램을 통해서 다른 사람들과 긍정적인 대인관계를 경험하고, 프로그램 때 담당자가 보조 진행을 부탁하면서 자신감은 늘었고 자신에 대한 부정적인 생각은 많이 줄었다. 하지만, 취업에 대한 부정적인 생각은 여전히 지속되었고, 앞으로 정규직으로 취업하기는 어려울 것이라고 생각하고 있었다. 취업을 한다고 해도 그것을 오래 유지하는 것 또한 못할 거라고 생각했었다. 그런데, 본 프로그램 후반에 실시된 취업연습 프로그램을 통해 그동안 겁을 내고 있었던 자신의 모습을 긍정적으로 변화시키면서 "일을 하면 하는 거지, 그동안 많이 했던 잦은 아르바이트도 경력이니까, 그런 경력이 나에게 도움이 될거야"라고 하면서 @마케팅 회사에 4차 면접까지 거친 후 합격하여 현재까지 취업을 유지하고 있다.

· 한○미: 32세, 여. 취업은 하고 싶지만 본인이 일을 잘 못할 거라는 생각 때문에 취업을 꺼려려하는 모습이 있었다. 그리고, 예전 무역회사에서의 부정적인 취업 경험이 아직까지도 마음에 오랫동안 남아 또 다시 그런 일들은 반드시 생길 거라는 생각으로 취업을 두려워

하였다. 그래서 막상 취업에 대해 구체적으로 언급하면 몸 어디가 아프다는 핑계를 많이 댔다. 프로그램 및 집단 활동과 상담을 통해서 그런 부정적인 경험은 또 다시 경험할 수도 있지만 그것이 두려워 취업하지 못한다는 것은 본인에게 막대한 손해이므로 다시 한 번 자신감을 가지고 일을 해보기로 함께 결정하였다. 이 과정에서 그간 꺼려했던 장애등록을 하였고, B회사에 면접 후 현재 그 사업장에 취업하고 있다.

· 김○욱: 27세, 남. 다른 참여자와는 다르게 허황된 취업 욕구를 가지고 있으면서도 실제로는 취업에 대해 두려움이 많았다. 이 프로그램을 통해 자신의 구체적인 취업에 대해 고민하고 함께 상의하면서 자신감을 조금씩 회복하였다. 그동안 부정적이었던 취업 문제가 자신만의 문제가 아니라 여러 사람들이 한번씩은 고민했던 부분임을 인식하고 자신도 취업할 수 있다는 생각을 하게 되었다. 예전의 취업 경험에서 퇴사를 강요당했던 경험이 여태 취업을 못하게 막았던 장애물이었는데, 이런 기억들이 재취업을 방해하고 있었다. 그런데 프로그램을 통해서 자신과 같은 사람도 취업이 가능하다는 것을 알고 자신감을 갖기 시작하였다. 이후 신월동 맥도널드에 취업하였다.

(2) 지역사회 역량강화

지역사회에 있는 취업장에 정신장애의 영역을 알리고, 정신장애를 이해할 수 있는 취업장을 개발하였다. 이러한 과정 중에 고용주들에게 정신장애를 이해시키고, 프로그램을 통해 자신감을 가지게 된 프로그램 참여자들이 개발된 취업장에서 일정 기간 동안 취업연습을 경험하거나, 정식 취업을 할 수 있게 되었다. 현재까지도 프로그램 참여자들이 취업을 유지하고 있고, 이렇게 개발된 취업장은 앞으로도 정신장애인들의 취업 기회가 될 것이다.

· 하나기획

정신장애인에 대한 이해도가 높고, 사장이 사회복지사처럼 대상자들에게 업무를 하나하나 지도해주고 있다. 담당 사회복지사가 취업장을 방문하면

사장이 대상자 한 명 한 명에 대해 그동안 있었던 일들을 자세히 설명해 주고, 그 가족들과도 직접 전화 통화를 하기도 한다. 사장은 정신장애인들이 왜 일을 못하냐고 반문하면서 오히려 이런 정신장애인들이 일을 잘 할 수 있도록 본인이 노력하겠다고 하였다. 앞으로도 정신장애인을 고용할 계획이 있고, 실제로 회사의 부장이 지체1급 장애인이다. 지속적인 취업장으로 발전할 가능성이 높다.

·다인카페

하나기획 사장이 여가취미의 활용 공간으로 사용하는 개인 공간으로 카페를 하나 소유하고 있는데, 프로그램 담당자가 이 공간의 운영을 정신장애인들에게 맡기면 어떻겠냐고 제안하였더니 흔쾌히 수락하였다. 현재 임시취업 연습장으로 카페가 사용되고 있다. 정신장애인들이 카페를 운영하고 있고 카페 운영의 기본적인 재료비와 임대료 및 기타 운영비를 사장이 지원해주고 있다. 카페 운영의 대부분에 대해서도 사장이 조언을 해주고 있다. 앞으로 카페 운영 수입이 재료비를 넘어서는 부분에 대해서는 참여 회원들에게 임금을 지불할 예정이다(카페 위치: 지하철 7호선 1번 출구, 카페 운영시간 오후 1시~10시).

·더불어사는사회

이곳은 실제적으로 장애인들이 많이 근무하고 있는 취업장이다. 이 곳 전무는 장애인 고용에 대해서 수많은 경력을 가지고 있고, 장애인의 취업에 대해서 대 환영이라고 한다. 그동안 기타 장애인들은 많이 접하셨지만 정신장애인 취업은 본 한울지역정신건강센터가 처음이라고 했다. 정신장애인을 대리에게 이해시키는 데 크게 어렵지는 않았고, 앞으로도 복지카드를 소지한 장애인은 지속적으로 고용할 계획이라고 하였다.

· 하치코

애완견 사료 수입업체로서, 외부 '임시취업연습장'으로 개발되었다. 처음 개발될 때에는 주 1회 회사에 출근하는 조건이었다가 점차 주 2회, 주 3회로 일할 수 있는 출근 횟수가 늘어났다. 본 센터의 정신장애인 직업재활에 대해 이해하고 있으며, 이후에 회사와 의사소통만 잘하면 내부보호작업으로 활용할 수도 있을 것이다. 하지만, 본 센터가 지향하는 외부 임시취업연습장으로 지속적으로 활용할 예정이다. 센터가 거리가 다소 먼 단점이 있지만 주 3회 하루에 4시간 정도 근무하는 것은 바람직하다고 본다. 앞으로 주 5일, 하루 4시간 정도로 업무가 조정될 것이다. 이후, 하치코와 연계된 타 회사와 본 센터가 지속적으로 연결될 가능성에 대해서 긍정적으로 생각하고 있다.

· 베스트 초이스

이곳은 하치코 소속 회사이며, 정신장애인보다는 일반인을 고용하고자 했는데, 한울과 연계되어 정신장애인을 직원으로 두겠다고 했다. 취업장 개발이 순조로웠고 정신장애인 연계까지도 좋았는데 회사 사정상 직원을 둘 수 없는 상황이 되어 이곳은 취업 연습장에 그쳤다. 그 이후 다른 정신장애인으로 대체될 수 없는 상황이었다.

· 비클시스템

작년에 개발된 장애인표준사업장인데, 생산직에 적합한 참여자가 프로그램 종료 후에 입사하였다. 이 회사의 계장과는 본 센터가 좋은 관계를 맺고 있었고, 계장은 회사의 정신장애인에 관련된 일이라면 본 센터에 연락하고 자문을 구하고 있다. 현재 한울지역정신건강센터 회원이 총 6명이 근무하고 있다. 일주일에 한 번씩 방문하고 있다.

· 칼슨마케팅 코리아

외국기업으로서 전문 DM 발송 업체이다. 회사에서 의무적으로 장애인을 고용하고 있다. 정신장애인 채용은 이번이 처음이었는데 정신장애인을 고용함으로써 정신장애인에 대한 편견이 없어졌다고 하였다. 앞으로 채용정보가 있으면 본 한울지역정신건강센터에 알려주겠다고 하였으며, 입사 과정은 다른 회사보다 조금 까다로운 편이다. 본 프로그램의 참여자가 취업하는 데에 무려 면접을 4차례나 실시했다. 4번의 면접을 통해 입사한 후에는 회사의 대리가 대상자에 대한 직무 평가를 작성하여 직접 보내주셨고 센터의 직업재활에 대해 관심이 있으며, 장애인들과는 회사근무 이외의 시간에 여가생활을 함께 활용하고 있다.

· 금성전설
전기 관련 중소기업이다. 사장은 종교적인 신념으로 인해 장애인을 채용하고자 하였으며 정신장애인에 대해서는 편견이 없고, 정신장애인이 업무상 불편함을 느끼는 문제에 대해서 해결해주고 있었다. 모든 직원들이 야근을 해야 하지만 정신장애인들은 배려해주고 있고, 외래 부분에 대해서도 특별히 이해해주고 있다. 담당자가 취업장을 방문하고 대상자에게 관심을 보여주는 것에 대해서도 되려 고마워하고 있다. 2005년에 2명의 장애인을 채용할 계획이 있다고 하여 우리 센터의 2명의 회원을 고려하고 있다.

· 서울대 지점 맥도널드
이곳은 본 프로그램을 진행할 때 현장실습장으로 제공되었다. 현장실습장은 취업하기 전 대상자들이 취업을 연습하는 곳으로, 긍정적인 취업의 경험과 성과를 경험할 수 있다. 서울대 지점 맥도널드는 정신장애인에 대한 이해도가 높고, 본 프로그램의 취지인 취업장에서의 긍정적인 경험에 대해 같은 목표를 두고 있다. 앞으로도 취업 연습 및 현장실습장으로서 활용이 가능한 것으로 보인다.

· 구로 이마트, 은평 이마트

정신장애인에 대한 이해도가 높고 정신장애인의 취업에 대해 긍정적으로 생각하고 있다. 마트에 일자리가 생기면 본 기관에 의뢰할 정도로 정신장애인 취업에 긍정적이다. 담당자와 수시로 연락을 취하면서 기 취업한 사람들에 대해 피드백을 주고 있다. 앞으로도 이 곳으로 대상자들의 취업이 가능할 것으로 보인다. 타 지점의 A · C마트도 소개시켜주기도 했다.

· 은평 까르푸

정신장애인의 취업을 호의적으로 알선해주고, 다른 인사담당자에게까지 연결시켜주는 취업장이다. 이곳에서는 장애인이라는 것을 굳이 밝히지 말고 취업할 것을 제안하였고, 대신 본 기관에 대상자 관리만을 부탁하였다. 그러나, 각 파트별 매장에서 장애인에 대한 인식이 부족하고 정신장애인에 대한 막연한 두려움이 있어 단기 취업장으로의 활용만 기대할 수 있었다.

3. 조직 지도력과 구성원

(1) 지도자, 지도력, 역할

① 프로그램 자문교수: 전체 프로그램 및 연구 수퍼비전을 분기별로 제공한다.

② 프로그램 총괄: 단위 프로그램의 수퍼바이저로서 각 때마다 실제적인 수퍼비전을 제공한다. 행정업무를 총괄 담당하고 있다.

③ 프로그램 진행: 정신보건사회복지사로서 프로그램 전반에 걸쳐 목표수행 및 달성을 위한 리더 역할을 한다. 실무를 담당하고, 단위 프로그램의 진행 및 행정을 담당하고 있다.

④ 자원봉사자: 수련/연수 선생님들이 자원봉사자로 활용되었다. 프로그램에 대한 이해도가 높고, 프로그램 진행자와 함께 실제적인 업무를 수

행하였다. 프로그램 보조진행자의 역할(프로그램에 참여하여 대상자들을 지지하며 관계형성의 역할)과 프로그램 기록 및 인간관계 프로그램을 진행한다.

⑤ 보조 인력: 서비스직종 전문강사, 대인관계를 위한 치료레크리에이션 강사, 고용주, 직장예절 강사에 해당하며 취업회원들을 강사로 활용하기도 하였다. 이 강사들은 각 부분에 있어서 전문가들이자 정신장애인에 대한 이해도가 높고, 특히 취업을 유지하고 있는 정신장애인들이 프로그램의 강사로 활용된 것은 바람직한 일이다.

각 분야의 전문가들이라 하더라도 정신장애인들이 일을 하는 실제적인 분야에 대해서는 전문 강사보다는 정신장애인들의 강의가 정신장애인에게 더 의미가 있었다.

4. 프로그램의 한계점

(1) 1차 대상자 중 미취업 대상자 관리의 어려움

1차 대상자들이 현재 취업 중인데, 이에 맞물려 2차 프로그램이 진행되었다. 이때에 2차 대상자들을 관리하면서 1차 대상자들을 함께 관리하는 인력적인 어려움이 발생하였다. 이후에 각 센터 담당자에게 인계하였다.

(2) 2차 대상자들이 취업장 개발의 어려움

2차 때에는 프로그램 참여율이 1차 때보다 좋았고, 프로그램의 성과도 좋은 편이었지만 취업장 개발이 1차 때보다 더 어려워 대상자들의 취업욕구가 시간이 지남에 따라 저하되는 모습이 있었다. 적절한 때에 취업장이 개발되어야 하는데, 프로그램 종료 직전에 취업장이 개발되거나 또는 후반까지 취업장과 연계되지 못한 회원이 발생하였다. 이후에 각 센터로 대상자들이 인계되었지만 프로그램의 욕구와 취업 연습이 연결되지 못한 회원들이 발생한 것에 대해 담당자로서 심리적인 어려움이 있었다. 2차 때에는 사회경제적인 취업대란으로 취업장 개발이 정말 어려웠다.

(3) 예산 자체의 조정이 필요했음

프로그램을 진행하면서 예산안 변경의 필요성을 느꼈다. 각 항목을 현실적으로 조정하여 예산을 재분배해야 할 필요성이 있어 1차 때 지도교수님께 자문을 구하고 예산을 변경하였다. 이후에도 필요한 예산에 대해서는 항목을 변경하여 회계 처리하였다.

(4) 전체적으로 취업장 개발의 어려움

대상자들의 개별적인 욕구에 부합한 취업장 개발이 어려웠다. 본 프로그램의 취지는 어느 취업장에서든지 긍정적인 취업 경험을 하는 것이었던 반면, 대상자들은 각자의 욕구에 맞는 취업장에서 긍정적인 경험을 하는 것에 프로그램 참여의 초점을 두고 있었다.

욕구에 맞지 않더라도 취업 연습장이 있을 경우 긍정적인 취업 연습을 해 보고 이에 탄력을 받아 독립적으로 취업장을 알아보는 효과까지 기대를 했으나 회원들은 취업 연습장부터 자신의 욕구와 맞는 곳을 고수하는 경우가 있었다. 본 프로그램의 취지에 대해서 대상자들에게 설명했지만 이것이 수긍되지 않는 회원들은 어쩔 수 없이 취업연습을 하지 못하는 경우가 생기기도 하였다.

(5) 적절한 취업 연습장 개발의 문제

1, 2차를 통해서 현장실습장이 개발되기는 했지만 적절한 취업 연습장이 프로그램 종료 직전에 개발되어 본 프로그램 참여자들은 단기간만 이용하였다. 1차 때에 개발된 현장실습이 가능한 취업장은 서〇대 지점 맥도널드였다. 그런데, 맥도널드로 취업연습을 거부하는 대상자의 경우 새로운 또는 다

양한 현장실습장이 마련되어야 하지만 현실적으로 현장실습장을 개발하는 것에 어려움이 있었다. 그래서, 맥도널드는 단기적으로 업무를 수행하는 대상자 평가의 장소와 긍정적인 경험을 하는 곳으로 의미를 두고 있다.

2차 때에는 후반에 하ㅇ코라는 현장실습장이 개발되고, 다ㅇ카페가 임시 취업장으로 개발되었다. 그런데, 너무 후반에 개발되어 프로그램 참여자 일부만 이 취업장을 이용할 수 있었고, 프로그램 종료 후에는 본 센터 회원들에게 연계되었다.

(6) 사회기술훈련의 시간 부족

일주일에 2번, 한 달 반 정도의 기간으로 사회기술훈련 및 자신감 향상을 꾀하기에는 부족하다. 하반기 프로그램을 시작할 때는 자문을 받아 프로그램 시간을 조정해야 한다.

(7) 공단과 연계부분의 어려움

1, 2차 모두 공단과 연계하여 성공한 사례가 없었다. 공단도 실적 위주로 일을 진행하기 때문에 한 명의 회원이 공단에 얼마나 나가고 면접에 얼마나 참여하는가를 중심으로 일을 하므로 본 프로그램의 참여자가 실망하고 취업 의욕을 상실하는 경우가 있었다. 또한, 공단이 연계해준 회사에서 정신장애인이 부당한 대우를 받고 회사의 일이 없어져 실직되는 일도 발생하였다. 이후의 처리에 대해서도 크게 협조해 주지 않았다. 또한, 공단에서 개발하는 취업장들은 너무나 낙후된 곳이 많아 대상자들이 선택하지 않는 경우가 많았다. 오히려 담당자가 개발하는 취업장이 더 바람직한 곳이 있었다.

(8) 자원봉사자 모집의 어려움

지속적으로 일할 수 있는 자원봉사자가 부족했다. 프로포잘이 개별사회사업에 초점이 맞추어져 있어서 한 대상자와 관계가 형성되고 그 대상자를 지속적으로 관리하는 어려움이 발생했다.

사회복지학과 학생 중에는 청소년 직장체험 연수제도로 인하여 자원봉사를 지원하는 사람이 거의 없었다. 센터 회원들을 자원봉사자로 활용하거나 주변의 아주 단기간만 자원봉사할 수 있는 사람들을 활용할 수 있었다. 회원들의 자원봉사자 활용은 바람직하였지만 그 외의 자원봉사자를 선발하고 교육하는 어려움이 있었다.

사업실적

프로그램 명	계획			실적			비 고
	건	인원	금액(원)	건	인원	금액(원)	
'Think Big' - 정신장애인의 긍정적 자기인식을 활용한 서비스직 직업재활프로그램 -	2	20	9,220,000	2	23	9,220,000	총 대상자는 20명이었지만 23명의 정신장애인이 참여하였음. 계획대로 2회의 전체 프로그램이 진행되었고, 예산전액이 프로그램 진행에 적절하게 사용되었음. 하반기엔 예산조정이 다소 있었음.

프로그램 명	계 획	실 적
연수자문	이용표 교수 지도	이용표 교수의 지도가 있었음. 프로그램 전반에 대한 수퍼비전을 받았음.
자원봉사자 활동비 취업정보센터구축 세미나 평가	자원봉사자 활동비	계획상으로는 다수의 자원봉사자를 활용하여 프로그램을 진행할 예정이었지만 자원봉사자 모집이 어렵고, 정신장애인 취업정보를 얻을 수 있는 취업정보센터 구축의 필요성을 느껴 본 센터 취업부에 취업정보센터를 구축하였음. 취업정보센터는 취업을 희망하는 정신장애인들이 자유롭게 취업 정보를 검색하고 그 외 컴퓨터 교육을 받는 것으로 활용되고 있음. 또한 취업세미나를 연 2회 개최하고, 프로그램 전반의 설명회를 진행할 때 예산이 필요하여 조정함.
프로그램 홍보	프로그램 홍보	1, 2회 프로그램 시작 전후에 프로그램에 대한 홍보를 적극적으로 실시함. 서울시 사회복귀 시설과 서울시 정신보건센터, 그리고 낮병원 등으로 홍보함. 홍보의 효과로 본 프로그램의 진행사항과 내용에 관심을 보였음. 이후에 설명회 개최함.
초기면접	대상자 선정 1, 2회 진행	1회 때에는 정규 인원인 10명만 프로그램에 참여하였으나 2회 때에는 참가희망자가 많아 12명을 선발하였음.
자기인식평가	1, 2회 진행	프로그램 실시 전 자신의 부정적인 이미지 및 자신감에 대해 파악하는 시간을 가졌음.
서비스교육	1, 2회 진행	서비스 강사를 초빙하여 기본적인 서비스 교육과 직장인의 자세에 대한 교육을 실시하였음.
사회기술훈련	자신감에 이르는 10단계 프로그램 진행	자신감에 이르는 10단계 프로그램을 10세션으로 총 2회 진행함. 자신감에 이르는 10단계 프로그램과 더불어 취업 세미나를 2회 개최하여 취업을 희망하는 회원과 현재 취업을 유지한 회원, 그리고 고용주가 한자리에 모여 취업에 관해 편견 없이 나눌 수 있었음.
임시취업 연습장 개발 및 취업장 개발	취업장 개발	1년에 10개의 취업장을 개발하여 현재 본 프로그램 참여자들이 취업을 유지하고 있음. 임시취업장에서 취업을 연습하고, 이후에 정식으로 채용이 되는 모습이 있었음.
사례고용주관리 교통비 직무지도	고용주 만남 취업 회원 사례 관리 직무지도	임시취업 및 직무 지도 시 고용주와 함께 상의해야 하는 사항들이 많이 발생함. 임금 조정 및 정신장애 이해 및 교육. 외래, 약물 관리, 법적인 문제까지 고용주와 1년 동안 해결해야 할 일이 참 다양하고 많았음.
직원활동비	2회	2회의 수퍼비전 모임에 담당자가 참여함. 예산과 그 밖의 프로그램 진행상의 어려움에 대해 수퍼비전 받음.
상반기평가	1회	프로그램을 연 2회 진행하였기 때문에 1회 프로그램 종료 후 함께 참여했던 전문인력들이 프로그램을 평가하고 평가 내용을 2회때 반영하였음. 2회 프로그램 종료 후 그 이후의 진행사항에 대해 회의를 하고 본 프로그램이 지속적으로 한울의 직업재활 프로그램으로 자리 매김할 수 있도록 회의하였음.
하반기평가	1회	

4부
프로그램 담당자의 조직화
· 일반지역주민 조직화

11. 3세대(청소년, 성인, 노인)의 3섹션(문화, 참여복지, 봉사) 활동을 통한 주민 자조와 역량강화: 낙동종합사회복지관 - 양현명

12. 지역통화를 활용한 영구임대아파트 지역의 품앗이 공동체 형성: 상리종합사회복지관 - 유태완

13. 의료재활서비스네트워크 구축을 통한 재가장애인 건강권 확보사업 〈복지플러스·네트워크〉: 아산시장애인복지관 - 김원천

14. 참여자로서의 정신장애인을 위한 클럽하우스 만들기: 태화샘솟는집 - 배은미

3세대(청소년, 성인, 노인)의
3섹션(문화, 참여복지, 봉사) 활동을 통한
주민 자조와 역량강화

양현명(낙동종합사회복지관)

I. 프로그램 개요

본 프로그램은 2004년 1월부터 12월까지 강서구 지역 청소년 10명, 성인 10명, 노인 10명을 대상으로 3세대의 주민과 민간단체, 그리고 낙동복지관이 함께하는 주민 자조집단을 형성하여 매월 1회 정기적인 동아리활동과 모니터활동, 그리고 봉사활동을 실시하였다. 또한, 연 1회의 두레누리공동체 캠프 및 동아리 발표회를 통하여 주민자조와 역량을 강화하는 활동을 실시하며, 상반기 중간평가와 하반기 최종평가로써 프로그램을 평가하는 시간을 가지고 이를 통해 지역사회 주민들이 소속감을 가지고 지역사회를 이끌어가는 주체적인 구성원으로서 자리매김할 수 있도록 구성되었다.

당 복지관에서는 본 사업을 3년 간의 중장기 발전방안을 가지고 추진하고 있으며, 2004년은 주민조직화의 1단계로서 지역주민의 1차 조직화 및 지역사회 문제에 자발적인 참여를 유도하고, 2단계에 접어드는 2005년에는 2004

년도에 활동한 3세대 주민을 1기로 배출할 것이다. 2005년도에는 새롭게 2기를 조직하여 1기는 당 복지관에서 주민역량강화의 방안으로 지도자 학교를 계획하여 심화과정으로서 주민역량을 강화할 수 있도록 할 계획이며 3년 차에는 본 프로그램을 통해 배출된 1, 2기 지역주민들이 공동의 문제를 자체적으로 해결할 수 있도록 역량을 강화할 수 있도록 지원해 갈 것이다.

Ⅱ. 프로그램 구성

1. 대상집단

대상구분	산출근거	인원수(명)
일반집단	강서구 지역주민 전체	56,312
위험집단	일반집단 중 3세대 (13세 이상 지역주민)	44,869
표적집단	위험집단 중 명지, 녹산에 거주하는 3세대 (13세 이상 지역주민)	20,379
클라이언트 수	표적집단 중 본 프로그램에 참가를 희망하는 3세대 ＊1세대: 관할 내 중·고등학교 학생 ＊2세대: 관할 내 적십자, 부녀회, 통장단, 의용소방대, 명지시장 번영회 등 연계 ＊3세대: 당 복지관 노인대학, 한글교실, 강서노인회, 지역노인 등 연계	1세대 - 10명 2세대 - 10명 3세대 - 10명

＊ 2004년 2월 〈부산시 강서구청 통계자료〉

(1) 1세대(청소년 집단: 13~18세)

현재 강서구 지역 청소년들은 농어촌이라는 지역적 특성으로 인해 유휴시간 동안 청소년들이 이용할 만한 청소년 문화공간이 전무한 상태이다. 이에 낙동복지관은 1999년 개관 이래 지역청소년들의 건전한 성장발달을 위하여 청소년 성교육과 약물교육을 비롯하여 심리검사, 진로탐색 프로그램, 청소년 어울마당을 운영함으로써 지역 청소년들을 위한 복지사업을 실시해 왔다.

또한, 학기 중 청소년들에게 봉사활동 기회제공 및 노손세대의 연결고리 역할을 하고자 재가노인을 대상으로 한 청소년 지킴이 봉사대를 조직하였다. 이들은 매주 토요일 독거노인을 방문하여 말벗 및 심부름을 통한 정서적 서비스를 제공함으로써 지역어르신 공경의 정신을 몸소 행동으로 실천하고 있다.

이에 당 복지관에서는 과거 청소년들로만 구성된 봉사단에서 3세대가 함께 참여하는 본 프로그램을 통해 3세대가 함께 지역사회문제를 인식하고, 나아가 자라나는 청소년들의 문화 및 성장발달에 관심을 갖고 3세대가 함께 공유해가는 지역사회 문화를 형성하고자 본 프로그램에 청소년 집단이 참여하게 되었다.

(2) 2세대(성인 집단: 19~59세)

낙동복지관이 위치한 강서구 명지·녹산동 지역에 거주하는 성인들은 파농사와 밭농사를 비롯하여 김 양식 등의 농·어업에 종사하는 사람들이 대부분이다. 또한 타도시에 비해 농어촌이라는 지역적 특성으로 두레·품앗이 등의 전통적 이웃사랑의 실천 정신이 맥맥히 자리하고 있으며 부녀회, 통장단회의, 생활개선회, 바르게살기 위원회, 명지시장 번영회, 적십자, 부녀회, 의용소방대 등의 크고 작은 단체들의 활동이 왕성한 것도 특징이라 할 수 있다.

이에 당 복지관에서는 1999년 개관 이래 다양한 단체에서 활동하고 있는 지역주민들의 지역복지사업의 주민참여 방안으로 모니터 봉사단을 조직하여 운영해 오고 있다.

이러한 활동을 통해 2001년부터 지속적으로 모니터활동 및 봉사활동을 실시해 온 2세대의 성인들은 당 복지관이 본 프로그램을 통해 추구하고자 하는 3세대의 '자발적인 주민과 민간단체 참여'의 중심세대로서 활동하게 될 것이며 지역복지사업을 이끌어 가는 주체적인 세대로서 자리매김 할 수 있을 것이다.

(3) 3세대(노인 집단: 60세 이상)

강서구는 행정구역상 부산광역시로 편입되어 있으나 실제로는 지역주민 대부분이 농·어업에 종사하고 있는 전형적인 농어촌 복합 지역이다. 인구 대비를 보면, 전체 강서구 인구 67,043명 중 65세 이상 노인이 차지하는 비율은 8.9%(6,009명)이며, 당 복지관이 위치한 명지·녹산지역은 전체 인구 67,043명 중 65세 이상 노인이 차지하는 비율이 10.6%(2,023명)로 이미 고령화가 상당히 진행된 단계임을 알 수 있다.

지난 2002년 지역 주민 200명을 대상으로 주민욕구조사를 실시한 결과, 당 복지관이 제공하여야 할 노인복지서비스로는 여가활동이 17%, 경제적 지원이 16%를 차지하여 전체 응답률의 높은 비율을 차지하고 있음을 확인할 수 있었다.

이러한 조사결과를 바탕으로 당 복지관에서는 지역노인의 욕구를 반영하고자 심신이 건강하고 사회교육 프로그램에 참여도가 높은 지역노인들을 대상으로 2004년도부터 『노인 시니어클럽』이라는 봉사단을 조직하여 운영하고자 기획하고 있다. 본 프로그램에 그 사업을 확대 시행하여 청소년·성인 집단과 함께 3세대가 참여하는 지역사회 활동에 참여해 봄으로써 노인은 더 이상 수혜의 대상이 아니라 지역사회활동의 주체적 참여자로 인식하여 노년기의 삶을 보람 있게 보내며, 나아가 젊은이들에게 귀감이 되는 지역사회 노인으로서 자리매김하고자 본 프로그램의 3세대로서 참여하게 되었다.

2. 프로그램의 목적·목표 및 기대효과

(1) 프로그램의 목적

본 프로그램은 부산 강서구 지역의 청소년(13~18세), 성인(19~59세), 노인(60세 이상)들이 함께 참여하는 주민자조집단을 형성하였다. 그리하여, 서비스를 받는 3대들의 화합을 위한 문화동아리 활동(문화) 및 지역사회 문제를 파악·논의하여 지역복지사업에 반영하는 모니터 활동(참여복지), 그리고 지역사회 소속감 및 관심도를 높일 수 있는 지역 봉사활동(봉사)을 실시하여 강서구 지역 주민들의 자조와 역량을 강화하는 것을 목적으로 한다.

(2) 프로그램의 목표

〈목표 1〉 3세대 문화 동아리 활동을 통한 긍정적인 관계망을 형성하고 응집력을 향상한다.

· 하위목표 1: 3세대 문화동아리를 형성하여 매월 1회 동아리 정기모임에 80% 이상 참여한다.
· 하위목표 2: 연 1회 동아리활동 발표회를 실시하여 3세대 화합의 장을 마련한다.
· 하위목표 3: 연 1회 두레누리공동체 캠프를 통해 세대 간의 응집력을 향상시킨다.

〈목표 2〉 모니터 회의를 통하여 지역사회 문제를 파악·논의하여 지역복지사업에 반영한다.

· 하위목표 1: 매월 1회 모니터 회의를 실시하며 매회 3세대가 80% 이상 참여한다.
· 하위목표 2: 매회 회의록을 작성하며 매회 안건 1개 이상 지역복지사업에 반영한다.

〈목표 3〉 지역사회 봉사활동을 실시하여 지역사회 문제 해결에 주체적으로 참여한다.

· 하위목표 1: 3세대 봉사자의 역량강화를 위해 사전 교육을 연 2회 실시한다.
· 하위목표 2: 3세대가 함께 매월 1회 이상 봉사활동에 참여하며 봉사활동일지를 작성한다.

(3) 기대효과

① 단일세대를 넘어 3세대의 조직화 사업을 통해 3세대가 함께 공존하는 지역사회를 인식시키고 나아가 가족통합을 기대한다.

② 개인의 문제를 뛰어 넘어 지역사회 문제에 주민이 자발적으로 참여하고 해결함으로써 주체적인 참 일꾼으로 자리매김하기를 기대한다.

③ 농촌지역 품앗이 등을 전문화된 봉사활동으로 유도하여 지역사회 공동체 의식 함양 및 실천을 기대한다.

III. 프로그램의 내용

1. 프로그램 진행과정

1) 문제인식

① 넓은 지역적 특성과 농·어업으로 바쁘게 지내고 있는 지역주민들에게 지역사회문제에 관심을 가질 수 있도록 유도하고자 매월 1회 이상 지역주민 모니터회의를 실시한다.

② 농촌 지역사회에서 발생하는 어려운 일에 주민들이 직접 참여할 수 있도록 매월 1회 이상 지역사회 봉사활동을 실시하고자 한다. 이를 위해 봉사활동 실시 시기는 농한기, 농번기, 1세대들의 방학 등을 고려한 일정을 잡고 지역주민의 지역사회 봉사활동을 실시한다.

③ 여가시간을 활용하여 이용할 수 있는 문화 시설 및 프로그램이 부족한 지역적 특성과 3세대의 화합을 고려하여 지역주민 풍물 동아리를 구성한다. 동아리활동은 매월 1회 이상 강사의 지도 하에 실시하며 주 1회 지역주민 자조 동아리 활동 모임을 실시하도록 한다. 이러한 동아리 활

동의 결실을 맺고자 12월에 동아리 발표회를 실시한다. 또한 세대별, 세대 간 지역주민들의 단합을 위하여 7월 방학과 휴가철을 고려하여 두레누리 공동체 캠프를 실시한다.

2) 3세대 조직형성

(1) 1세대(청소년)

1세대(청소년)를 조직화하기 위하여 당 복지관과 인접한 거리에 있는 경일중학교와 녹산중학교에 공문을 발송하여 학생 및 담당교사, 학교장의 추천을 받아 10명을 모집하였다. 대상은 중학생으로 하였으나 각 학교별로, 경일중학교 2학년 5명, 녹산중학교 2학년 5명으로 조직하였다.

사전 모임을 통하여 1세대 대표 이○혜를 선정하여 1년 간 1세대 대표자로 활동하도록 하였다.

(2) 2세대(성인)

2세대(성인)를 조직하기 위하여 1999년 5월부터 2003년 12월까지 활동한 복지관 모니터요원에게 1차로 홍보하였으며 명지동, 녹산동 통장단 회의에 참석하여 대상자 모집을 홍보하였다. 또한, 복지관 소식지와 홍보지에도 매월 게재하여 지역주민들이 자발적으로 참여할 수 있도록 홍보하였다. 이를 통해 2004년 4월, 기존의 모니터요원에 신규 『3세대 3섹션』프로그램 참여자를 포함하여 10명의 2세대 성인 세대(명지적십자, 명지생활개선위원회, 녹산적십자, 녹산 의용소방대, 녹산부녀회, 통장 등)를 조직하였으며 활동해 왔다. 그리고, 세대 간의 의사를 대표하고 효율적인 의사소통 체계를 마련하고자 2세대 대표를 선정하였으며 명지적십자 부회장으로 활동하고 있는 강○자 회원이 대표로 선정되었다.

(3) 3세대(노인)

3세대(노인)를 조직하기 위하여 강서구 지역노인, 은빛노인대학 이용자, 강서구 노인회, 당 복지관 한글교실 이용자에게 본 프로그램을 홍보하였으며 참여자 10명을 모집하였다. 3세대 노인세대 대표자는 현재 당 복지관 은빛노인대학 재무로 활동하고 있는 송○자 회원이 담당하게 되었다.

3) 역량강화

① 조직된 3세대 지역주민들의 개인 역량강화를 위하여 주민조직화 사업의 의의 및 지역사회 내 자원봉사자의 역할이라는 주제로 교육을 실시하였다.

〈사례〉 이러한 활동을 통해 노인세대들은 연중 거리 캠페인 및 마을버스 정류장 청소 등을 자발적으로 실시해 왔다. 성인세대들은 경로식당 및 도시락 배달사업, 이동 목욕서비스 등에 자발적으로 참여하며 청소년 세대들은 방학을 이용하여 지역사회 환경문제에 대하여 토론하고 정화를 위한 방법들을 고민하는 시간을 가졌다. 그동안 수혜자의 입장에서 봉사활동을 받아왔던 노인세대가 2004년 한 해 동안 가장 자발적인 봉사활동을 실시해 왔으며 2005년 1월부터 시니어봉사클럽을 별도로 조직하여 활동하겠다는 의사를 밝혀와서 현재 2005년 복지관 사업으로 추진할 계획이다.

② 매월 1회 모니터회의를 실시하고 그 결과를 3세대가 함께 실행하기 위해 활동하였다.

〈사례〉3세대가 함께 참여한 3세대 3섹션 두레누리 공동체 캠프에서 각 세대가 지역사회 문제에 대해 모니터하는 회의시간을 가졌다. 각 세대 담당자들은 회의결과를 발표하였고, 각 세대 리더는 그 문제에 대해 자신들의 안건의 필요성을 설득력 있게 이야기

· 청소년 세대에서 나온 안건으로는 지역사회 도서관의 설립, 하교 길 후미진 곳의 가로등의 밝기에 대한 의견, 청소년 문화의 집 등 문화공간의 부재가 있었고, 청소년 문제(절도, 성폭행)에 대한 지역사회 주민들의 관심이 필요하다는 의견이었다.

청소년들이 건의한 지역사회 도서관 건립 등에 관해서는 관할 구청 담당자에게 의뢰하였으며 청소년들의 성과 폭력 등에 대한 문제는 당 복지관의 학교사회사업 및 학교와의 연계활동, 그리고 연간 교육계획을 수립하여 접근해 갈 계획이다.

· 성인 세대 안건으로는 복지관 앞 횡단보도 부근의 비보호지역 신호기 설치, 지역사회 저소득가정(수급권 가정 제외)의 보호 서비스 전달체계 마련이 필요하다는 의견이 있었다.

3세대가 함께 공동의 문제로 추진하고 있는 복지관 앞 횡단보도 부근의 비보호 지역에 대한 신호체계 개편 문제를 관내 경찰서에 의뢰한 상태이며 주민들과 함께 제시한 의견에 경찰서에서도 비보호로 인해 빈번히 발생하는 교통사고를 인지하고 있었으며, 노인 · 아동 · 장애인 등 노약자들이 많이 이용하고 있는 25인승 복지관 셔틀버스 및 기타 차량의 경우 좌회전 및 우회전 시 위험수위에 많이 노출되어 있음을 인식하였다. 2차 공문서 제출 후 비보호 지역에 신호기를 설치하여 교통사고의 발생률을 낮출 수 있도록 향후 구체적으로 협의해 갈 계획이다.

· 노인세대 안건으로는 지역사회 노인인구의 확대에 따른 노인복지사업의 중요성, 노인 여가선용 프로그램의 확충(영어, 일어 등 어학프로그램의 개설, 건강증진을 위한 스포츠댄스, 요가교실 프로그램)이 필요하다는 의견이 있었다.

어르신들이 건의한 여가선용 프로그램의 확대에 있어서는 2005년 본 프로그램으로 진행한 풍물동아리를 활성화하여 노인지도자 양성과정을 신설하고 컴퓨터강좌, 어학강좌(일본어), 풍물강좌, 건강강좌와 함께 진행할 계획이다.

당 복지관에서는 매회 나온 안건들이 지역복지사업에 반영될 수 있도록 3세대 담당자 및 리더가 함께 협의하고 매회 모니터회의시간에 추진상황 및 그 결과를 알려나갔다. 또한, 매월 모니터회의를 실시하여 각 세대별로 인식하고 있는 지역 내 문제점을 함께 나누고 복지관에서는 이러한 안건들을 지역복지사업에 반영하여 지역복지사업으로 실천해 나가는 활동을 하였다.

③ 현재 각 세대별 대상자들이 속해 있는 단체들과의 연계망을 넓혀가고자 학교, 적십자, 부녀회, 통장단, 노인회 등의 회의 시 복지관 담당자가 참석하여 본 프로그램의 내용을 알리고 적극적으로 홍보해 나가고 있다. 이러한 지역 내 학교와의 연계망을 통하여 경일중학교 청소년 보호위원회 위원으로 당 복지관 관장이 위촉되었다. 지속적인 연계망 확보를 통하여 지역 내 문제발생 및 예방을 위한 지역 네트워크 구축사업에 당 복지관이 주축이 되어 진행될 수 있도록 할 계획이다.

④ 3세대 단합을 위한 문화동아리활동 및 캠프를 통한 3세대 화합의 기회를 제공하였다.

〈사례1〉풍물동아리 활동을 진행하면서 참여하는 청소년, 노인, 성인세대 개개인마다 진도 및 학습능력이 다르고 북과 꽹과리, 장구, 징 등을 처음 잡아보는 대상자들이 대부분이어서 12월 발표회 개최에 대한 참여자들의 심적 부담감이 있었지만 힘든 과정을 함께 극복하고 꾸준히 연습하여 발표회 당일 3세대 모두의 화합된 모습을 보여주었다. 지역사회 유관기관의 단체장 및 주민 200명이 참석한 가운데 세대별 풍물동아리

공연 및 어울림한마당을 성공리에 실시할 수 있었다.

〈사례2〉3세대 3섹션 두레누리 공동체 캠프활동에서, 출발할 당시 버스에서부터 청소년 세대들의 놀이문화에 익숙하지 않아 연신 '조용히 하자'는 말만 일삼던 노인 세대들이 함께 하는 물놀이, 레크리에이션, 식사 등의 생활 속에서 손주같은 청소년 세대들을 먼저 배려해주는 모습으로 바뀌었으며, 청소년 세대들도 이동 및 물품을 옮기는 일에서부터 함께 하는 모든 생활에서 어르신을 배려하는 모습을 보였다. 성인 세대들은 청소년들과 노인들의 중간 세대로서 서로의 입장을 이해하며 두 세대를 모두 챙겨가며 분위기를 전환하고 의사결정에 주체적으로 참여하는 중심 세대의 역할을 하였다. 3세대의 캠프가 개별 세대 간의 캠프보다 세대 간의 이해의 폭을 넓히는 교육적인 효과가 높았다.

4) 조직 지도력과 구성원

① 참여회원들 간의 상호작용 및 의사소통은 선출된 각 세대 대표들을 중심으로 이루어졌다. 각 세대 대표들은 매회 활동일정을 조직하여 구성원들과 의논하고 모니터 회의 시 안건들을 취합하여 각 팀별 담당자에게 전달하였다.

② 본 프로그램의 담당자는 총 3명으로 각 세대별로 구분하여 담당하였다. 우선 1세대(청소년)는 청소년복지 담당자, 2세대(성인)는 가정복지 담당자, 3세대(노인)는 노인복지 담당자가 대상자 선정, 관리, 모니터 회의 진행, 봉사활동, 캠프진행 및 보조, 동아리활동 관리 등을 하였다.

관계중심 지도자의 역할에는 각 세대별 팀장 및 세대별 구성원들이 서로서로 지지하며 프로그램을 이끌어 나갔으며 각 세대별 담당자는 과업중심 담당자로서 프로그램 전반에 걸쳐 목표 달성을 위한 리더 역할을 담당하였다.

5) 조직화에서 사회복지 실천가의 노력

① 본 프로그램을 담당한 사회복지사는 각 세대별 주민조직화의 첫 해에 기존에 있었던 2세대를 포함하여 1, 3세대의 주민들을 각 세대별 10명씩 조직화하는 것에 성공하였다.

② 사회복지사의 주요역할로는 프로그램의 기획자, 지지자, 촉진자, 교육자, 옹호자로 각 세대별로 참가자를 모집하고 연 1회 주민역량강화 교육을 실시하였다. 또한, 매회 3섹션 활동을 기획하고 봉사활동 및 모니터 회의를 실시하였다. 또한 풍물 동아리활동을 위해 각 세대를 관리하고 연말에 실시된 동아리 발표회까지 지역주민들을 지지하고 발표회에 참석할 수 있도록 역량을 강화하였다. 그리고, 연간 프로그램 활동에 필요한 강사와 대상자와의 관계증진을 위해 노력하였다.

6) 전략과 전술

① 세대별 집단구성원 개개인을 옹호하고 그들이 가진 문제가 모니터회의에서 표출될 수 있도록 지지하며 그 문제를 지역복지사업에 반영하여 지역사회 문제가 개선될 수 있도록 개인과 집단을 옹호하였다.

② 모니터회의에서 나온 안건을 바탕으로 제도개선 방안을 마련하는 등 전략과 전술을 사용하였다. 복지관 앞 비보호지역 신호기 설치를 위한 제도 마련을 위해 관할 경찰서와 협의하였으며 청소년들의 건전한 문화공간 및 청소년 보호를 위한 문화공간 설치를 구청에 건의하였다.

③ 합의 전술의 사용에 있어서는 각 세대별 문화, 모니터회의, 동아리활동 프로그램 진행 시 3세대 대표를 활용한 세대 간의 의견 조율을 시도하였으며 3세대 화합을 위한 동아리활동, 캠프, 교육 등을 통해 세대 간의 차이를 극복하여 화합될 수 있도록 하였다.

〈사례〉3세대가 함께 하는 단위사업의 행사가 아닌 1박 2일 간의 캠프를 기획하면서 공동의 관심과 일정 등의 조정을 위하여 매번 3세대 대표와의 끊임없는 대화를 지속하였다. 또한 5월부터 12월까지 실시된 동아리단의 활성화와 12월에 실시된 발표회를 앞두고 의상 및 수업내용, 강사의 역할 등에 대해서도 3세대 대표와의 대화를 통해 해결점을 찾아나가는 활동을 실시하였다. 노인 세대의 경우 청소년 세대와 성인 세대와 달리 진도가 느리고 매번 반복학습을 해야 했기에 다른 세대 구성원들의 배려가 필요했고, 지도 강사와의 마찰이 생긴 적도 있었다. 그때마다 노인 세대들의 의욕과 강사의 기대치, 다른 세대 구성원들의 생각들을 각 세대 대표자와 함께 나누고 구성원들을 지지하면서 발전될 수 있는 방향으로 개선점을 함께 모색하는 활동을 지속적으로 실시하였다.

지역사회와의 관계에 있어서는 지역 내 유관기관을 중심으로 조직하였으며 본 프로그램을 확장하여 2005년, 2006년 지역주민 2, 3기를 배출하는 등 지속적으로 개발해갈 것이다. 또한 타 복지관 중 유사프로그램 수행기관의 활동사례를 참고하여 담당자는 지역사회 주민 조직화사업의 활성화를 위해 교류하는 방법도 모색할 것이다.

2. 지역사회복지 모델

조직단계	주요과업

형성
단계
	① 주민들의 지역사회 문제인식 및 참여도가 부족함.
	  - 농어촌 복합지역으로 인한 넓은 거리상의 이유로 지역주민 간의 상호작용이 부족하며 지역 내 발생하는 문제상황에 대한 인식 및 해결과정에 대한 참여도가 부족함.
	  - 농어촌 지역으로 주민들이 이용할 수 있는 문화 공간의 부족 및 문화활동을 할 수 있는 내용이 부족함.
	② 지역주민 조직화 및 활성화를 위한 3세대 집단 형성
	  - 복지관과 연계되어있는 학교를 중심으로 1세대 청소년 조직화
	  - 1999년부터 활동한 자원봉사자, 모니터 요원, 적십자, 부녀회 등을 통해 2세대 성인 세대 조직화
	  - 당 복지관 은빛대학, 한글교실, 노인회 등의 회원을 중심으로 3세대 노인 세대 조직화

조직단계	주요과업
토대 구축 단계	① 목표의 설정 - 3세대 문화 동아리 활동을 통한 긍정적인 관계망 형성 및 응집력 향상 - 모니터 회의를 통하여 지역사회 문제를 파악·논의하여 지역복지사업에 반영 - 지역사회 봉사활동을 실시하여 지역사회 문제 해결에 주체적으로 참여 ② 활동계획수립 * 발대식 - 3세대 3섹션 사업 소개 및 출발을 위한 발대식 실시(발대식 날 지역사회 주민자조 와 역량강화를 위한 자원봉사자의 역할 교육 함께 실시)

토대
구축
단계
	* 문화활동
	 - 문화활동으로는 각 세대별 풍물 동아리를 조직하여 5월부터 월 1회 이상 강사의
	  지도 하에 동아리 활동을 실시함.
	 - 월 1회 이상 각 세대별 자조모임을 실시하여 회원들 간에 서로 배운 것을 복습하
	  고 지지하는 활동을 함.
	 - 연 1회 3세대가 함께 하는 캠프 실시. 레크리에이션, 모니터회의, 예절교육 등의
	  캠프 프로그램을 통해 다른 세대를 이해하고 단합하는 시간을 가짐.
	
	* 봉사활동
	 - 각 세대별 조직화된 구성원들이 자체 회의를 통해 봉사활동 내용을 협의하여 월 1
	  회 이상 봉사활동 실시(청소년 세대는 노인 세대와 함께 월 1회, 거리환경정화활
	  동에 참여함. 성인 세대는 매주 1회 이상 복지관 경로식당 자원봉사활동 및 도시
	  락 배달사업에 자원봉사자로 참여함).
	
	* 참여활동
	 - 각 세대별 조직화된 구성원들이 월 1회 이상 모니터회의를 실시함.
	
	① 지도력의 강화
	 - 각 세대별 대표자를 선정하여 세대 간의 의사소통 및 합의를 위한 회의 진행 시
	  대표자회의를 실시함.
	
	② 참여동기의 강화
	 - 캠프 및 동아리 발표회를 통해 화합을 강화하고 참여동기를 강화함.

발전
단계
	① 활동진행상황 평가
	 - 연간 활동한 내용을 지역주민들과 함께 하는 자리에서 발표회를 가짐으로써 동
	  아리활동의 결실을 맺음.
	 - 캠프 및 각 프로그램 후 활동내용을 각 세대별로 평가하며, 만족도에 대한 설문지
	  작성
	
	② 연대활동의 강화
	 - 타 지역 봉사자 및 주민조직화 사업단과의 연계를 통하여 정보를 교류하고 2기, 3
	  기 지역주민들이 배출될 수 있도록 활동을 강화함.

Ⅳ. 결과평가

1. 효과 평가

(1) 목표 1: 3세대 문화 동아리 활동을 통한 긍정적인 관계망을 형성하고 응집력을 향상한다.

농어촌이라는 지역적 특성으로 문화회관 및 여가시설이 부족한 점을 적극 반영하여 3세대가 함께 참여하고 단합할 수 있는 지역주민 풍물 동아리단을 구성하였다. 5월부터 9월까지는 매월 1회 강사의 지도 하에 3세대가 연습하고 자조활동을 할 수 있도록 유도하였다. 12월 동아리 활동의 발표회를 앞두고는 10월~12월까지 매주 1회 이상 강사 지도 및 자조모임의 동아리 활동을 실시하였다. 동아리 활동 및 자조동아리 모임을 통해 3세대의 화합의 장이 구축되어 가고 있다.

또한, 지난 7월 20~21일 양일 간에 실시된 3세대 두레누리공동체 캠프에서 그동안의 청소년, 노인 등 대상별로만 실시되던 캠프를 탈피하여 청소년, 성인, 노인 세대가 함께 가는 캠프를 통해 캠프출발에서부터 진행(모니터회의, 한자학습, 공동체활동), 평가까지 3세대가 서로를 배려하고 지지하며 이해하는 뜻깊은 시간이 되었다.

(2) 목표 2: 모니터회의를 통하여 지역사회 문제를 파악 · 논의하여 지역복지사업에 반영한다.

매월 1회 모니터회의를 실시하며 매회 3세대가 80% 이상 참여하였다. 또한, 매회 회의록을 작성하며 지역복지사업에 반영하고 있으며 복지관 앞 비보호지역 신호체계 개편문제는 3세대의 공동의 문제로 인식하여 현재 관할 경찰서에 의뢰하고 개편될 수 있도록 추진하였다. 마을버스 정류장 주변의 쓰레기 문제에 대한 의견이 있어 3세대의 봉사활동과 연계하여 매월 환경정화운동을 실시하였다. 월 1회 이상 본 프로그램에 참여하고 있는 3세대인 청소년, 성인, 노인 세대들이 지역사회에 관심을 가지고 지역사회 내 문제 발견과 해결이 중심이 될 수 있도록 매회 협력해 가고 있다.

(3) 목표 3: 지역사회 봉사활동을 실시하여 지역사회 문제 해결에 주체적으로 참여한다.

조직된 3세대들이 매월 1회 봉사활동을 실시하면서 봉사활동은 시간이 있어야 한다라는 생각의 틀을 바꾸고 지역사회에서 발생하는 우리 이웃들의 문제에 주민들이 직접 참여하는 기회가 되었다. 봉사단 결성과 함께 발대식을 실시하여 출발의 의미를 새길 수 있었으며 지역주민들에게 생소한 지역사회 조직화사업에 대한 방향제시 및 교육을 위하여 특강을 함께 실시하고 주민조직화 사업에 지역주민들의 이해도 및 참여도를 높이는 시간을 가졌다.

청소년, 성인, 노인 세대들의 연간 봉사활동의 맥락에서 2005년도에도 지속적으로 시니어봉사클럽을 자체 조직하여 활동하겠다는 의사를 밝혀온 노인 세대의 경우 2004년 동안 진행해온 봉사활동사업이 효과가 있었음을 알 수 있었다.

V. 사후관리

1. 참여자 측면

본 프로그램은 무엇보다 자발적인 주민참여 및 조직화가 요청되며 활발한 활동이 요구되고 있다. 이에 남녀의 다양한 성비 구성이 요구되나 상반기 프로그램을 실시한 결과 참여자 전원 여성 인원으로 구성되어 있어 편중된 의견 및 활동이 될 수 있는 한계가 있었다. 본 주민조직화 사업은 인원을 한정시킬 것이 아니라 열린 조직으로서 점차 지역사회에 관심이 있는 누구나 참여 가능한 조직사업으로 운영하면서 청소년, 성인, 노인 세대 중 남성들의 참여 또한 유도한 결과, 3세대인 노인 세대에서 3명의 참여자가 참석을 희망하였으며 9월부터 동아리활동, 봉사활동에 프로그램 종결 시까지 참여하였다.

2. 3세대가 함께 하는 프로그램의 기획

각 세대별 모니터회의 및 봉사활동은 진행되지만 3세대가 함께 하는 봉사활동 및 동아리활동을 기획할 경우 시간 조정에 어려움이 있었다.

이에 동아리 활동의 경우 2, 3세대가 먼저 진행하고 학교에서 하교한 1세대는 따로 연습을 하게 되어 3세대 화합을 위한 동아리활동 연습을 실현하는 데 어려움이 있었다. 또한, 3세대 화합을 위한 봉사활동의 경우 같은 시간에 같이 활동해야 화합이 된다는 고정관념을 전환하여, 2, 3세대가 밑반찬을 조리하고 1세대는 이를 독거노인 가정에 전달함으로써 연장선상의 3세대 봉사활동을 기획해 보는 것도 좋을 듯하다.

3. 주민조직화 사업의 활성화

3세대가 함께 하는 1박 2일 간의 두레누리공동체 캠프를 통해 3세대가 다른 세대를 이해하고 서로 지지하는 시간이 되었다. 향후 주민조직화 사업의 활성화를 위한 다채로운 프로그램 기획 및 누구나가 참여하고 싶은 주민들에게 열린 조직으로 운영해 갈 것이다.

Ⅵ. 전망 및 제언

1. 향후 전망

(1) 당 복지관 3개년 주민조직화 사업의 구심점이 됨

당 복지관에서는 본 사업을 기획할 시 3년 간의 중장기 발전방안을 가지고 추진하고 있다. 이에 2004년은 주민조직화의 1단계로서 지역주민의 1차적 조직화 및 지역사회 문제의 자발적 참여를 유도하고, 2단계에 접어드는 2005년에는 2004년도에 활동한 3세대 주민을 1기로 배출하고 새롭게 2기를 조직할 것이다. 1기 배출자는 당 복지관에서 주민역량강화의 방안으로 지도자 학교를 계획하여 심화과정을 거친 후 주민역량을 강화할 수 있도록 할 계획이며 3년 차에는 본 프로그램을 통해 배출된 1, 2기 지역주민들이 공동의 문제를 자체적으로 해결할 수 있도록 역량을 강화하도록 지원해갈 것이다.

당초 1년 차 목표였던 지역주민조직화 사업 및 자발적인 문제해결 참여유도는 2004년 1년 간의 사업을 통해 3세대 조직결성 및 문제해결과정의 참여도를 통해 목표를 달성하였다.

(2) 주민조직화 사업의 확대 및 주민들의 참여 유도

강서구 지역의 특성으로 농어업에 종사하는 주민들이 대부분이어서 참여자들의 활동시간 및 성비를 고려하여 2년 차 조직화 사업에는 더욱 많은 지역주민들이 함께 참여함으로써 활발한 활동이 될 수 있도록 새로운 아이템을 개발하여 주민들과 호흡해 가는 것이 필요하다.

또한, 3세대가 함께 하는 프로그램의 경우 낮시간 활동이 용이한 노인 세대와 휴일 활동이 용이한 청소년 세대 등 시간조정의 어려움이 발생하였으나 3세대 공히 같은 시간에 같이 활동해야 한다는 고정관념을 전환하여 각 세대별 활동의 특성을 가장 잘 살릴 수 있는 방안을 모색하는 것이 요구된다.

또한, 향후 주민조직화 사업의 활성화를 위한 다채로운 프로그램 기획 및 누구나가 참여하고 싶은 주민들에게 열린 조직으로 운영해 갈 것이다.

2. 담당자 의견

당 복지관이 위치한 강서구 명지동은 지역적으로 농촌과 어촌이 함께 공존하는 도농지역적 특성을 띠고 있다. 일을 하는 주민들의 대부분은 파농사와 밭농사, 또는 과실류를 재배하거나 김양식에 종사하는 농어업인들이다.

농번기와 농한기를 보내는 중심 세대인 성인 세대들과 그들의 자녀, 또한 지역사회를 지켜온 어르신 세대들이 함께 공존하는 지역사회에 3세대 모두는 이 사회를 움직여가는 참 일꾼이다.

담당자는 핵가족화로 인한 가족해체의 문제, 또는 독거노인이 늘고 있다는 신문지상의 문제를 현실 속에서 복지사업의 대상으로만 볼 것이 아니라 그들을 서비스의 수혜자인 동시에 주체로서 자리매김하고자 본 사업을 기획하여 추진해 왔다.

처음 사업을 시작할 시기에는 지역주민들을 한자리에 모이게 하는 일에서부터 그들이 가지고 있는 생각을 지역사회로 옮기는 일까지 쉬운 일이 없었다. 하지만, 동아리 활동을 통해 3세대가 함께 공존하고 있음을 인식하고 서로의 모습을 바라보면서 이들은 더 이상 다른 세대가 아닌 한 시대를 함께 살아가는 세대라는 인식을 하게 되었다. 3세대가 함께 떠나는 캠프에서는 더욱 더 서로의 세대를 이해하는 시간이 되었다.

또한, 본 사업은 조직화를 통해 각 세대의 문제를 함께 논의하고 해결해가고자 하며 시간이 지날수록 정식적인 회의석상이 아니더라도 자신들의 의견을 도출해 내고 담당자에게 의견을 제시하는 모습을 보면서 이제는 소극적인 서비스 수혜 대상자의 모습보다는 주체적인 모습을 엿볼 수 있었다.

대상자들의 반응과 효과성, 효율성이 즉각 나타나는 프로그램들과는 달리

주민조직화 사업은 담당자부터 지역주민들 모두가 인내심을 가지고 그들이 가진 역량을 창출해 가야한다는 생각이 든다.

당 복지관에서도 올 한 해 주민조직화 사업을 발판으로 향후 2~3년 간 농어촌 지역주민 역량강화를 향해 지속적으로 노력할 것이다. 나아가 본 사업이 지역사회의 세대 간 이해의 폭을 넓히고 가족해체가 아닌 세대들이 공존하는 따뜻한 가족 울타리를 더욱 공고히 한다면 더욱더 바랄 것이 없을 것이다.

Ⅶ. 관련사진

3세대가 함께 한
마을버스 정류장
청소 봉사활동

3세대 지리산
청학동 캠프-한자학습

3세대
풍물동아리 연습장면

1, 2세대 연계
풍물동아리 연습장면

풍물동아리
발표회 장면1

2, 3세대
풍물동아리
발표회 모습2

낙동종합사회복지관: 3세대(청소년, 성인, 노인) 주민자조 **235**

VIII. 실적 및 예산(2005년도 집행계획포함)

예산항목		프로그램명		삼성계획			실적			비고
항	목			건	인원	예산금액(원)	건	인원	지출금액(원)	
인건비	강사비	3섹션봉사자교육강사비		2	60	100,000	1	24	100,000	
	실무자 활동비	실무자 활동비		2	2	330,000	2	2	328,990	
사업비	준비비	봉사자 교육 플랜카드 제작비		1	1	50,000	1	1	50,000	
	문화 활동비	3섹션	섹션II - 동아리활동	26	300	5,900,000	44	135	5,860,110	
	참여 복지비		섹션 I - 모니터회의	240	240	59,000	15	120	58,770	
	봉사 활동비		섹션III - 봉사활동	26	300	50,000	16	144	49,920	
	평가회비	평가회	최종평가회	1	30	2,081,000	1	29	0	2005년 지출예정
기자재 구입비	기자재 구입비	캠코더 및 비품 구입		2	2	1,010,000	2	2	1,008,600	
잡수입	예금 이자수입	예금이자수입		-	-	-	-	-	-	예금이자수입 3,822
		총계				9,580,000 (삼성 지원금)			7,456,390 (삼성 지원금 7,227,530/ 복지관 자부담 228,860)	〈잔액〉 1) 삼성지원금 (2,352,470) 2) 예금이자수입 (3,822)

하반기 계획

단위: 원

잔 액		지출내역	지출예산
삼성 지원금	2,352,470	사업보고서 발간 및 우편발송료	2,356,292
예금이자	3,822		
총계	2,356,292		

지역통화를 활용한 영구임대아파트 지역의
품앗이 공동체 형성

유태완(상리종합사회복지관)

I. 프로그램 개요

본 프로그램은 저소득층이 밀집 거주하고 있는 영구임대아파트 지역을 대상으로 지역통화를 매개로 하는 자조적인 지역사회조직인 품앗이 공동체를 형성하고자 2004년 4월부터 12월까지 진행되었다.

영구임대아파트가 저소득 주민에게 주거안정이라는 긍정적 측면보다는 '가난한 사람들의 주거지' 라는 사회적 낙인으로 일반화되어 있는 것이 현실이다. 이처럼 도시의 섬으로 격리되어 있는 영구임대아파트지역 또한 최근 사회복지실천 현장에서 클라이언트의 역량강화가 강조되면서 지역주민들에 의한 지역사회 변화의 노력들이 일어나고 있다.

따라서, 본 프로그램은 지역주민들이 자조집단을 형성하여 개인이 겪고 있는 문제를 해결함으로써 역량을 강화시키고, 나아가 지역사회의 역량강화를 통해 지역사회 변화를 도모하는 것을 궁극적인 목적으로 하고 있다.

이를 위해, 지역 주민들의 자조집단 참여를 이끌어 내고자 서구 유럽에서 시작된 지역통화제도를 접목시켰다. 지역통화는 자신이 보유하고 있는 기술과 자원을 이를 필요로 하는 다른 사람에게 제공하고, 자신도 다른 사람으로부터 필요한 기술과 자원을 제공받을 수 있는 '다자간 품앗이' 제도이다. 이는 상호신뢰를 바탕으로 한 회원 간의 교환제도이며, 지역 공동체적 연대의식을 기초로 한 제도로서 궁극적으로 지역사회 공동체를 회복시키고자 하는 운동이다.

따라서, 품앗이에 참여할 회원을 모집하여 공동체를 형성하고 자조적인 운영을 위한 운영위원회를 구성하며 참여 주민들의 공동체의식 및 지역통화제도에 대한 이해를 도모하기 위한 공동체 학교와 회원 간의 관계형성을 위한 정기모임 및 품앗이 만찬, 지역통화 운영의 활성화를 위한 소식지 발간 및 홈페이지 개설, 그리고 수첩 제작 및 배포의 활동을 하였다. 또한, 지역사회 문제해결의 일환으로 품앗이 회원들이 재가가정 서비스지원에 나서고 있다.

이와 같은 프로그램 진행으로 품앗이 공동체에 참여한 지역주민들의 지역에 대한 만족도를 향상시키고, 품앗이 활동의 활성화를 통해 경제적 주권을 행사할 수 있도록 하였다. 또한, 지역사회 빈곤 문제 해결에 주도적 역할을 감당함으로써 지역 연대의식을 강화시키고자 하였다. 나아가, 이 프로그램을 통해 지역통화 도입의 성공적 사례 모델을 영구임대아파트라는 지역에 적용함으로써 영구임대아파트 지역조직의 새로운 모델을 제시하고자 하였다.

II. 프로그램 내용

1. 프로그램의 기획배경

영구임대아파트는 저소득층의 밀집으로 인한 슬럼화와 사회적 단절, 그리고 아동 및 청소년 양육환경의 미흡 등 빈곤문화를 재생산함으로써 이는 이미 사회문제화되어 있다. 취약계층 우선 입주의 필요성 때문에 국민기초생활수급자, 장애인, 노인가구 등 남의 도움을 필요로 하는 사람들이 영구임대아파트의 주된 입주자를 형성하므로 주거 생활에 역동성은 없고 일종의 거대한 '사회복지 생활공간'으로 탈바꿈한 것이 현실이다. 또한, 인근의 일반 주거지와 현격히 차이가 나는 생활환경으로 인해 이 지역 아동들이 받는 상처와 청소년들의 절망은 깊어가고 있다. 서구의 사회주택이 갖는 많은 효과나 성과에도 불구하고 무기력, 빈곤문화의 확대, 사회적 격리 및 배제의 문제가 나타나고 있는 것이다. 그밖에 영구임대아파트 주민들은 입주 전, 사업실패나 부채 등 경제적 사건이나 곤란을 겪는 경우가 많고 학력이나 건강, 연령 등 인적 자본이 충분하지 못하여 공식 부문의 노동시장에 참여하기 힘든 경우가 상당수를 차지한다[1].

실제로, 본 프로그램이 표적대상으로 삼고 있는 영구임대아파트인 동삼 2단지 주공아파트 주민들은 인근 지역으로부터 차별받는다고 느끼고 있고, 이는 일반아파트 주민들에 비해 낮은 지역 만족도와 낮은 애향심 등으로 나타나고 있다. 본 복지관에서 실시한 2003년 지역조사 결과(5점 척도), 동삼 2단지 주민들의 지역사회 만족도는 2.81점으로 나타나, 일반아파트인 동삼 3, 4단지 주민들의 지역사회에 대한 만족도 2.93점보다 낮은 것으로 조사되었다. 특히, 지역만족 척도와 이웃관계 척도 가운데 지역만족 부분에서는 동삼 3, 4단지가 3.17점인 반면 동삼 2단지는 3.00점으로 나타나 동삼 2단지에 거주하는 지역주민들이 지역에 대한 만족도가 상대적으로 낮은 수준임을 잘 나타낸다. 또한, '우리 아파트 주민들의 지역에 대한 애향심이 어느 정도라고 생각하는가?'라는 질문에 낮은 편이라고 생각하는 응답자가 전체 약 49.8%(매우 낮은 편 10.6% + 낮은 편 39.2%)를 차지했다. 이는 기타 혹은 무응답층을 제외한 유효응답자의 63.3%에 해당하며 많은 지역주민들이 타 지

---

1) 〈서울시 영구임대주택 주민의 생활〉, 서울시정개발원, 2002.

역에 비해 주민들의 애향심이 낮다고 생각하는 것으로 나타났다.

이와 같은 경제적 어려움과 지역사회가 안고 있는 구조적 문제, 그리고 낮은 지역만족도 등의 문제를 해결하는 데 있어 일부 영구임대아파트의 성공 사례라고 보고되는 외국의 경험(특히 영국)을 살펴보면, 일종의 주민자치관리 혹은 적극적인 참여형 관리 사례들에 해당한다. 주민들을 관리의 대상으로 보는 것이 아니라 주택 및 마을의 관리 주체가 되도록 하는 것이다. 이를 위해, 주민들이 자발적인 조직을 결성하고 정부, 임대업자, 지역단체들과 공동으로 주택을 관리할 수 있도록 지원하고 있다[2].

우리나라에서도 아파트가 가장 압도적인 주거형태로 등장하면서 최근 들어 '아파트 공동체운동'이 활성화되고 있다. 이 운동은 영구임대아파트에도 영향을 미쳐 영구임대아파트에 사는 사람들도 생활의 여러 문제를 스스로 결정할 권리가 있다는 점을 인정하고, 주민참여가 필요하다는 운동이 시작되고 있다.

이처럼 주민참여를 위한 자발적인 조직 형성에 있어 프로그램의 표적대상인 동삼 2단지 주공아파트 주민들은 매우 긍정적인 조사결과를 보여주었다. 지역 주민들 가운데 다수는 지역발전을 위해 일하기를 원하고 있으며, 주민들의 자조 모임이 만들어지면 참여하고 싶어하는 것으로 조사되었다. 동삼 2단지 지역주민 가운데 54.7%는 지역발전을 위해 일하고 싶다고 응답해 일반 아파트 지역인 3, 4단지 주민 39.6%에 비해 높게 나타났다. 또한, 응답자 2명 가운데 1명(47.9%)은 지역사회 문제 해결을 위한 자치모임이 만들어지면 참여하겠다고 응답해, 참여하지 않겠다는 9.1%보다 압도적 다수를 차지했다. 하지만, 지역주민 10명 가운데 8명은 반상회 및 부녀회 등 기존에 형성되어 있는 지역 내 자치모임에 참여하고 있지 않는 실정이다. 이는 앞서 설명한 지역주민 다수가 자치모임이 매우 필요하거나 필요하다고 생각하고 있고, 지역 사회문제해결을 위한 자치모임이 만들어지면 참여하겠다고 응답한 사실

---

2) 상게서

과 상반된 결과이다.

　이와 같은 결과는 기존 주민모임의 활동이 미흡하거나 제 역할을 못하고 있기 때문이기도 하겠지만, 또 다른 요인으로는 지역사회 공공의 이익보다는 개인 혹은 가족이 안고 있는 문제 해결이 더 시급한 지역주민의 특성의 영향으로 파악되었다. 따라서, 영구임대아파트 내에 위치한 지역사회복지관 중심의 주민조직화를 위한 많은 노력에도 불구하고, 노력의 투입에 비해 큰 효과를 거두지 못하고 있는 것은 공공의 이익 혹은 거시적인 변화에만 초점을 맞추어 지역주민들을 유인할 수 있는 매개체 부족에서 비롯된 결과로 연구자는 분석하였다. 따라서, 현재 일반 주거집단에서 성공적으로 운영되고 있는 지역통화인 '대전 한밭 레츠'나 '송파 품앗이' 등을 모델로 하여 영구임대아파트 지역에 지역통화를 활용하여 품앗이 공동체를 운영한다면, 회원으로 참여한 지역주민 개개인의 문제 해결은 물론 지역사회의 자발적인 조직 형성을 통한 지역사회 변화라는 두 가지 목적이 함께 달성될 수 있고 이를 위해 본 프로그램을 기획하였다.

2. 지역통화와 지역공동체

(1) 지역통화의 의미[3]

　지역통화는 자신이 보유하고 있는 기술과 자원을 이를 필요로 하는 다른 사람에게 제공하고, 자신도 다른 사람으로부터 필요한 기술과 자원을 제공받을 수 있는 '다자간 품앗이' 제도이다. 이는 상호 신뢰를 바탕으로 한 회원 간의 교환제도이며, 지역 공동체적 연대의식을 기초로 하고 있다.

　지역통화 운동은 1983년 캐나다 벤쿠버의 코목스 밸리에 있는 커트니라는 소도시에서 미공군기지 이전과 이 지역의 기반산업이었던 목재업이 침체

---

3) www.songpavc.or.kr/bbs

되면서 실업률이 18%까지 치솟는 가운데, 영국에서 태어나 캐나다로 이민온 마이클 린튼이라는 사람에 의해 6명의 회원으로 처음 시작되었다. 컴퓨터 프로그램을 이용하여 지역화폐 거래관리시스템을 개발한 그가 녹색달러라는 지역화폐를 만들어 회원으로 가입한 지역주민들로 하여금 재화와 서비스를 서로 교환하도록 한 것이 시초다. 1980년대 들어서 지역품앗이 운동은 그리 활성화되지 못하다가 1990년대 들어 급속히 보급되고 있는데 호주, 뉴질랜드, 영국, 미국 등 영어권 국가를 중심으로 전 세계적으로 확산되어 현재 1,500개 이상의 레츠에 10만 명 이상의 회원이 있다.

우리나라에서는 1990년 3월에 처음으로 '미래를 내다보는 사람들의 모임'이 미래화폐(Future Money)라는 이름으로 지역화폐의 운영을 시작한 이래 대전 한밭 레츠, 불교환경교육원, 인천의 인하대학교 내에 소재한 인천정보통신센터, 대구 로타리클럽, 구리 YMCA 등에서도 지역화폐 운동을 벌이고 있다. 교육관련 출판사인 '민들레'의 민들레 교육통화, 도서출판 '작은것이아름답다'의 작아장터 등의 지역화폐 운동도 있다. 송파구 자원봉사센터의 송파품앗이 등 지방자치단체 차원에서도 다양한 지역화폐 운동이 벌어지고 있다.

(2) 지역공동체운동으로서 지역통화

지역통화는 현금이 없어 경제활동에 참여하지 못하는 사람들에게 실제적인 도움과 기회를 제공한다. 여기서 중요한 것은 도움과 기회가 일방적인 시혜 관계에 바탕을 둔 것이 아니라는 사실로써 서로 돕는 방식을 지향한다는 점이다. 지역통화는 구성원 누구나 창출할 수 있으며, 창출 자체가 서로에게 도움이 되는 결과를 가져온다. 현금이 없어 경제적 주권을 누리지 못했던 사람들도 지역통화의 상호 창출을 통해 완전한 경제적 주권을 누릴 수 있어 지역사회 연대성을 제고할 수 있다[4].

---

4) 김종일, 『지역사회복지론』, 현학사, 2003.

또한, 지역통화 시스템은 우리 사회의 전통적인 품앗이 운동을 복원시키고 있다. 우리나라 대표적인 지역통화인 '대전 한밭 레츠'나 '송파 품앗이' 등은 지역공동체운동으로 자리를 잡아가고 있다. 비록 폐쇄적인 틀 안에서의 품앗이라 하더라도 부락공동체 시절의 품앗이가 산업화 물결을 타고 없어졌다가 다시 지역통화제도와 함께 다양한 형태로 나타나고 있는 것이다[5].

3. 프로그램 목표

본 프로그램은 단기적으로는, 참여한 지역주민들이 안고 있는 문제를 해결하고 지역사회 자치적인 주민조직을 형성하는 것이다. 또한, 장기적인 차원에서는 문제해결 및 조직 참여를 통한 개인의 역량이 강화되고 나아가 지역사회 역량강화를 통한 지역사회 변화를 목표로 삼고 있다.

1) 단기 목표

(1) 문제해결

웃서발 품앗이[6] 참여를 통해 가사문제를 해결할 수 있는 다양한 자원체계가 확보되었고 경제적인 이득을 가져올 수 있었다.

첫째, 가정생활에서 발생하는 문제를 해결할 수 있는 다양한 자원체계를 확보할 수 있었다. 여성들의 사회진출이 급속히 늘어나면서 사회적 화두가 되고 있는 미취학 아동보호 문제의 해결이 그 예가 될 수 있다. 영구임대아파트 주민들은 경제적인 문제 해결을 위해 맞벌이를 하거나 부업활동을 하는 가정이 많아 아동의 보육 문제가 더욱 심각하게 나타나고 있다. 하지만, 품앗

---

5) 〈지역통화 활성화를 위한 워크숍 자료집〉, 미내사클럽, 2000.
6) 본 프로그램의 대상지역인 부산광역시 영도구 동삼 3동의 옛 지명인 '웃서발'을 사용하여 '웃서발 품앗이'라고 하였다.

이 활동을 통해 지지적 자원체계를 확보함으로써 일시적으로 발생하는 아동 보호의 문제를 해결하고 있다. 보험 설계사로 일하고 있는 김○○ 회원은 직장 일로 인해 저녁시간 아이의 보호를 맡겨야 하는 상황에서 거래를 요청해 와 박○○ 회원이 아이를 2시간 동안 맡아주었고 품삯으로 웃서발 품앗이 지역통화(단위: 냥) 10,000냥을 지급하기로 거래가 성립됨에 따라, 김○○ 회원은 직장 일을 무사히 마칠 수 있었다. 또한, 가정 내에서 가족 구성원 한 사람에게 두 가지 이상의 과업이 동시에 주어졌을 때 품앗이 활동 이전에는 제한적인 지역사회 자원을 활용하여 문제를 해결하기 위해 많은 노력을 기울이거나, 부득이 한 가지 과업을 차후로 미루어야 하는 상황에 직면했었다. 실제로, 어린이집에 다니는 아이를 양육하면서 장기 와병중인 어르신을 부양하고 있는 하○○ 회원은 갑자기 어르신이 병원에 가게 되어 아이가 어린이집에서 귀가하는 시간과 겹치는 문제가 발생했다. 이러한 곤란한 상황에서 하○○ 회원은 지금까지 도움을 줄 수 있는 이웃을 찾기 위해 노력을 기울이던 것과는 달리 품앗이 자원을 활용해 이 문제를 손쉽게 해결할 수 있었다. 어르신을 병원까지 동행해 줄 품앗이를 웃서발 품앗이 센터로 요청함으로써 김○○ 회원은 품앗이 지역통화 5,000냥을 받고 어르신 병원동행을 대행해 주었고, 결과적으로 아이의 귀가문제와 어르신 병원 문제를 동시에 효율적으로 해결할 수 있었다.

둘째, 품앗이 활동을 통해 가사에 따른 경제적인 부담감이 해소되고 실질적인 경제적 이득을 경험하는 기회가 되었다. 영구임대아파트 지역주민들에게 경제적 어려움의 해소 혹은 경제적 소득의 창출이 가장 중요한 문제임이 선행 연구들을 통해 나타나고 있다. 이들에게 경제적 이득의 경험은 지역조직에 매우 긍정적인 강화 요인이 될 수 있다. 따라서, 웃서발 품앗이를 통해 일반 화폐의 지출 없이 회원의 택시를 지역통화만으로 이용한다든지, 음식 주문 시 일부는 현금으로 결제하고 일부는 품앗이 지역통화로 결제함으로써 실질적인 할인 효과를 체감하고 경제적 이득을 경험하는 기회가 되고 있다. 구체적인 예를 살펴보면, 이○○ 회원은 구두굽 수선을 위해 회원 가입된 구두 수선점을 찾았다. 구두 수선 후 4,000원의 거래 발생금에 따라 수선점 사장은 가입 때의 약정대로 거래 금액의 50%인 2,000원은 현금을 받고 2,000원은 품앗이 지역통화 2,000냥으로 결제함으로써 이○○ 회원은 비회원에 비해 50%의 할인을 체감하게 되었다. 또한, 신문배달 부업을 하는 신○○ 회원은 중대한 가족사로 인해 신문배달을 하루 빠질 수밖에 없는 상황에 놓이게 되었다. 이에 신문배달 품앗이를 의뢰하게 되었고, 이○○ 회원과 10,000냥에 거래가 성사되어 경제적 손실이 없이 가정 일을 잘 마무리 할 수 있게 되었다. 그밖에 품앗이 활동에서 이루어지는 물물 교환은 지역사회 자원절약의 효과를 가져오고 있으며, 또한 지역주민들이 운영하는 소규모 자영업체에 고정적인 고객 확보의 효과를 가져와 매출 증대에 기여하고 있다.

(2) 조직형성

2003년 실시한 지역조사에서 많은 지역주민들은 지역 모임에 참여하고 싶은 욕구를 갖고 있으나 지역 내 모임이 거의 존재하지 않은 것으로 나타났다. 이에 따라 지역통화를 매개로 하여 동삼 2단지 주공아파트 지역주민의 조직을 시도하였다.

조직형성의 초기단계에서 회원 확보를 위해 기존 조직(통, 부녀회 등)과 복지관 이용자 중에서 품앗이 공동체 참여가 가능한 잠재적 회원을 파악하고, 잠재적 회원들을 대상으로 개별 접촉과 함께 기존 조직인 부녀회장에게 사업의 취지 등을 설명하여 회원 모집에 지지적 자원으로 활용하였다. 아울러 지역주민 다수를 대상으로 프로그램을 홍보하고 조직 참여를 유도하기 위해 지역 통반장설명회 개최, 아파트 각 동 엘리베이터 입구에 홍보지 부착, 홍보 팜플렛 제작 배포, 품앗이 소식지 발간 배포 등을 하였다. 하지만, 지역주민들의 조직에 대한 인지도 향상 및 참여의 효과는 매우 낮게 나타났다.

한편, 2004년 말 현재까지 총 31명의 지역주민들이 이 조직의 회원으로 참여하고 있다. 홍보물을 통한 회원가입이 2명, 초기 담당 사회복지사의 기존 조직을 활용한 개별접촉이 8명, 회원들의 독려를 통한 가입이 21명으로 나타났다. 이처럼 회원들의 독려가 품앗이 공동체의 조직형성에 매우 큰 영향을 미치고 있는데, 회원들에게 다양한 이용 경험 제공, 사적인 이익의 체험, 공동체 소속의식 등 조직에 대한 긍정적인 이미지 형성이 조직형성의 성공 여부에 영향을 미치는 중요한 요인임을 알 수 있다.

또한, 웃서발 품앗이 공동체의 조직력 강화를 위해 그동안 지역통화운동을 진행해온 대전 한밭 레츠와 서울 송파 품앗이 담당자를 초빙하여 공동체 교육을 진행하였다. 품앗이의 운영사례 및 운영과정에서의 문제점 등에 대한 설명과 함께 지역사회 자조집단으로서 품앗이 활동 방향에 대한 수퍼비전을 통해 공동체 의식의 향상 및 품앗이 활동에 대한 자긍심을 향상시켰다. 그밖에 회원들에 의한 운영위원회 구성을 통해 정기모임의 의제선정과 모임 형성 등에 역할이 부여됨으로써 공동체성을 강화하여 자치적인 주민조직으로 성장해 나가고 있다.

2) 장기 목표

(1) 개인 역량강화

웃서발 품앗이 공동체 활동은 참여한 지역주민들의 자긍심 증진, 대인관계능력 향상, 권리의식의 증진 등을 통한 역량강화에 긍정적인 영향을 미치고 있는 것으로 나타났다. 이러한 성과는 구체적으로 다음과 같다.

첫째, 자립의식의 향상을 통한 자긍심의 증진이다. 품앗이 공동체 회원으로 참여함으로써 지역주민과의 교류기회가 확대되어 개인의 생활만족도를 향상시킨다.

둘째, 대인관계 능력의 향상을 들 수 있다. 웃서발 품앗이는 지역주민들 간의 상호 신뢰를 바탕으로 형성되는 다자간 품앗이제도이다. 따라서 참여한 지역주민 상호간의 의사소통과 협력이 품앗이 조직의 유지 및 발전에 중요한 변수로 작용한다. 이처럼 웃서발 품앗이는 아파트라는 지역주민 간의 단절된 의사소통 형태를 극복하여 참여한 각 지역주민들의 대인관계능력 향상에 긍정적인 영향을 미치고 있는 것으로 나타났다. 예를 들면, 전○○ 회원은 동삼 2단지에 입주한 지 1년이 되지 않았고 평소 대인관계 형성에 매우 소극적이어서 지역주민들과의 교류가 극히 제한되어 있는 상황이었다. 하지만, 웃서발 품앗이 활동을 시작하면서 아이를 키우는 동년배의 지역주민들과 교류 빈도가 늘어나면서 아이 양육에 대한 정보습득능력이 향상되었다. 또한, 운영위원으로 활동하면서 품앗이 홍보 및 회원 연락 등을 통해 지역주민들과의 교류가 점차 확대되고 있다.

셋째, 권리의식이 증진되었다는 점이다. 웃서발 품앗이는 회원들의 자율적인 토의과정을 거쳐 의견을 도출하는 형태의 합의를 기본적인 의사결정구조로 하고 있다. 따라서, 회의에 참여한 모든 회원들에게 의제에 대한 자신의 의견을 주장할 수 있는 기회가 충분히 주어지고 자신의 의견과 다른 의견에 대해 표현할 수 있는 기회를 보장함으로써 권리의식을 강화시켜 주고 있다. 웃서발 품앗이 공동체교육의 일환으로 계획된 품앗이 회원나들이에 대해 회원 다수가 참여 가능한 하루를 선택하여 경주 등 인근 지역으로 다녀오자는 의견이 많았다. 하지만, 신○○ 회원은 토요일 오전 근무로 인해 참석할 수 없는 회원들이 있으니 우리 지역의 가까운 곳으로 정하자는 의견을 제시하였다. 이에 대해 토론한 결과 장소는 경주로 하되 오후에 참여가 가능한 회원들은 중간에서 모임에 합류하자는 결론에 도달하였다. 이처럼 다수에 의해 묻혀버릴 수 있는 자신의 의견을 주장하고 절충점을 찾아내는 변화된 모습이 드러났다. 그리고, 그간에는 각자의 욕구에 부합하는 서비스에 대해 경제적·심리적인 요인으로 접근이 어려웠으나, 품앗이 활동을 통해서는 회원들 상호간 품앗이를 제공함으로써 참여한 지역주민 각자에게 필요한 서비스 접근이 가능하게 되었다.

(2) 지역사회 역량강화

웃서발 품앗이 공동체의 궁극적인 목표는 지역사회 역량강화에 있다. 지역사회가 안고 있는 다양한 과제에 대한 인식과 이를 바탕으로 문제해결 능력을 향상시키는 것이고, 또한 영구임대아파트지역과 비영구임대아파트지역으로 분화되어 있는 지역사회를 하나의 지역공동체로 회복시키는 것이다.

첫째, 지역사회 문제에 대한 관심의 증가 및 지역사회 문제해결 능력의 향상이다. 품앗이 활동은 본래 폐쇄적인 체계로 내부에서만 거래가 이루어지지만 본 프로그램의 목표달성과 지역사회의 특성을 감안하여 비회원인 노인과 장애인 가정 등에 지원서비스를 제공하고 있다. 회원들이 서비스 지원을 받게 될 가정을 직접 발굴하고 선정하는 과정에서 지역사회가 안고 있는 다양한 문제에 관심을 갖게 되고 품앗이 회원들이 직접적인 활동을 통해 지역사회 문제해결에 나서고 있다. 김○○ 씨는 뇌병변 1급장애인으로 장기와병 중인 모친과 동거하고 있다. 이 가정은 도우미의 도움 없이는 식사 해결조차 곤란한 가정으로 평소에는 복지관 재가복지서비스에서 도우미 파견을 받고 있다. 하지만, 토요일과 휴일 등 도우미가 파견되지 않는 경우 가사활동에 어려움을 겪고 있다는 품앗이 회원의 요청에 따라 이○○ 회원과 김○○ 회원은 토요일 2시간 동안 가사일을 도와주고 품앗이 규약에 따라 회원 간 거래 금액의 50%인 5,000냥을 제공받았다.

둘째, 통합된 지역사회 공동체의 회복을 들 수 있다. 웃서발 품앗이가 대상 지역으로 하고 있는 동삼 3동은 영구임대아파트 2개 단지와 일반 아파트 단지, 그리고 주택지역으로 나누어져 있다. 이들 지역 사이에는 동일한 행정구역임에도 불구하고 거주지의 차이로 인한 지역주민들 간의 심리적 거리감이 존재하고, 특히 영구임대아파트와 비영구임대아파트 지역 간의 차별현상까지 나타나고 있는 실정이다. 따라서, 웃서발 품앗이 활동이 동삼 3동 전체 지역주민으로 확대됨으로써 영구임대아파트인 동삼 1단지 및 2단지와 일반 아파트인 동삼 3, 4단지, 그리고 일반 주택지역 주민들 간의 교류의 폭이 확대되어 분화되어 있는 지역사회가 통합되고 이로써 지역사회공동체를 회복시켜나가고 있다.

4. 조직 지도력과 구성원

(1) 지도력

웃서발 품앗이의 조직 및 활성화를 위해 과업중심의 지도력과 인간관계 중심의 지도력이 적절한 조화 속에서 발휘되어야 한다. 조직의 구성, 품앗이 활동 활성화 등 웃서발 품앗이가 추구하는 1차 목표인 지역통화의 활발한 거래가 이루어지기 위해서는 과업중심의 지도력이 요구된다. 또한, 웃서발 품앗이가 영리적인 이해관계에서 출발한 조직이 아니라 지역주민 간의 상호 신뢰를 바탕으로 더불어 사는 지역사회 공동체를 형성하기 위해 만들어진 조직이라는 측면에서 인간관계 중심 지도력의 비중은 더 클 수밖에 없다.

웃서발 품앗이가 지역통화를 매개로 하여 지역사회 공동체를 형성한다는 궁극적인 목적을 달성하기 위해 조직구성의 초기단계에서는 지역복지실천가가 과업중심의 지도자로서의 역할을 담당하였다. 하지만, 조직이 구성되고 운영되는 과정에서는 품앗이 회원들에 의해 선출된 운영위원들이 과업중심 지도자의 역할을 수행하고 있다. 한편, 인간관계 중심 지도자로서는 지역복지실천가를 비롯한 운영위원뿐만 아니라 웃서발 품앗이에 참여한 회원들이 동료 지도자로서 품앗이 활동을 위해 상호 독려하고 정서적 욕구에 대한 지지상담을 제공하고 있다.

과업중심 지도자로서 운영위원들은 웃서발 품앗이 모임을 형성하고, 모임 의제의 결정 등 품앗이 정기 모임 진행과 관련된 과업들을 수행하고 있다. 그 밖에 품앗이 홍보를 통한 회원 및 품목확대, 품앗이 매출액 향상 등 웃서발 품앗이가 활성화될 수 있는 기초적인 과업들과 품앗이 운영의 성과를 나타낼 수 있는 구체적인 과업들을 수행해 나가고 있다. 인간관계 중심 지도자로서의 역할은 회원 상호간에 긍정적인 인간관계가 형성될 수 있도록 지지하는 역할과 개별 회원들의 정서적 동료 지지상담, 회원 간의 갈등 조정 등의 역할을 수행하고 있다.

이처럼 조직에 참여한 회원들이 과업중심 지도자로서 혹은 인간관계 중심 지도자로서 역할을 잘 수행하도록 하기 위해 리더십 개발을 실시하고 있다. 운영위원들에게 책임과 권한을 분산하여 동기유발과 책임감 및 위험감수능력 등을 향상시킬 수 있는 기회를 제공하고 있다. 또한, 운영위원을 비롯한 회원들로 하여금 복지관에서 실시한 지역주민 지도자 교육을 이수토록 함으로써 효과적인 회의 운영, 기록과 회계관리, 우리 동네 문제 해결하기 등의 교육을 실시하여 리더십을 개발할 수 있도록 하고 있다.

(2) 구성원으로서 지역주민

조직형성의 초기단계에서는 웃서발 품앗이 대상을 동삼 2단지 주공아파트 18세 이상의 전체 지역주민으로 한정하여 이들을 변화주도세력이자 동시에 클라이언트 집단으로 설정하였다. 하지만, 품목의 다양화를 통한 회원의 양적 · 질적 확대에 대한 한계, '동삼 2단지만의 조직'이라는 스스로의 고립화 등 딜레마 상황이 발생하였다. 따라서, 웃서발 품앗이가 궁극적으로 추구하는 지역사회 통합과 공동체 회복이라는 장기적인 목적의식 속에 대상 지역의 확대를 도모하였다. 정기모임을 통해 대상 지역을 동삼 3동 전체 지역주민으로 하기로 하여 2004년 12월부터는 동삼 3동에 거주하는 18세 이상의 지역주민으로 표적집단이 확대되었다.

5. 조직화에서 지역복지실천가의 역할과 기능

웃서발 품앗이가 조직되고 발전하는 과정에서 지역복지실천가는 주도적인 역할보다는 지역주민들 스스로가 조직되도록 주도능력을 향상시켜 주고, 좋은 상호관계를 유지할 수 있도록 지지하는 조력자 및 조직가로서의 역할을 주로 수행한다. 품앗이 조직을 운영하는 데 있어 지역복지실천가의 역할을 보다 명확히 하기 위해 조직 형성단계에서의 역할과 조직 운영단계에서의 역할을 나누어 살펴본다.

(1) 조직 형성단계에서의 역할

웃서발 품앗이를 조직하는 데 지역복지실천가는 계획가, 전문가 및 조직가로서의 역할을 주로 수행하였다. 계획가로서는 웃서발 품앗이 공동체 조직 구성을 기획하고 운영에 대한 제반 계획을 수립하였다. 또한, 복지관에서 실시한 지역조사 결과를 토대로 기존 지역통화 제도 및 지역조직에 대한 이론적 배경을 기초로 영구임대아파트 지역인 동삼 2단지 주공아파트의 특성에 맞는 프로그램을 구성하였다.

다음으로, 전문가 역할로서는 기존 자료를 바탕으로 지역사회를 분석하고 진단하여 웃서발 품앗이 공동체 조직의 필요성을 제시하였다. 그밖에 품앗이에 대한 자료를 수집하기 위해 송파 품앗이를 방문하고 지역통화제도, 품앗이 운영방법, 품앗이 활동이 지역사회에 미치는 영향 등에 대한 이론적 연구를 진행하여 품앗이 조직에 자료를 제공하였다.

마지막으로, 조직가로서의 역할을 들 수 있다. 조직가로서의 역할 수행을 위해 기존 조직의 활용, 개별적 접촉, 사회·경제적 네트워크의 활용 등의 전술을 사용하였다. 지역주민들이 품앗이의 필요성을 인식할 수 있도록 하기 위해 기존 조직인 아파트 각 동 부녀회에 참여하고 있는 주민과 대화의 시간을 가지고 품앗이의 필요성을 인식시키고, 또한 지역의 지도자들(통·반장)을 대상으로 한 설명회에서 품앗이 활동의 유용성을 이해시켜 나갔다. 다음 단계로, 지역 주민들을 웃서발 품앗이 회원으로 참여시키기 위해 확보된 명단을 토대로 개별 면접을 실시하여 품앗이 회원을 확보하고 조직화를 진행해 나갔다.

(2) 조직 운영단계에서의 역할

웃서발 품앗이 공동체가 조직되고 운영되는 단계에서 지역복지실천가는 전문가 역할과 조력자 역할을 하고 있다. 품앗이 공동체의 운영방법과 회의 진행에 대한 조언을 통해 전문가 역할이 수행된다. 또한, 지역복지실천가는 대전 한밭 레츠, 송파 품앗이뿐만 아니라 우리나라 지역통화 제도에 대한 조사 및 연구와 학마을 공동체, 물만골 공동체 등 부산 지역의 지역사회조직의 사례에 대한 연구를 수행하였다. 이와 같은 연구 결과를 토대로 참여 회원들에게 품앗이를 운영하고 활성화시키는 데 필요한 정보를 제공해 주었다.

한편, 조력자 역할로는 웃서발 품앗이의 거래가 활성화되도록 주민들의 행동을 지지하고, 자치조직의 구성 및 운영을 지지하여 조직화가 성공적으로 이루어질 수 있도록 돕는다. 웃서발 품앗이가 지역주민들의 연대의식에 기초하고 있는 점을 고려하여 주민들이 상호관계를 유지하고 모임을 통해 만족감을 가질 수 있도록 조력하고 있다. 이를 위해서 정기 모임 시 주부들이 아동을 동행하는 데 대한 부담감을 덜어주기 위해 복지관 일부 공간을 놀이방으로 제공하여 편안한 분위기에서 모임에 참여할 수 있도록 하고 있다. 또한, 모임에 참여한 회원들의 품앗이에 대한 협력적 관계형성을 위해 적극적 경청 기술을 활용하여 토의가 우호적인 분위기에서 활발하게 진행되도록 하고 있다. 뿐만 아니라, 지역사회조직의 초기단계에서 지역 주민들 간에 원만한 관계가 형성될 수 있도록 교량적인 역할을 하는 것도 조력자의 역할 중 하나이다. 따라서, 참여한 회원들 간의 공동체의식을 향상시키고 지역주민 상호간에 신뢰관계를 돈독히 할 수 있는 기회를 제공하기 위해 인근 유적지로 나들이를 다녀올 수 있도록 하였다.

(3) 조직성공의 요인

앞에서 살펴본 것처럼 웃서발 품앗이 조직을 성공적으로 일구어내기 위해 지역복지실천가는 다양한 역할들을 수행해 나갔다. 하지만, 웃서발 품앗이가 지난 1년 동안 지역사회 주민조직으로서 토대를 마련할 수 있도록 지역복지실천가의 개입에 영향을 미친 중요한 요인은 지역사회에 대한 바른 이해와 지역사회 실천가와 지역 주민과의 긍정적인 관계 유지를 들 수 있다.

복지관에서 실시한 지역 조직을 염두에 둔 지역조사 결과와, 지역사회 문제해결을 위해 시도했던 예전 소집단 구성의 실패 경험이 바탕이 되어 지역주민의 특성 및 생활방식, 주민 참여를 이끌어내기 위한 강화물 등에 대한 이해의 폭을 넓힐 수 있었다. 또한, 지역복지실천가가 오랫동안 지역사회 속에서 직·간접의 복지서비스를 제공하면서 맺어온 지역주민과의 관계는 조직 구성의 초기단계에서 품앗이를 이해시키고 주민 참여를 이끌어 내는 데 큰 역할을 하였다.

6. 전략과 전술

웃서발 품앗이의 조직 및 운영은 지역 주민들의 자발적인 참여를 통한 공동체 형성에 초점을 맞추고 있으므로 지역사회 욕구 해결을 위해 주로 합의 전술이 사용되고, 그 외 옹호 전략이 일부 사용되기도 하였다.

(1) 합의 전술

조직 내적으로 보면 참여한 회원들 간의 토의와 논의의 과정을 거쳐 합의에 의해 프로그램이 운영되고 있다. 품앗이 조직 초기에 통화단위를 '냥' 으로 결정한 일, 거래금액 계산의 방법으로 시간당 5,000냥(이동시간은 제외)으로 하고 택시 이용이나 물품거래 등은 시중가격을 기준으로 하기로 하는 등, 결정은 회원들의 합의로 이루어졌다. 뿐만 아니라, 월 정기모임은 회원들의 상황을 고려하여 매월 두 번째 화요일에 갖기로 하였고 그밖에 공동체 교육 내용과 운영위원회 구성은 물론, 재가가정 서비스 지원 시 50%를 품앗이로 적립하기와 품앗이 만찬 준비, 그리고 회원 회비 결정 등에 대해서도 참여 회원들이 자유롭게 각자의 의견을 개진하고 이를 토대로 의견을 합의하여 결정하였다.

또한, 조직 외부와의 관계에서도 지역사회 전체가 참여하는 것을 강조하고 주민들이 자발적으로 참여할 수 있도록 하고 있다. 각 개인의 의사에 따라 품앗이 품목이 제시되고 거래방법 또한 지역주민의 의견을 최대한 존중하고 품앗이 센터와 합의하여 이루어지고 있다.

(2) 옹호 전략

옹호전략으로는 개인과 환경의 관계에 대한 미시수준의 개입과 사회정책 또는 제도개선과 관련된 거시수준의 개입으로 나누어 살펴볼 수 있다.

먼저, 미시수준의 개입에서는 참여 회원들 각각의 개인 혹은 가정의 욕구 (품앗이에서는 받고 싶은 품목)를 파악하고 이를 해결하기 위한 품목을 개발하는 옹호 활동을 하고 있다. 품앗이 활동에 참여한 회원들의 대다수가 여성들이다. 이들은 미용실 이용에 대한 경제적인 접근성에 어려움을 겪고 있었고, 이들의 욕구를 해결하기 위해 인근 지역의 미용실을 대상으로 품앗이 활동 참여를 권유하고 있는 상태이다.

품앗이 공동체와 관련한 거시수준의 옹호전략은 보다 장기적인 관점에서 진행해야 할 과제라 할 수 있다. 본 프로그램 운영의 효과성을 토대로 지역주민의 역량강화를 통한 지역사회 환경 개선과 영구임대아파트 단지와 일반아파트 단지의 공동체 형성 방안에 대한 정책적 건의를 할 수 있을 것이다. 또한, 웃서발 품앗이뿐만 아니라 지역통화제도를 활용하여 품앗이 공동체를 운영하고 있는 기관 간의 연대를 통해 품앗이 참여에 따른 세제혜택을 제도화함으로써 지역통화와 품앗이 활동의 제도적인 뒷받침을 이끌어낼 수 있을 것이다.

(3) 지역사회 및 지역사회복지기관과의 관계

본 프로그램은 다양한 지역사회 자원들과의 관계 속에서 운영된다. 먼저, 관공서와의 관계에서는 본 복지관이 위치한 기초자치단체인 영도구청에서 프로그램 우수사례로 발표함으로써 인지도를 향상시킬 수 있었고, 동삼 3동 사무소에 품앗이 운영의 필요성 및 파급 효과 등을 이해시키는 과정을 통해 지지자원을 확보하고 있다. 그밖에 동삼 2단지 주공아파트 관리사무소에서는 소식지 등을 통해 품앗이에 대한 홍보를 도와주고 있다. 또한, 지역사회복지기관과의 관계에서는 복지관 지역사회보호팀에서 서비스지원 재가가정에 대한 정보를 제공해 주고 있다. 또한, 복지관 지역복지팀에서 관리하고 있는 아파트 홈페이지에 웃서발 품앗이 메뉴를 개설함으로써 온라인을 통한 거래가 가능하도록 하였다. 그밖에 동삼 3동 내에 위치한 동삼사회복지관과 주민자치센터 등에 사업을 설명하고 동삼 3동을 대상 지역으로 하는 데 따른 협조적 관계를 설정하고 있다.

III. 프로그램의 평가와 제언

1. 지역사회복지실천 모델

다양한 지역사회복지실천 모델 가운데 본 프로그램은 로스만의 지역사회 개발모델에 기초하고 있다. 웃서발 품앗이 공동체의 목표는 주민들의 역량 강화를 통한 공동체의식 향상으로 지역통화 거래라는 수단을 활용한 과정중심의 목표라고 할 수 있다. 따라서, 웃서발 품앗이 공동체가 목표를 달성하기 위해 추구하고 있는 전략과 전술은 지역 주민의 주도와 공동 의사결정의 전략과 합의 전술에 기초하고 있다. 수혜자의 범위 규정에서는 동삼 2단지 주공아파트 및 동삼 3동 전체 지역사회를 수혜 대상으로 설정하고 있으며, 지역 내의 다양한 이익집단에 대해서는 기본적으로 다원주의적 사회관에 기초하고 있다. 지역주민, 즉 지역사회의 평균적인 소시민이 프로그램 개입을 통해 이익을 얻게 되고, 이들이 이 프로그램에 적극적인 참여자가 되기를 기대하고 있다. 궁극적으로 품앗이 활동을 통해 지역사회주민들이 스스로 문제를 해결해 나갈 수 있도록 역량강화시키는 것이 목표이다[7].

---

7) 최일섭 · 류진석, 『지역사회복지론』, 서울대학교출판부, 2001.

2. 주민참여의 한계

본 프로그램을 운영하는 과정에서 품앗이 공동체 및 지역통화에 대한 이해부족, 지역적 제한으로 인한 거래품목의 제한, 참여 동기의 약화 등의 한계점을 발견할 수 있었다. 구체적인 한계점은 다음과 같다.

첫째, 지역주민들에게 품앗이 공동체 및 지역통화를 이해시키는 데 많은 어려움이 있었다. 홍보지 부착, 팜플렛 제작 배포, 회원 소식지 배포 등 품앗이에 대한 홍보를 꾸준히 진행하였다. 하지만, 일부 주민들의 경우 '돈이 있어야 된다', '돈을 버는 곳이다' 등 품앗이 공동체 및 지역통화에 대해 제대로 이해하지 못하고 있어 주민들의 접근성을 약화시키는 요인이 되었다.

둘째, 지역적인 제한과 특성으로 인한 거래품목의 한계를 들 수 있다. 대전 한밭 레츠나 송파 품앗이처럼 광역 단위 혹은 기초 단위로 지역을 설정한 것이 아니라 동삼 3동이라는 좁은 대상 지역을 설정한 점과 지역적 특성으로 인해 거래 품목이 다양하지 못해 개별적인 욕구를 가지고 있는 지역주민들의 적극적 참여가 제한되고 있다. 또한, 품앗이 공동체에 참여하고 있는 회원들은 주로 시간적으로 여유가 있는 주부들로 구성되어 있어서 주 거래품목이 아기돌보기, 가사일 돕기, 심부름 등에 국한되어 있는 점도 지역주민들의 참여가 제한되는 요인이다.

셋째, 참여동기의 약화를 들 수 있다. 품앗이 공동체 조직에 참여하게 된 주민들의 동기는 경제적 이득보다는 자신이 가진 것을 이웃과 함께 공유함으로써 서로 돕는 사회를 만든다는 이타심에 기초하고 있다. 하지만, 참여 기간이 지나면서 거래를 통한 경제적 이득을 경험한 회원은 공동체 참여 동기가 강화된 반면, 거래실적이 없거나 미미한 회원은 모임 참석율이 떨어지는 등 참여 동기가 약화되고 있어 거래 실적이 주민들의 지속적인 참여 여부를 결정하는 주요 변수임을 확인했다.

3. 전망 및 제언

본 프로그램은 전통적인 지역사회를 유지하였던 품앗이 정신을 되살려 지역주민들이 보유하고 있는 기술을 서로의 필요에 의해 나눔을 통해 주민 스스로 지역사회 공동체성을 회복하고자 진행하였다. 따라서, 조직을 형성하는 과정에서 참여 회원들의 자율성을 최대한 보장하기 위해 사회복지사의 개입을 최소화하고 주민들 스스로 운영할 수 있도록 개입하였다. 사업 운영 방향에 대해 참여 주민들에 의한 결정으로 진행한다는 것을 원칙으로 하였다. 하반기에는 회원들이 직접 운영위원을 선임하여 모임 구성, 모임 진행 등에 있어 운영위원들이 직접 수행하도록 지지하고, 사업 진행에 필요한 회원 소식지 제작 등의 과업에 지역주민이 직접 참여함으로써 자조적인 지역사회 조직의 발판을 마련하였다. 이와 같은 자치성의 강화를 통해 주민들에 의해 형성되고 유지되는 지역사회 역량강화에 기여하는 지역사회 공동체 조직으로 자리잡아 나갈 것이다.

지역통화를 활용한 품앗이 공동체 형성은 지역사회조직에 어려움을 겪고 있는 지역사회복지기관의 새로운 돌파구로서 역할을 할 수 있다. IMF 경제위기를 전후하여 일부 시민단체 및 관공서를 중심으로 형성됐던 지역통화운동이 지역사회에 뿌리내리지 못하고 지지부진한 중요한 요인으로 운영비의 문제를 들고 있다. 즉, 독립적인 사무실과 운영체계를 갖추어야 하는 기관에서는 운영경비를 감당할 수 없어 사실상 운영을 포기하는 경우가 발생한다. 하지만, 기존 지역사회 속에서 업무를 수행하고 있는 복지기관의 경우 별도의 운영체계를 갖추지 않더라도 기존 업무의 범위 내에서 사업의 효과성 향상을 위한 방향전환으로 프로그램을 진행할 수 있어 별도의 운영경비가 소요되지 않고서도 유지할 수 있다는 강점을 가지고 있다. 또한, 초기단계의 회원 모집 시 본 복지관과 긍정적인 관계에 있는 기존 조직을 활용하였는데, 이 또한 지역사회에서 활동하고 있는 복지기관의 강점이라고 할 수 있다. 따라서, 본 프로그램은 지역사회조직에 어려움을 겪고 있는 지역사회 복지기관들에서 이와 같은 강점을 적극 활용하면 지역 내에 소중한 지역사회조직을 일구어 낼 수 있을 것이다.

의료재활서비스네트워크 구축을 통한
재가장애인 건강권 확보사업 '복지플러스⁺네트워크'

김원천(아산시장애인복지관)

I. 프로그램 개요

본 사업은 지역사회 재가 장애인들의 건강권 확보를 위하여 지역사회 내에서 활동하는 의사를 중심으로 모임을 개발·조직하며 지역사회보호 관점을 통합한 '복지플러스(+)네트워크'를 구축하는 프로그램이다.

어찌보면 영원히 마침표가 없을 법한 끊임없이 변화하고 성장해 나갈 네트워크형성의 틀을 따온 작은 움직임에 그칠지 모른다. 그러나, 아름다울지라도 다듬고 가꿔야 하듯 자기성찰과 꿈에 대한 갈망이 엄청나게 요구되는 그런 사업임에는 틀림없다.

의료재활사업분야는 복지기관에서 감당하기에는 역부족인 최대의 아킬레스건 같은 취약분야이다. 우리 복지관만해도 장애인의 건강욕구는 갈수록 커가고 있으나 기본적인 해결조차 하지 못하고 있고 지역사회의 장애인에 대한 긍정적인 인식조차 확산되어 있지 않기 때문에 특별히 필요성을 제시하지 않아도 될 만큼 그 영역이 미미한 실정이다.

이에 지역사회(재가복지 대상자) 중증장애인 중 의료재활서비스가 필요한 장애인 30명을 선정하여 사업을 위한 지역사회 자원개발부터 시작하였다. 각 의료분야별 자원봉사활동이 가능한 복지플러스의사회를 조직하였고, 의료재활 관련 자원봉사활동을 하는 단체를 섭외하여 조직을 강화하였다. 그리고, 삼성복지재단에서 지원하는 지원금으로는 의료재활비용을 채우지 못할 것과 차년도 사업에 대한 준비를 위해 복지플러스건강기금을 조성해 나갔다. 담당자 혼자서 감당하기 힘든 부분이 있기에 지원팀인 실무팀(SIDE)도 조직하였다. 시나브로 복지플러스네트워크의 체계가 잡혀가면서 그동안 소극적으로 대응하였던 재가복지 대상 중증장애인들에게 의료재활에 관련된 모든 면에서 질적으로 높은 서비스를 제공하였다. 그리고, 자체기금을 운영하였기에 52명의 빈곤가정위기지원 사업비지원을 포함하여 총 112명의 대상자에게 서비스 즉시 시행이 가능하였다.

이를 바탕으로 차년도 사업에 대한 모든 준비가 완료되었으며 관련분야로의 영역확장도 가능한 경지에 이르렀다. 이 프로그램은 그동안 진행해온 재가복지 대상자 장애인 관련 복지서비스와 더불어 장애인에 대한 긍정적 인식전환의 계기를 마련하고, 여러 가지 질병에 시달리는 독거장애인의 건강에 대한 욕구를 해결하며 삶에 적극적이고 능동적인 재활의지를 갖게 하는 데 일조하였다.

II. 프로그램 내용

1. 들어가며

우리는 질병으로부터 벗어나 건강한 삶을 영위하기 위해 예방조치 하거나 조기에 질병을 발견하여 치료하기 원한다. 그럼에도 불구하고 질병에 걸린다면, 치료와 더불어 재활의 삶을 이루어나가길 원한다. 건강을 잃으면 모든 것을 잃는 것과 같다는 옛말도 있다. 장애인재활에 있어서 의료재활이 차지하고 있는 비중이 큰 것도 이 때문일 것이다.

의료재활은 장애에 대한 의료적인 치료뿐 아니라 장애의 발생을 최소로 줄이도록 하는 예방의 역할도 담당하게 되며, 특별히 신체적·정신적 문제에 대한 의료적인 상담과 치료를 담당하게 된다. 그러나, 이러한 상담이나 치료의 기회가 모든 개인에게 공평한 것은 아니며, 특히 작은 질환이라도 2차적 장애로 발전할 위험성이 크다. 그 누구보다 재활의 필요성이 절실히 요구되는 장애인의 경우, 상당수가 경제적 여건이 열악하거나 이동의 제한 때문에 이러한 기회를 갖지 못하는 경우가 많다.

따라서, 이러한 위험요소로부터 벗어날 수단과 기회를 제공하고자 하는 노력이 필요하게 되었으며, 그 노력의 일환으로 지역사회 장애인욕구 실태조사 결과에 따른 지역사회 자원의 한 형태인 의료자원을 활용하여 본 사업계획을 제시해 본다.

2. 사업배경

(1) 아산시의 발전계획에 따른 소외계층 서비스 기회의 상대적 박탈감 예상

아산시의 인구현황을 살펴보면, 2001년 현재 18만 6천 명을 넘고 있으며 인구증가율은 인접한 천안과 비교해 낮은 편이다. 하지만 출생률은 높아지고 있으며 전출에 비해 전입이 많은 것으로 집계된다. 또한, 앞으로 아산시의 시책과 발전계획에 따라 계속 인구가 늘어날 전망이다. 지역사회에 편중된 개발로 인해 시 외곽지역과 중심가의 문화, 의료, 복지, 경제에 대한 차이가 심화될 것인데, 이는 개발중심정책으로 인한 소외계층 보호정책이 다소 후퇴될 것으로 전망하기 때문이다.

(2) 아산시 장애인 실태 및 욕구조사 결과

현재 아산시 장애인 거주현황을 보면 시 외곽에 거주하는 장애인의 비율이 64.6%이며, 보건·의료에 대한 욕구가 35.3%로 가장 높게 나타났다. 가장 중요하게 생각하는 재활분야로 의료적 재활이 전체 응답자의 35.3%, 공공지원과 혜택의 확대가 19.6%, 직업 재활이 11.6%로 조사되었다. 장애의 원인이 선천적·후천적 장애인지에 따라 어떤 재활이 필요한지를 알고자 한 교차분석의 결과 유의도가 0.191로 전체적으로는 유의미하지는 않으나, 장애가 선천적인 경우에는 의료적 재활보다는 사회적 불평등 해소가 매우 중요하다고 응답하고 있으며, 상대적으로 후천적 장애를 갖고 있는 경우에는 의료적 재활이 필요하다고 응답하였다. 81.8%가 후천적 장애를 가지고 있는 현실에서 의료에 관한 사회복지서비스의 욕구는 실로 높다고 하겠다[1].

(3) 우리 복지관 재가장애인 대상 의료서비스 실태

(단위: 연인원/실인원)

연도	의료재활	목욕 (이동목욕/무료목욕)	무료진료	재가방문 물리치료
2001	5,571/127	21/8		
2002	4,483/102	141/38	146	24/3
2003. 9	4,854/471	254/55	84	108/3

위 표에서와 마찬가지로 의료재활사업을 제외한 3개년 간의 실적은 저조하다. 이는 재가복지봉사센터가 아직 마련되어있지 않아 인력과 자원의 한계가 있기 때문이기도 한다. 그러므로 의료서비스의 개발 및 지원이 절실하다.

(4) 지역사회 내 저소득 독거 장애인 의료문제의 심각성

가족이 없거나 혹은 가족과 떨어져 혼자서 생활하는 장애인들에게 가장 큰 어려움은 무엇일까? 경제적인 어려움까지 함께 겹쳐있는 상황이라면 어

---

1) 〈아산시장애인욕구실태조사〉, 2003. 10: 2.

떨 것인가? 2003년 본 복지관에서 서비스를 받고 있는 재가장애인을 대상으로 상담을 해본 결과 장애인들의 가계지출 중 가장 많은 비중을 의료비지출이 차지하고 있다. 이것을 감안하면 경제적인 욕구와 의료적인 욕구가 서로 긴밀하게 연관되어 있음을 알 수 있다. 또한, 대상자 대부분이 자신의 건강이 좋지 않다고 생각하고 현재 병 치료를 위한 투약을 진행하고 있다.

이처럼 가난 속에서의 건강문제는 저소득 장애인들, 특히 독거 장애인들에게 병 치료를 위한 경제적 부담을 안겨줄 뿐더러 불편한 몸으로 생계를 유지해야 하는 고통마저 안겨주는 심각한 문제로 결론지을 수 있다. 더욱이 독거 장애인의 경우 가족과 함께 사는 장애인들에 비해 경제적 어려움과 고독고(苦), 그리고 장애의 진행에서 오는 고통 등이 더 심하게 느껴진다. 이에 만성질환이나 오래된 장애로 시달리는 장애인들의 건강을 지속적으로, 또 안정적으로 관리하려면 보건의료서비스 중심의 지역사회 재활사업을 지속적으로 유지·개발할 필요가 있다.

(5) 보건서비스와 함께 복지서비스를 _ 보건복지 통합서비스의 중요성

Katan은 보건서비스와 복지서비스 연계의 필요성을 설명한 바 있다. 그에 따르면, 개인의 신체적·심리적·사회적 문제는 상호 관련되어 있고 분리될 수 없으므로 보건서비스와 복지서비스의 두 서비스 종사자 사이의 협동이 반드시 요청된다. 복지 분야의 심리사회적 문제와 보건 분야의 의료적 문제의 정보교환은 양 체계의 연계와 정보교환을 통해서 이룰 수 있으며 이로써 개인들은 더욱 적절한 서비스와 치료를 받을 수 있게 되는 것이다. 이러한 양 체계 간의 협동으로 시설과 인력자원을 더욱 잘 이용할 수 있게 되고 이중 서비스나 중복 서비스 등 그에 따른 자원낭비를 예방할 수 있다고 주장한다[2].

Hill은 양 부분의 연계에 있어서 다음과 같은 사항을 지적했다. 즉, 의료서비스 부서와 사회서비스 부서의 관심영역이 많은 면에서 중복되기 때문에 특

---

2) 함철호, 〈보건복지서비스 연계〉, 광주대학교.

히 장애인, 정신질환자, 정신장애인, 신체장애인 등을 위한 서비스를 기획할 때 이들에게는 의료서비스와 사회서비스의 혼합된 형태가 필요하다는 데[3]에 관심을 기울여야 한다고 말한다.

이처럼 Katan과 Hill의 진술에서도 나타나는 것처럼 인간은 보건의료의 욕구와 복지욕구를 동시에 가지고 있고 둘 사이의 문제는 분리하여 해결할 수 없는 복합적인 문제이다. 따라서, 그러한 복합적인 문제의 해결을 위한 접근방법도 통합적이어야 할 것이다.

3. 문제해결

(1) 중증장애인의 의료재활서비스 기회 확대

현재 우리 복지관의 재가복지서비스는 의료재활 관련 프로그램이 전무하다할 정도로 열악하다. 사회복지의 모든 기관이 그러하듯이 의료재활서비스 중심 사례관리의 형태는 찾아 볼 수 없을 정도이다. 복지플러스네트워크 구축사업의 실행으로 인하여 그 사업형태의 적절성 및 네트워크 구축으로 인한 신속한 서비스제공이 가능하도록 하였다.

4회에 걸쳐 52명의 재가복지 대상자에게 약 40,000,000원의 의료비를 제공하였다. 이는 빈곤가정위기지원사업으로 지원한 사회복지공동모금회 및 기업의 참여, 그리고 개인이 지정하여 후원한 2004년 내 개발된 모든 후원금액의 총액이다. 또한, 건강관련 용품을 포함하여 60명의 중증장애인에게 후원약품을 전달하였다.

(2) 중증장애인 가족의 간병의욕 증진

가족간병에 대한 부담과 스트레스를 지역사회 네트워크를 통하여 최소화

---

3) 국립사회복지연수원, 〈보건의료복지 통합적 접근의 사례연구〉, 『사회복지연구논문집』, 1988.

하였다. 병원이송, 방문진료 및 간호, 이동목욕서비스, 방문이미용서비스 등을 재가복지서비스와 더불어 지원함으로써 의료재활사업의 효과를 높였다. 기존의 재가복지서비스와 병행하여 즉시 욕구해결을 지원할 수 있었다는 데 의의를 둘 수 있다.

(3) 자조집단 운영의 활성화 및 지속화

복지플러스의사회에는 복지플러스주치의 5명(모산부부한의원 임준식 원장, 성모의원 나선주 원장, 연합치과 홍성우 원장, 세브란스의원 이훈 원장, 순천향의원 문철진 원장)이 의사회를 구성하였고, 2명은 방문진료까지 자처하여 주치의활동을 전개하였다.

보건교사모임 32명은 상하반기로 조를 구성하여 연 16회의 활동을 통해 재가중증장애인의 간병관련 방문사업을 실시하였다.

복지플러스건강기금은 실무팀의 지원 아래 복지플러스건강기금 운영 및 홍보를 통해 2,020,000원(2004. 12. 31. 현재)의 후원금을 모금하였는데, 2005년에는 정기후원자가 되어 훨씬 더 많은 후원금이 들어올 것으로 예상된다. 실무팀의 사례회의를 거친 후 이에 대한 보고서에 내부결재를 완료한 다음 통장입금하고 영수 처리함으로써 투명성을 높였다.

로또공익재단/사회복지공동모금회가 공동 후원하여 지원된 이순신콜서비스차량(9인승 특장차량)을 이용하여 중증장애인의 이송을 지원하였다. 3월 이후부터 꾸준히 운행하여 연 95명이 혜택을 받았으나, 이는 담당 사회복지사의 과중한 업무 요인이 되기도 하였다.

실무팀(SIDE)은 사회복지전공 관련 대학생 4명으로 구성되어 월 2회 정기모임 및 활동을 진행하였다. 복지플러스네트워크 대상자 가정방문, 주치의 활동지원, 사례회의 등의 업무를 분담하였고 복지플러스건강기금 운영 및 홍보, 후원개발 등의 사업에 주력하였다.

(4) 조직형성

복지플러스의사회는 활동인원 5명으로 구성되어 방문진료 및 응급상황
시 입원진료가 가능한 시스템으로 구축·형성되었다. 약품 및 기금 후원은
물론이거니와 의료재활 지원상황 발생 시 자문위원 역할을 착실히 담당해주
었다.

보건교사모임(지역사회 보건교사 모임)은 활동인원 32명(회장: 이인화)으
로 구성되어 있으며 방문간호 및 월 2회 이동목욕서비스 지원에 앞장 서주었
고, 긴급한 의료재활서비스가 요구될 시 주치의 역할을 담당하였으며, 전폭
적인 기금 후원까지 매우 큰 후원자가 되어주었다.

복지플러스건강기금에 대해서는 실무팀에 의하여 기금이 운영되고 홍보
되었다. 차년도 사업의 예산확보(정기 후원자 20여 명, 2005년 목표액
3,500,000원, 2005. 1. 10. 현재 1,200,000원 확보)가 가능케 되어 2005년 사업
준비도 무난하게 진행되었다.

전공관련 대학생의 사업지원모임을 만들어 담당자와 친밀한 유대관계를
형성함으로써 복지플러스네트워크 구축과정을 원활히 진행하게 되었다. 실
무팀의 조직을 유지·발전시키기 위해 전공 관련 스터디 및 연수를 통해 사
회의 현안과 차후 계획을 논의하고 체계적이면서 전문적인 인력 양성을 지
지하였다.

(5) 프로그램 후원회 조직

대상자 결연을 통한 의료비 지원에 있어서는, 삼성코닝정밀유리(주)의 공
식행사(마라톤대회)와 공동으로 사회복지사가 추천한 휠체어이용 중증장애
인에게 고급 휠체어(3,000,000원 상당)를 지원하여 장애인의 사회참여 및 재
활의 기회를 1회 제공하였다. 이후 삼성코닝정밀유리(주)는 사랑의 저금통
을 회사 내에 비치하여 지속적인 복지플러스건강기금 후원자가 되었다.

모산 천주교회 빈첸시오는 대상자 김순이(83세, 배방면 거주, 이순신콜서
비스, 이동목욕프로그램, 방문간호 등의 서비스 지원)씨의 자궁탈부로 인해

1개월 가량 입원하는 동안 치료비의 60% 및 간병인 연결, 퇴원 후 방문간호 및 식사지원 등 지속적 결연이 가능하도록 조직하였다. 2004년 7월에 활동을 시작하였다.

온양제일장로교회 다니엘청년회는 월 1회 이동목욕프로그램 자원봉사단의 자체 조직 및 운영으로 활발한 활동을 하였고 불우한 대상자의 겨울철 연료비 및 의료비 지원이 가능하도록 조직하였다. 2004년 8월에 활동을 시작하였다.

천안 비전교회는 사회복지사가 추천한 휠체어이용 중증장애인에게 고급 휠체어를 지원하기 위해 약정후원(7,000,000원)을 계기로 대상자에게 적합한 휠체어(2,700,000원 상당)를 구입할 수 있도록 기회를 마련하였다(복지플러스건강기금에서 1,000,000원을 별도 지원하여 현재는 4개월 만에 자립생활이 가능함).

복지플러스건강기금후원회는 중증장애인을 대상으로 건강식품을 무료 보급해주는 개인후원자(현재 지원물량은 영양제, 롱앤롱 180개, 몰로키아 60박스, 조이칼 100개, 아이포인트 86개, 홍삼추출액 20박스 등)를 비롯하여 독거노인주치의맺기운동본부(사업의 자문기관)와 단국대학교 치의예과동아리가 있다. 재가장애인방문간호 외에 복지관 이용자들의 치과관련 사업 자문 및 진료를 담당한다.

(6) 개인 역량강화(변화)

〈사례1〉 복지관 서비스를 다양한 의료재활서비스네트워크로 연결

개입 전 상황

독거노인이며 나이는 82세임. 이동목욕프로그램, 밑반찬, 도시락 등의 서비스를 지원하던 중 이동목욕을 하기 위해 방문한 자원봉사자들에 의해 대상자의 자궁이 탈부되었음을 알게 됨. 간헐적으로 지원되던 서비스로 인해 대상자의 요보호수준은 최하위였으며, 여러 기관에서 우후죽순으로 지원된 서비스는 대상자의 안정된 생활을 보장해주지 못했다.

개입 후 상황

이순신콜서비스를 이용해 병원입원을 월 2회 이상 지원하였고, 실무팀의 정기적 방문으로 대상자의 상황을 파악, 복지플러스*네트워크 후원금과 의료비를 보조하여 기 연결된 모산 천주교회 빈체시오와 대상자가 각각 부담하여 1000여 만 원의 치료비를 지원하였음. 7월 30일에 퇴원한 이후 모산 천주교회 빈체시오의 방문간호 및 복지플러스의사회 소속 세브란스의원(원장 이훈)에서 정기적 소독 및 진찰을 지원하기로 함.

개입 이후 대상자에게는 복지플러스주치의가 선정되어 입원비 및 약제비가 해결되었고, 월 1회 다니엘청년회(온양제일장로교회) 봉사팀의 이동목욕서비스를 받게 되었다. 주 1회 아산시기초푸드뱅크를 통해 밑반찬서비스를 지원받고 있으며, 정기적 방문으로 외로움을 덜어주게 되었다. 밑반찬서비스는 대상자의 입맛이 까다로워 대상자가 좋아하는 반찬만 담아드리고, 나머지는 쉽게 드실 수 있는 요리들로 전달되게 되었다.

복지플러스*네트워크 매개체

이순신콜서비스

복지플러스건강기금 의료비지원

실무팀 정기 방문

모산 천주교회 빈첸시오

복지플러스의사회 소속 세브란스의원

〈사례2〉 보장구 구입비 지원을 통해 새로운 재활의 기회 마련

개입 전 상황

18세에 자동차사고로 인해 하지마비상태로 14년 동안 방안에서만 생활하였음. 경제적 능력이 없어 결혼한 누나의 18평 빌라에 어머니와 함께 동거했었고, 가족 간의 불화가 계속되었음. 생활보호지원금을 조금씩 저축하여 약간의 자금이 있었음.

개입 후 상황

아산시 읍내동의 영구임대아파트에 입주할 수 있도록 준비하여 6월 21일경 이사함. 신체적으로 상체는 건강하나 운동의 기회가 없던 김ㅇㅇ씨는 아산시장애인복지관의 생활체육교실을 이용하고 싶어해서 자신이 가진 전재산 170만 원을 내놓았다. 복지플러스'네트워크 실무팀은 지정후원자(천안 비전교회)를 연결하여 80만 원의 후원금을 확보하고, 복지플러스'네트워크 의료비 20만 원을 추가하여 270만 원 상당의 휠체어를 지원하였다. 김ㅇㅇ씨는 자신의 발이 생긴 느낌이라며 새로운 재활의 기회를 맞게 되었다.

현재는 운전면허증을 획득하고 자가용을 이용하여 언제든지 복지관의 프로그램을 이용하고 있다. 심지어 담당자가 업무시간에 쫓기어도 차 한잔 하자면서 조르기까지 한다.

복지플러스'네트워크 매개체

이순신콜서비스/복지플러스건강기금 의료비지원/실무팀 정기 방문/천안 비전교회 후원자 개발/재가복지서비스, 생활체육프로그램

〈사례3〉 의료비지원을 통해 가족의 간호의욕 증진

개입 전 상황

2004년 3월 28일, 갑자기 쓰러진 부인 김씨의 자궁암 2기 판정으로 인해 7월 13일까지 1차 치료를 받았으나, 그 기간 동안에도 치료비가 적게 드는 순천향병원 등을 번갈아 입원할 수밖에 없었다. 의료보호를 받고 있어도 보험이 적용되지 않는 항목에 대한 부담은 늘어만 갔다. 현재 통원치료 및 재검사가 남아 있으나, 막대한 빚을 지면서도 생계지원금으로만 살아갈 수밖에 없는 상황으로 인해 의료비지원이 필요하였다. 결혼 당시부터 남편 한씨는 당뇨와 퇴행성관절염을 앓던 2급 지체 장애인이었다. 1997년부터 생계지원금을 받았으나 평소에도 김씨와 한씨의 병원비와 약값으로 소모되기 일쑤였다.

개입 후 상황

현재 사회복지공동모금회 긴급지원사업비로 100만 원을 지급받았고, 방송모금지원을 신청한 상태임. 병원비와 약값에 대한 부담은 다소 줄어들고 있으나, 친척들에게 진 빚은 아직 갚지 못하였다.

부인의 병은 많이 호전되고 있고, 심리적으로도 안정되고 있다. 병원으로 이동할 경우 이순신콜서비스를 통해 손쉽게 이동할 수 있고, 약값은 한우리약국을 통해 정기적으로 배달되고 있다.

복지플러스'네트워크 매개체

복지플러스건강기금 의료비지원/실무팀 정기 방문/재가복지서비스, 생활체육프로그램

〈사례4〉 빈곤가정위기지원사업 2004년 10월 말 39명에 대하여 35,129,400원 지급

개입 전 상황

유씨는 1994년 3월, 당시 청과상을 하면서 트럭운전을 하던 중 급격한 커브 도로상에서 상대편 운전자가 사망하는 대형 교통사고로 인해 장애(지체장애 1급)를 입게 되었다.

· 의료상태: 흉추 2, 3, 4, 5번이 그대로 눌려 가만히 앉아 있으면 쓰러져버리는 상태이다. 지금은 10년이 지났고 8년 정도는 병원에서 생활하였다고 한다. 인공뼈를 넣었지만, 혼자서 앉기는 불가능한 상태이다. 현재 욕창으로 인해 치료를 받고 있으나, 다리에는 이미 이식할 피부가 없다. 한 번 더 욕창이 발생하면 그때는 다리를 절단해야 하는 상황에 처해있다.

· 경제적 상황: 부인과 자녀(중2, 초6)는 서울에서 작은 문방구로 생계를 꾸리고 있으나, 매우 어려워 현재 생활보호대상자로 정부의 지원을 받고 있다. 문방구 방 한 칸에서 유창열씨까지 누울 자리가 없어 유창열씨는 혼자서 고향인 아산에서 살고 있다. 계속되는 치료와 생계에 대한 경제적인 고통에 대해서는 하소연할 곳이 아무 곳도 없게 되었고, 올해 5월부터 시작된 욕창은 현재 6백 여만 원의 치료비가 중간 정산 비용으로 청구되었으나, 지불하지 못하고 그저 외로이 창가만 주시한 채 하루하루를 투병하고 있다.

· 심리적 상황: 그나마 그에게는 가끔 들러주는 병원 원목님이 계셔서 신앙으로 마음을 다스리고 있다. 아내도 신앙이 있어서 유창열씨를 떠나지 않고 아내의 자리를 지키고 있는 듯 하다. 몇 번이고 죽고싶은 심정으로 버텨온 10년은 전적으로 신앙의 힘이었다고 고백한다.

개입 후 상황

현재 사회복지공동모금회 긴급지원사업비로 200만 원을 지급받았음. 퇴원을 준비했으나, 다시 욕창이 생겨 신경외과 치료를 받고 있음. 병이 진척되거나 뚜렷하게 변화된 상황은 없으나 가족의 부담을 다소 해소할 수 있었고, 방송모금 등의 많은 민간단

체를 통해 지원받을 수 있는 요보호대상자로서 앞으로도 지속적으로 네트워크를 통한 의료재활지원을 전개할 예정임. CBS방송국을 통해 ARS모금을 신청한 바 있으나 계모의 반대로 방송모금이 불가한 사례가 있었음.

복지플러스'네트워크 매개체
빈곤가정위기지원사업 의료비지원/복지플러스건강기금 의료비지원/담당자 정기 방문

---

(7) 지역사회 역량강화

① 아산시 지역사회 중증장애인 의료재활서비스네트워크 형성
먼저 복지플러스의사회를 살펴보면 성모의원, 세브란스의원, 모산부부한의원, 연합치과, 순천향의원, 보건교사모임, 단국대학교 치의예과 동아리 등 다양한 의료재활 영역의 참여가 이루어졌다. 복지플러스건강기금은 개인후원자 27명이 확보되어 지속적 후원자가 되어주었다. 사회복지공동모금회/로또공익재단의 도움으로 중증장애인 이송차량(장애인특장차 9인승)을 확보하여 이순신콜서비스라는 명칭 아래 주로 의료재활 영역 중증장애인의 발이 되어주었다. 지역사회 인근대학의 학생들로 구성된 실무팀(SIDE)은 의료재활 영역에 대한 전문적 사회사업기술에 대한 확실한 보조자가 되어주었고, 삼성코닝정밀유리(주) 자원봉사단체의 도배비용일체 부담 및 자원봉사활동(하반기)과 보건교사모임의 활성화 등 지역사회 자원봉사 문화형성에 기여하는 건강한 조직들이 탄생하였다.

다음은 네트워크에 참여한 보건교사모임의 활동소감 기록이다(매 회 작성한 일지 엮음).

1조

봄의 기운을 받으며 장애인 복지관의 복지사님과 차에 올라 도착한 곳은 할아버지와 할머님 단 두 분이 사시는데 할머니는 중풍으로 거동이 불편하셨습니다.

4명의 봉사 선생님들은 할머님의 온 몸을 손으로 밀어드리며 살아가는 이야기, 힘들었던 이야기를 나누다 보니 온몸이 땀으로 흠뻑, 입가에는 모두가 웃음이 한 다발, 어느새 향기가 솔-솔--. 목욕통 정리하고 새 옷 갈아입혀 드리고 다음을 기약하며……

2조

뜨거운 햇살 아래 오늘은 또 어떤 분이 우리의 목욕 봉사를 받고 기뻐하실까 기대하며 복지관에 모였다.

복지사님과 처음에 방문한 곳은 배방의 소올 마을의 연로하신 할아버지 할머님 댁이었으나 자립심이 강한 할아버지의 완강한 거부로 발걸음을 돌려 초사동 할머님 댁으로 옮기었다. 그곳은 1조 선생님들이 봉사했던 댁으로 할머님의 호응이 좋아 다시 찾게 되었다. 1조의 박미정, 문성원 선생님 도움으로 목욕조를 설치하고 목욕을 시켜 드리는 일이 잘 진행되었다. 할머님이 편마비 상태이므로 자세를 옮기고 온몸을 씻겨 드리는 일이 조심스러웠지만 마음대로 되지 않았다. 여러 이야기를 나누다보니 벌써 할머니와 친해져서 할머님께 좀더 잘해드리려고 노력하는 모습이 보였다. 할머님이 좋아하시는 모습을 보며 우리의 온몸으로 흐르는 땀을 훔쳐내는 일이 즐겁기만 하였다. 조그만 사랑도 나누면 기쁨이 배가 된다는 체험을 하고 돌아왔다.

3조

3조 봉사선생님들이 모였다. 박재실, 권윤하, 김혜경, 김영실, 이은경 선생님… 한 여름 같이 무더운 날씨 덕에 허걱대며, 또 어떤 도움이 필요한 분을 만날까 설레이며 봉사차(이동 목욕차)에 올라탔다. 먼저 도착한 곳은 67세인 할머니 댁. 8년 전 뇌졸중으로 쓰러져 왼쪽 수족이 마비된 상태로 할아버지와 두 분이서 지내고 계신단다. 한 달에 한 번씩 오는 이동 목욕으로 전신욕을 하시고 머리감는 일과 다른 모든 일은 할아버지 몫이다. 혈압을 체크하고 이것저것 말씀을 연 후 목욕통에 따뜻한 물을 받아 할머니를 닦아 드렸다. 할머니가 시원하시다는 말 한마디에 봉사대원들은 땀을 식혔다.

두 번째 방문한 곳은 대단한 곳이었다. 이웃사촌의 사랑이라고 할까? 친인척도 아닌 한 아주머니가 젊어서부터 옆집에 살았다는 인연으로 눈멀고 치매로 고생하는 행여 할머니를 모시는 기막힌 사연을 안고 있었기 때문이다. 사람을 알아보지도 못하는 할머니, 대소변을 기저귀에 의지하는 할머니를 몇 년째 집에서 모시는 분을 보면서 봉사란 이런 것이구나를 몇 번이고 새기었다. 참으로 귀한 분을 만나 봉사의 참 의미를 깨닫는 그런 시간이 되었다. 또한, 진정한 이웃 사랑을 알게 되었다. 혈연도 아닌 분을 내 가족처럼 아껴 주시는 아주머니를 보니 저절로 고개가 숙여진다. 봉사활동 사진을 찍는 것을 깜빡 잊고 그냥… 다음엔 추억을 가슴뿐만 아니라 사진에도 담아 간직해야지……

4조

4조 봉사선생님들이 모였다. 이른 아침을 먹고 장애인 복지관으로 향했다. 복지사님과의 첫 대면, 처음 하는 목욕봉사. 떨리는 마음으로 복지사님이 목욕 준비하는 것을 도와주었다.

우리가 목욕 시켜드린 할머니는 신장이 좋지 않아 정기적으로 혈액투석을 하셨고 편마비를 앓고 계셨다. 할아버지가 할머니 뒷바라지하며 집안 일을 꾸리시며 살아가신다.

할머니와 이런저런 이야기를 하며 이곳저곳 씻어드리다 보니 정말 우리의 맘도 깨끗이 씻어지는 듯한 기분……

두 번째 할머니는 거동을 전혀 못하시는데 연고자가 없어 옆집에 살던 아주머니가 모시고 사신다.

목욕통 준비는 하지 않아서 좋았지만 할머니의 건강이 좋지 않아 마음이 조금은 무거웠다. 할머니들의 모습을 보며, 미래의 내 모습을 그려본다. 건강관리 열심히 하여 건강한 모습으로 아주 예쁘게 늙어가야지 하는 마음……

시간 때우기 식의 봉사가 아닌 가슴에서 우러나는 봉사를 하고 싶다.

5조

반갑지 않은 비가 무척 많이 내려 봉사활동을 할 수 있을까? 하는 걱정을 하며 선생님들을 만났다. 봉사활동의 일정은 1학기 때와 같이 두 분이 하셨다. 지난 여름에는 날씨가 좋아 마당에서 했지만 싸늘한 날씨 때문에 이번에는 방에서 이루어졌다. 중간에 명절이 끼어 있어 할머니가 손님 때문에 2달 만에 목욕을 하게 됐다며 더욱더 좋아 하셨다.

이번에도 할아버지는 어김없이 포도를 내오시면서 고맙다는 말씀을 하신다. 포도에 담긴 할머니, 할아버지의 정을 싣고 다음 할머니 집으로 출발……

이번 할머니는 앞이 안보이고 치매도 앓고 있었다. 친척도 아닌데 옆집에 살던 아주머니가 돌보고 계신다. 지난번보다 더 안 좋아 보이시는 모습. 할머니도 목욕을 시켜드리고 새 옷을 갈아입혀드리니 기분이 좋아지셨나 보다. 할머니를 돌보고 계시는 아주머니를 보면 항상 고개가 숙여진다. 이웃집에 살았다는 이유 하나만으로 성심성의껏 할머니를 돌보고 계시는 아주머니.

그런데 우리는 1년에 2번 겨우 목욕을 시켜드리면서 봉사라는 허울 좋은 명목으로 찾아온다는 것이 부끄러워진다. 가슴으로 하는 따뜻한 봉사……

6조

단풍이 가장 풍성하다는 10월 말, 단풍을 뒤로 하고 할머님과 함께 즐거운 시간을 보내기 위해 김우영, 이창순, 이순복 선생님과 함께 장애인 복지관으로 향했다. 우리들이 계속 방문했던 할머니 2분을 뵐 줄 알았더니 한 분이 10월 초에 돌아가셨단다. 연고지도 친척도 없이 옆집 아주머니 집에 사시던 할머님이 노환으로 돌아가셨다. 신부전을 앓고 있는 할머니 집으로 가서 복지사님과 함께 목욕을 시켜드리며 인생에 대해, 삶에 대해 이것저것 이야기하며 할머님의 몸에 있는 찌꺼기를 밀어드렸더니 우리 몸 속 찌꺼기도 어느새 밀려 내려간다.

그 동안 목욕을 시켜드렸던 할머니가 돌아가셔서 인생을 다시 돌아보게 되었다. 이전 다른 인연을 만나고 또 그 인연과 자의에 의해 헤어짐을 겪으면서, 나와 인연이 되는 사람들에게 정성껏 잘해 드려야지 하는 생각을 한다.

(8) 조직 지도력과 구성원

① 초기 지도력

네트워크가 전혀 되지 않는 의료재활 영역에 새로운 자원개발이란 그리 쉬운 일이 아니었다. 많은 병원들은 장애인이 이용하기에 불편하였고, 의사들마저 바쁜 스케줄에 대한 변명만을 내놓기 일쑤였다. 그리하여 초기 지도력은 적절한 네트워크가 형성되도록 개발, 조직, 운영하는 전반에 걸친 몫을 담당해야 했다. 현재는 네트워크 참여 매개체 간 적절한 관계형성의 기회를 제공하지 못하였으나, 조직 내부의 지지체계는 활발히 작용하고 있던 매개체를 만날 수도 있었다.

② 지도력의 변화

이후 개발된 각 프로그램 매개체(복지플러스의사회, 복지플러스건강기금, 중증장애인 이송지원 이순신콜서비스, 실무팀(SIDE), 사례회의 및 간담회)에 대하여 적절하고 명확한 역할정립을 통해 무리한 요구를 하지 않고, 가급적 즉시 대응의 서비스욕구 해결에 치중하여 재가복지 대상 중증장애인의 의료관련 영역에 안정적인 시스템을 구축하도록 하였다.

③ 지도자 자질과 역할

관계중심 지도자로서 프로그램 참여 회원을 지지하며 함께 수행하는 관계성 형성, 대상자 체계에 대한 지지 및 옹호, 대상자의 재활에 대한 욕구와 가족의 간병의욕 지원, 참여 인력들에 대한 지지와 동기부여, 대상 매개체의 활동 조정 및 지지, 자조집단 및 프로그램 매개체의 역량강화 촉진자로서 외부자원에 대한 역할을 부여하였다.

기관 외부의 역할은 과업중심 지도자, 즉 자원개발담당자, 사례관리자로서 개발 가능한 조직과 시스템, 그리고 관련 자원 확보에 주력하였다.

(9) 조직화에서 사회복지 실천가의 노력

신속한 라포 형성을 위한 초기지도력을 발휘하고 지역사회자원 조직 및 자조집단 운영 능력 등이 발휘되어야 했다. 복지관 고유 자원으로만 운영하기보다 지역사회 순수자원을 활용하여 성공적인 자조집단의 운영을 가능케 하고, 지속적인 프로그램으로 운영하려는 노력이 요구되었다. 대상자집단과 지역사회 자조집단 간 담당자의 역할이 다르게 요구되었다. 지지자이면서 조력자, 조정자이면서 촉진자적 역할 등 두 가지 이상의 역할이 동시에 요구되어 조직화를 가능케하는 데 초점을 두었다.

사회복지사는 주민들이 그 운동의 주체가 될 수 있도록 활성화시키는 활성가 또는 촉진자의 기능을 하는 이들이라 할 수 있다. 즉, 사회복지사들은 지역복지운동의 주체라기보다는 지역주민들이 보다 주체로서 잘 기능할 수 있도록 도와주는 협력자로서의 위치를 지닌다고 보는 것이 더욱 바람직하다.

방법론에 있어서 복지관을 여타의 사회체계들과 구별되게 하는 복지관의 핵심 정체성은 지역사회자원을 개발·조직화하고 지역사회를 개입시켜 서비스를 제공하려는 기관이라는 데에서 찾을 수 있으며, 그 핵심 방법은 'Community Work'이다[4].

복지관은 우리 지역의 어려운 어르신들을 위한 서비스를 진행함에 있어 지역사회의 물리적·사회적 환경을 개선하려는 노력을 소홀히 한 채, 관내 서비스나 단순 직접서비스에만 치중해서는 안될 것이다. 복지관이라는 물리적 공간은 제한적이므로 지역을 기반으로 지역에 서비스를 공급하는 'Community Center'가 되어야 한다. 즉, 시설보다 기능이 중심이 됨으로써 복지관에서 이용할 수 있는 인원보다는 복지관이 케어할 수 있는 능력이 더 중요한 것이다.

이것은 사회복지 전문인의 정체성 문제와도 연관되는데 사회복지사는 건물 관리와 단순한 프로그램을 운영하는 것이 본래 기능이 아니라 조직가 (organizer) 및 조정자(coordinator) 역할을 하는 'Community Worker'라는 데에 초점을 두었다.

(10) 전략과 전술

① 옹호 전략

먼저, 미시수준의 옹호전략으로 개인과 프로그램 매개체 내의 관계에 개입한 활동들을 살펴보면 개별상담/방문상담을 통한 대상자 개발, 신규 자원확보, 개발된 자원의 정기적 관리 ― 복지플러스건강기금 후원자 매월 15일 감사편지 발송, 대상자방문 매월 2회, 보건교사모임 매월 2회 (이동목욕 및 방문간호 등), 실무(SIDE)팀의 자질향상(열린의사회와 독거노인주치의맺기운동본부 방문), 2차 실무팀연수(포레스트-사회복지합동사무소) 후 복지플러스네트워크 구축사업 실무팀원으로서의 소속감 향상 및 비전 개발 ― 등이 있다.

거시수준으로는 온라인 카페(http://cafe.daum.net/welplus)를 활용하여

---

4) 한덕연, 『복지기관의 핵심전략』, 2002: 6.

지역주민과 시민들에게 사업을 알리고 지역사회 사업에 참여를 유도하며, 사업보고서를 발간하여 아산시 관내 장애인의료재활서비스의 실태를 알리고, 아산시에 중증장애인을 위한 복지정책을 건의하며, 중증장애인과 지역사회 장애인의 의료재활의 제도 마련을 위한 아산시의 복지사업으로 정착할 수 있도록 제안하기로 하였다. 정작 많은 이들에 대한 영향력을 발휘하지는 못했으나 지역사회 유관기관 간 장애인복지의 작은 움직임으로 작용할 수 있었다.

② 합의 전술의 사용

프로그램에 참여하는 매개체 개발을 자조집단 중심으로 개발 및 확립하여 네트워크를 구축하였다. 이에 보건교사모임, 단국대학교 치의예과, 아산시 보건소, 모산천주교회, 천안비전교회 등의 매개체를 통하여 후원사업이 전개되었다. 나아가, 아산시사회복지협의회 분과위원회 활동 중 수행과제로 활용되고 있고, 타 기관과의 연계망도 확장되었다.

중증장애인 세상체험(외출)은 아산시장애인사랑회, 교통장애인재활협회 아산지회와 연결되었고, 프로그램 홍보 및 대상자 섭외, 연대 활동에는 배방 방주교회 이재오 전도사(대상자 추천), 탕정사회복지관(보장구지원대상자 추천기관), 실무(SIDE)팀(자원개발), 아산시사회복지협의회(지역사회복지분과위원회 활동), 아산시장애인사랑회(프로그램 연계 및 대상자 발굴), 독거노인주치의맺기운동본부(의약품 후원) 등이 지속적인 연계가 가능하도록 네트워크가 구축되었다.

(11) 지역사회복지 모델

웨일과 갬블(Weil & Gamble, 1995: 577) 모델은 인보관 운동과 자선조직의 모델을 기술한 기능적 지역사회모델이라고 할 수 있겠다. 사회행동과 사회개혁에 관한 활동들을 중심으로 한 인보관 운동과 자선조직을 모델로 삼아 지역사회조직 실천방법의 핵심과제를 의료재활로 보고 지금까지 개발된 자원을 조직화하여 네트워크를 구축하였다. 1970년대의 C.O.S.는 지역사회 내 서비스의 조정과 기획을 위해서 자원봉사지도력을 개발하는 새로운 모델을 만들어 냈다(모금 및 서비스 조정 등에 관한 활동은 후에 지역사회공동모금과 보건 및 복지 협의회로 발전하게 된다). 전문 스태프가 기획 및 조정 과정에서 기술적인 책임을 졌지만 검토 및 결정, 그리고 건의는 자원봉사자들에 의해 이루어졌다. 복지플러스네트워크 구축사업 역시 충분한 의사소통과 사례계획 및 프로그램진행을 위해 개발된 자원, 즉 자원봉사단체를 구성하였고 복지플러스의사회, 복지플러스건강기금, 이순신콜서비스 운행 자원봉사자, 실무팀, 보건교사모임 등이 적절히 활동 영역을 한 결과 진행하였던 일들이 각각의 톱니바퀴처럼 진행되었다.

지역사회 중증장애인의 실태와 지역사회의 특성을 고려한 지역사회 자원개발과 조직화 모델은 개발된 자원에 대하여 역동적 활동지지 및 지역사회 자원조직화의 모델로 삼기 위한 전략 수행의 기초가 되었다. 프로그램 매개체 조직 지원은 스스로 부여된 역할에 대한 책임을 느끼게 하고 완수하도록 지지하며 조력하는 역할을 부여하도록 개발·지속되었다.

지역 수준의 파트너십 강화를 위한 인센티브 제공을 시도하는 계기로서 유무형의 인센티브를 개발 또는 발굴하여 프로그램에 참여하는 지역주민들로 하여금 지속적 참여와 동기부여가 이루어지도록 도왔다. 예를 들면, 단체에 대한 지역사회신문 활용 홍보 및 보고서 발간을 통한 활동기관의 안내 등이 있다. 또한, 사회복지협의회의 지도관련 제작에 충실한 자료가 되었다. 어떤 이는 제공자로서, 어떤 이는 조정자로서의 역할을 명확하게 언급하여 매개체 간 비교우위의 척도를 제공하지 않고 적절한 네트워크 형성이 가능하도록 안배하였다.

참여복지체계 구축의 완성적 모형의 시도로서 만들어진 조직을 프로그램에 참여시키기보다 자조 모임을 조직하여 프로그램에 재투입하는 과정을 전체 사업의 흐름에 대입하도록 하였다. 특히, 참여하는 개개인의 사회적 지위가 차이가 있을 수 있기 때문에 이에 신중을 기한다.

(12) 주민 참여의 한계

무엇보다 의료재활서비스의 한계가 있다. 지역사회에 큰 병원이 없는 관계로 대상자의 욕구에 미치지 못하거나 간헐적인 서비스가 될 수도 있고, 전문적 서비스의 자원개발에 치중되어 일반 시민들의 참여폭이 다소 좁다고 여겨질 수 있었다. 아산시에는 80여 개의 병원과 90여 개의 약국이 있다. 그러나, 종합병원은 인근 천안지역에만 2군데 있어 의료재활관련 대상자의 욕구를 모두 해소시킬 수는 없었다. 이에 방문간호가 가능한 여타 자원 개발에 주력하였고, 복지플러스건강기금의 중요성을 부각시키고 다양한 접근경로를 마련한다.

(13) 사업평가

지역사회 자원, 특히 의료적인 자원을 적극 활용하여 지역 문제를 해결하려는 시도가 고무적이다. 목표설정과 사업전개 과정을 잘 잡은 듯하다. 참고로 의료자원 접촉 시 초기에 확실한 취지설명이 필요하였다. 첫 만남에서 사업 취지 등에 대한 설명이 부족하면 차후 문제소지가 많다. 때문에 불명확한 활동방법으로 접근을 금지하지 말고 구체적 사례를 들고 접촉함으로써 사업에 결합할 수 있도록 해야 한다.

재가복지 파트에 있는 사회복지사들의 많은 어려움인 의료재활서비스의 자원을 발굴해 연계한다는 것은 재가복지서비스와 함께 사업의 핵심이 될 것이다. 본 사업은 다음과 같은 면에서 효과적이었다.

첫째, 다양한 자료를 만들어 지역사회의 보건복지 연계의 필요성을 언급하였다. 이로써 향후 아산시의 보건과 복지사업의 밑거름이 될 것이다. 아산시의 공보처를 통해 사업에 대한 홍보를 진행하였고, 연 40회 이상의 지역사회 유관기관을 통해 홍보되었다.

둘째, 기관 자원의 한계를 확장시켜 대상자에게 질 높은 의료재활서비스를 전달할 수 있어서 사회복지 서비스 질 향상에 있어서도 긍정적이다.

셋째, 지역사회의 자원활용을 통한 지역공동체 만들기를 통해 실무자 업무의 중복을 피하고 네트워크를 기반으로 하여 업무의 효율성과 효과성을 증진시켰다.

① 사업이 개인의 문제해결에 미친 성과

· 보건, 의료, 복지 욕구의 동시만족

인간은 보건의료욕구와 복지욕구를 동시에 가지고 있고 둘 사이의 문제는 분리되어 해결할 수 없는 복합적인 문제이다. 때문에, 그런 복합적인 문제의 해결을 위한 접근방법도 통합적이어야 할 것이기에 본 서비스의 진행은 중증장애인 및 가족의 욕구를 모두 만족시켰다.

· 경제적 부담 경감

대부분의 중증장애인들은 경제적인 어려움을 동시에 가지고 있기 때문에 건강관리를 위한 제비용(약제비, 진료비, 교통비 등)에 대해서, 직접 가정 방문하여 진료 및 약 처방까지 한 번에 이루어지므로[5] 장애인 가정에서 소요되는 비용을 절약할 수 있는 경제적 효과를 볼 수 있었다.

② 사업이 지역사회의 문제 해결에 미친 성과

· 지역사회의 참여에 의한 문제해결

본 사업에서 '문제'라 규정한 것은 '저소득 중증장애인의 의료적인 어려움'이었고 이를 해결하기 위하여 '지역의 문제는 지역의 힘으로'라는 사업 철학에 충실하게 부응하였다. 비록 그 성과가 미미할지라도 개발된 지역자원으로 이런 문제를 해결할 수 있는 작은 성과를 보았고 이를 토대로 내년엔

---

5) · 진료 및 약 처방: 의사
   · 약수령 및 지급: 가정봉사원
   · 약제비 후원개발 및 사업진행: 사회복지사

더욱더 값진 결실을 맺을 것이라 확신한다.

③ 사업이 정책 · 제도에 미치는 시사점

· 보건복지연계서비스의 필요성 인식

현재 아산시 지역의 보건의료서비스는 각 복지기관들의 다양한 서비스 대
상자와 상당 부분 중복됨에도 불구하고 관련 종사자들의 효과적 사업진행을
위한 간담회 등의 자리가 전무한 실정이다. 그러나, 본 사업진행을 통하여 보
건복지 통합서비스가 상당히 효과적이자 효율적임을 인식한 바 지역보건의
료의 중심인 보건소와의 적극적인 협력이 중요하다.

· 저소득 중증장애인 가정에 대한 의료적인 지원제도 마련 필요

수급자가 아닐 경우 저소득 중증장애인이 받을 수 있는 의료적인 혜택은
미비한 것이 현 실정이다. 보건소의 경우도 만 75세 이상 무료진료 및 약처방
이라는 규정으로 인하여 역시 75세 미만의 수급자가 아닌 어르신들의 의료
서비스가 제한되고 있는 상황이다.

때문에, 아직 사업 기간이 짧고 규모도 작아 구체적 사례들이 정리되고 대
안이 제시되지는 못하였으나 앞으로의 사업진행에 있어서 우리 지역사회의
중증장애인만큼은 건강권을 확보한다는 장기적인 목표를 가지고 사업과정
속에서 이런 문제의 체계적인 정리, 구체적인 사례 확보, 적절한 대안 제시,
적극적 대책 마련 등의 과정으로 진행되어야 할 것이다.

4. 요약 및 제언

(1) 요약

본 프로그램은 그야말로 지역사회자원에 대한 의료재활 관련 네트워크를

구축하고, 재가복지 대상 중증장애인의 의료재활의 기회를 마련하기 위한 건강권 구축사업이다. 이는 기존의 지역사회중심재활(CBR)사업의 완성도를 높이고, 중증장애인이 지역사회 구성원으로서 참여하고 활동하기 위한 최선의 배려를 시도한 셈이다. 그리하여 112건의 네트워크를 통한 약 5천 여 만 원의 후원을 이끌어냈다.

기존에 개발된 자원을 이용한다는 것은 처음부터 불가능한 일이었기 때문에 모든 자원은 담당자와 실무팀의 활동으로 그 영역이 확장 운영되었다. 사회복지실천가로서 매우 커다란 부담을 안고 시작한 사업이었으나, 지역사회의 열악한 의료환경에도 불구하고 가장 절실한 서비스였기에 의료재활환경은 시나브로 이루어졌다.

병의원에 대한 기초적인 자료파악 및 접촉점(key person)파악 정도는 어느 정도 이루어졌으나 적극적 개발은 진행하지 못하였는데, 그 이유는 본 사업에 대한 적절한 사례개발 미흡 및 사업 결과에 대한 목적 설정이 불확실하였기 때문이다.

처음의 목적은 i) 지역 의료시스템에 대해 파악하고 ii) 의료보호를 받지 못하는 저소득 중증장애인가정의 사례를 파악하여 iii) 그런 사례들을 구체적으로 정리함으로써 iv) 지역사회의 다양한 자원으로 원조하고자 하는 것이었다. 그러나, 대부분 현재 본 복지관의 재가대상 가정 중 수급자가 아닌 분들의 내용을 중심으로 의료적인 어려움이 있는 약 30%의 가정만을 지원하는 소극적 활동에 머물렀다. 특히, 담당자의 역량부족(계획성 결여)으로 진행하지 못한 것이 무척이나 아쉽다.

(2) 제언 _ 후속 프로그램 진행방향

아산시에 거주하는 저소득 중증장애인 가정에 위기개입을 실시하여 심리적·경제적 위기상황을 극복하고, 지역사회네트워크를 활용한 간병의욕증진 및 역량강화를 목적으로 한다. 또한, 이 프로그램은 가족단위로 대상을 구성하여 초기 위기 개입 및 긴급 지원을 통해 심리적·경제적 안정을 꾀하고 지역사회네트워크를 활용한 가족자조모임 결성을 지원한다.

당사자들을 위해 수술비 및 치료비 등 경제적 지원 및 지역사회자원을 중심으로 진행하였던 복지플러스네트워크 구축사업은 사회적 지지망에 대한 또 다른 영역을 제시하였다. 수술비, 의료비, 보장구 지원 등은 1회성, 단기성으로 실시되는 특성 때문에 경제적인 면 외에 환자의 심리정서적 문제에 접근하는 데 집중하지 못했다. 따라서, 중증장애인의 상태가 호전되지 않거나 장기간에 걸쳐 간병이 요구되는 중증장애인의 가족들의 간병에 대한 부담과 심리적 갈등상태를 경험하였다. 이를 정리하면, 다음과 같다.

첫째, 가족구성원의 장애로 인해 가족이 갖는 감정적인 특징은 매우 다양한 정서적 반응으로 나타난다. 가족(부모)은 자신의 자녀나 형제가 장애인이라는 사실을 알게 되었을 때 큰 충격을 받으며 수치심, 우울, 죄책감, 분노와 같은 정서적 반응을 보인다고 한다[6].

둘째, 평생 지속되는 특별한 의료서비스나 특수장치 구입의 부담, 또는 가족구성원 중 한 명이 주 간호자가 되어야 하는 데서 오는 경제적인 부담은 가중되고 가족의 스트레스로 직결된다.

셋째, 사회적 고립이다. 장애인 식구의 존재는 가족으로 하여금 당혹스러움과 자기비하 때문에 심리적으로 위축시키는 영향을 주기도 한다. Double ABC-X모델에 의하면 하나의 스트레스원 만을 가진 가정은 없으며 새로운 스트레스원의 발생은 가족에 내재해 있던 긴장을 더 악화시키므로 가족은 스트레스의 누적을 겪게 된다. 그러므로, 장애아 가정에서의 긴장이란 장애 자체로 인한 문제와 함께 이전의 긴장, 그리고 그에 따른 어려움을 포함하는 것이다[7].

---

6) Hamnet et al. 1985; 이경희, 1985 재인용.
7) Mccubbin & Patterson, 1983.

참고문헌

정무성, 〈지역사회복지 실천모델에 관한 이론적 고찰〉, 『1997년 한국사회복지학회 자료 집』, 1997.

_____, 〈민간 사회안전망의 필요성과 효율적 구축방안〉, 『민간사회안전망을 위한 세미 나 자료집』, 서울: 실업극복국민운동위원회, 1999.

이인재 외, 『참여형지역복지체계론』, 나눔의집출판사, 2000.

최일섭, 『지역사회복지론』, 서울: 서울대학교출판부, 1985.

최일섭·류진석, 『지역사회복지론』, 서울: 서울대학교출판부, 1996.

참여자로서의 정신장애인을 위한
'클럽하우스' 만들기

배은미(태화샘솟는집)

1. 프로그램 개요

클럽하우스는 정신장애인을 회원으로 받아들여 직원과 회원의 평등한 관계를 중심으로 정신장애인이 필요로 하는 일들을 함께 해 나간다는 철학의 프로그램이다. 이미 클럽하우스로 운영하고 있는 기관에서는 소위원회의 네트워크를 통해 좀 더 많은 정보가 교류되고 상호 발전의 기회가 될 수 있도록 하며, 새로 클럽하우스를 시작하고자 하는 기관에서는 모델에 대한 교육을 받고 철학을 공유하여 기관 운영에 반영할 수 있도록 한다.

이를 위해 ① 직원과 정신장애인을 대상으로 클럽하우스 3주 훈련을 실시하고 클럽하우스 이해를 돕기 위한 책자를 발간하며, ② 각 기관의 대표자나 관심자들을 중심으로 주제별 소모임을 구성하여 정신장애인이 지역사회에 살아가기 위해 필요한 것들을 성취하기 위한 공동의 노력을 하며, ③ 세미나를 개최하여 자료들을 공유하고 프로그램 확산을 도모한다.

또한, 3주 훈련 과정 중에 각 기관에서 변화를 시도하기 위한 활동 계획(action plan)을 정신장애인, 직원, 시설장이 함께 작성하고 이를 토대로 각 지역사회와 함께 하는 클럽하우스를 운영해 나가도록 한다.

2. 프로그램 목표

1) 단기목표

정신장애인은 일반적으로 오랜 기간에 걸쳐 입원과 퇴원을 반복하면서 사회에 적응해 살아가는 능력이 많이 저하된 상태이며 계속적인 약물 복용 및 정신치료에 의존해서 살고 있다. 오랜 기간 정신과 치료 과정을 거치면서 사회관계는 약화되고 치료자에게 의존하여 삶을 결정해가는 생활에 익숙해진 경우가 많다. 그리고, 보통의 경우 정신장애인을 전 인격체로 보기보다는 병 중심 또는 치료 중심으로 대우해왔다. 클럽하우스는 정신장애인을 회원으로 받아들이고 그들이 자신의 잠재력과 장점을 펼쳐나갈 수 있도록 지원하는 공간이다. 최근에는 클럽하우스의 운영을 배워서 이를 적용하려는 기관이 늘어가고 있다. 이에 본 사업에서는 정신장애인들이 소비자로서 권리를 가지고 모든 기관 운영 및 활동에 참여하도록 하고, 또 이를 위해 기관에서 종사하는 전문가들이 클럽하우스의 철학을 이해하고 적용해 가도록 한다.

(1) 문제해결

단기목표	해결방법
정신장애인 - 의존하는 존재가 아닌 함께 참여하는 존재로서의 재인식	· 3주 훈련 과정에서 훈련을 하는 팀원으로 참여(3회, 3명) · 훈련을 받는 과정에 함께 참여 · 타 기관을 방문하고 자문하는 과정에 참여 · 소위원 모임 참여 · 클럽하우스 세미나에 참여하고 자신의 경험을 발표 · 자신이 속해 있는 기관의 운영 방침과 방향에 대해 함께 논의하고 변화를 모색해 보도록 한다. · 클럽하우스 모델의 이해 책자에 자신의 경험담 수록

〈사례1〉 샘솟는집에서 활동하는 3명의 정신장애인은 3주 동안 타 기관에서 참여한 직원과
회원들과 함께 훈련하는 과정에서 훈련의 전 과정을 진행하고 토론을 이끌어가는 위
원으로 활동하였다. 그들은 이 자리에서 자신들의 경험을 나누고 운영에 대한 견해를
나누는 시간을 가졌다.

회원의 글

클럽하우스 3주 훈련! 그것은 나에게 큰 도전이었다. 하지만 클럽하우스
스탠다드와 샘집 생활 자체에 관심이 많았던 나에게는 어떤 면에서 향기
로운 도전이었다. 일본에서 오신 분들과 훈련이 진행되는 3주 동안 나는
자부심에 차 있었다. 샘집은 아시아에서 유일한 교육기관이었고, 훈련에
서 교육팀의 업무를 맡고 있는 나에겐 "내가 아시아에서는 나름대로 이
방면에 전문가다!"라는 자부심을 갖게 해준 일이었던 것이다.
　　　　　　　　　　　 - 훈련팀으로 참여한 태화샘솟는집의 김○○ 회원 -

〈사례2〉 3주 훈련에 참여하게 되는 각 기관에서는 기관의 대표로 회원을 선정하여 이 훈련
에 동참하도록 하였다.

회원의 글

서울에서 3주 교육이 있다고 하여 주거와 클럽하우스 스탠다드에 대해 알
고 싶어서 샘집에 오게 되었다. 환경도 낯설고 회원들과 직원들도 낯설었
지만 너무 친절하게 해 주셔서 토론이 잘 진행되었다. 참여한 부서는 스빅
바뻤는데 많은 것을 배웠다. 특히, 회원들이 솔선수범하는 모습이 매우 보
기 좋았다. 3주 동안 훈련에 참여하면서 피곤하기도 했지만 매우 좋은 경
험이었다. 송국에 돌아가서 우리 회원들과 함께 해 나갈 일들이 기대된다.
　　　　　　　　　　　 - 부산 송국 클럽하우스 신○○ 회원 -

클럽하우스에서 활동하면서 지금처럼 보람되고 자부심을 느낀 적이 없었
던 것 같다. 내 생각에 다른 회원들도 많이 참석하여 클럽하우스 모델을
배우고 다른 사람들에게 전달하여 사용되었으면 한다. 처음에 참여 권유
를 받았을 때는 사양하려고 생각하고 있었고 좀 귀찮다는 생각도 했었다.
그러나, 교육을 받고 토론을 하고 세미나에 참여하면서 너무 보람되고 정
말 많은 사실을 알게 되었다.
　　　　　　　　　　　 - 태화샘솟는집 차○○ 회원 -

단기목표	해결방법
사회복지사 - 클럽하우스에 대한 이해 및 기관의 변화 모색, 함께 하는 사람으로서 회원을 받아들임	· 3주 훈련 참여 - 토론에 참여하여 회원과 함께 하면서 클럽하우스 철학을 이해하고 기관에서 일하면서 느꼈던 어려움이나 궁금한 점을 해결해 가도록 한다. 또 교육을 통해 새로운 아이디어를 얻는다. · 회원과 함께 기관의 변화 방향에 대한 활동 계획(action plan) 작성 **3회의 3주 훈련 실시 · 1차: 4/12-4/30, 오산 늘푸름, 부산 송국 클럽하우스 · 2차: 8/30-9/17, 서울 해뜨는샘, 일본 스트라이드 클럽하우스 · 3차: 10/25-11/12, 울산 새마음, 대구 베네스트, 오산 늘푸름

〈사례1〉

사회복지사의 글

다양한 토론과 교육 및 부서활동을 경험하면서 활동 계획(action plan)을 작성하기까지의 시간 동안 3주 훈련에 함께 참여한 신○○ 씨와 토론과 합의 과정을 찾아가는 과정은 매우 소중한 경험이었다. 샘집 회원들과 직원과의 만남을 통해 다시 한 번 클럽하우스의 매력과 힘을 느끼고 희망을 볼 수 있었다. 신○○ 씨와 내가 이러한 경험들을 송국의 다른 회원과 직원과 어떻게 함께 공유할 수 있을까를 과제로 안고 부산으로 돌아가려 한다.

- 부산 송국, 채혜란 -

(2) 조직의 형성

클럽하우스 운영에 대한 정보를 공유하고 정신장애인의 참여를 확대하기 위해서 소모임을 조직하고 진행하였다. 클럽하우스를 운영하거나 할 기관이 전국에 흩어져 있어서 모임장소와 날짜를 정하는 것, 주제를 정하는 것이 쉽지는 않았지만 함께 모여서 서로를 이해하고 경험을 공유하면서 새로운 것을 배우고 아이디어를 얻어가는 소중한 시간이었다. 소모임은 주거, 취업, 운영에 관한 내용을 다루었다.

회차	내 용
1차	늘푸름, 송국, 해뜨는샘, 샘솟는집 기관장, 직원, 회원 대표가 만나 소모임의 필요성과 소모임의 종류, 연락자 등을 정하였다.
2차	각 기관에서 구성할 운영위원회의 구성에 논의(구성원의 수, 역할분담, 참여를 잘 하도록 하는 방안 등), 소모임 활성화를 위한 방안 등을 논의하였다.
3차	주거의 의미, 주거 활성화를 위한 방안, 주거 회원을 위한 지원강화 방안 등에 관하여 논의하였다.
4차	후원자 개발, 후원유지 등 후원을 위한 여러 방안에 대해 논의하였다.
5차	클럽하우스 운영에 관한 전반적인 내용을 논의하였다.

2) 장기 목표

정신장애인의 경우 클럽하우스를 통해 정신장애인이 자신의 일에 대한 자기 결정권에 참여하고 일을 하며, 훈련과정에서 리더로서의 역할을 해 나갈 수 있도록 지원한다. 또, 세미나에서 자신의 경험을 다른 사람들 앞에서 발표하고 나누는 과정을 통해 자신이 가진 힘을 찾아가도록 한다. 직원의 경우 일을 하면서 느끼게 되는 어려움에 대해 다른 기관의 종사자들과 함께 나누면서 자신감을 회복하도록 지원한다.

(1) 개인 역량강화(변화)

구 분	해결방법
정신장애인의 역량강화	· 클럽하우스 활동을 통해서 자신의 일을 자기 스스로 결정하는 경험을 하도록 한다. · 3주 훈련에 기관의 대표로 참여한다. · 기관의 운영방침을 결정하는 활동계획(action plan) 작성 과정에 함께 참여한다. · 클럽하우스 세미나에서 자신의 경험을 발표한다. · 타 기관에 대한 자문 과정을 함께 한다.

〈사례1〉 3주 훈련과정에 참여하고 나서 회원들은 자신을 리더로서 인식하고 다른 사람들에게도 영향을 끼치는 존재가 되기를 희망하였다.

회원의 글

이 과정을 더 열심히 배우고 익혀서 샘솟는집뿐 아니라 다른 기관에도 도움이 되었으면 한다. 나는 샘솟는집에서 얻은 것들에 대해 많은 생각을 하게 되었고 다른 회원들에게 나누어주고 싶다. 그 최우선의 방법은 내가 취업을 해서 열심히 일하는 모습을 보여 본보기가 되는 것이다. 그것이 내가 할 수 있는 한 가지 역할이라고 생각한다.

- 태화샘솟는집 차○○ 회원 -

〈사례2〉 정신장애인들은 기존에는 직원, 즉 전문가들만 참여하였던 세미나에 참여하여 주체로서 세미나를 준비·진행하였고 사회와 발표 등에서 자신의 역량을 발휘할 수 있는 기회가 있었다. 12월 3-4일, 1박 2일 동안 진행된 세미나에는 9개 기관(서울 샘솟는집, 해뜨는샘, 서대문정신장애인종합훈련시설, 오산 늘푸름, 사랑밭, 수원 경기재활센터, 대구 베네스트, 부산 송국, 인천 해피투게더)에서 94명의 회원과 22명의 직원이 참여하였다. 김통원 교수의 기조강연과 이후 진행된 4개의 워크숍에서는 직원과 함께 회원이 원고를 준비하고 직접 발표하였고 질의 응답시간을 가졌다. 저녁에는 만찬을 함께 하고 영상을 통한 각 기관소개, 기관별 장기자랑, 외부공연관람 등의 시간을 가졌다.

사회복지사의 글

처음 회원들과 함께 세미나에 참여한다는 경험은 매우 낯선 것이어서 회원들에게 어떻게 이 상황을 설명해야 할지, 참석해서 내용에 집중할 수 있을지 의문이었다. 지루해서 그냥 나가버리거나 무슨 말을 하는지 전혀 이해하지 못해서 힘들어하면 어쩌나 걱정도 되었다. 그러나, 세미나에 참여해 본 후 내 생각이 전적으로 기우였다는 것을 알게 되었다. 회원들은 너무도 진지하게 다른 사람들의 발표를 듣고 노트를 하며 게다가 자신의 의견을 첨부하여 앞으로 우리 기관은 이렇게 하는 것이 좋겠다며 메모한 의견서를 내게 주기도 하였다. 회원들과 함께 학술적인 것을 나눌 수 있는 것은 내게 회원들의 잠재력과 그들의 능력을 볼 수 있는 너무도 소중한 경험이었다.

- △△사회복지시설, 사회복지사 김○○ -

구 분	해결방법
사회복지사의 역량강화	· 3주 훈련 과정을 통해서 자신들이 경험한 어려움을 함께 나눈다. · 기관 자문, 상호방문, 소위원회 모임 등을 통해서 클럽하우스 운영을 추구하는 기관의 사회복지사와 소비자인 정신장애인의 시설 운영에 대한 이해를 증진한다.

12/3-4일에 진행된 클럽하우스 세미나

서로를 소개하는 장면

둘째 날 진행된 워크숍 4에서,
오산 늘푸름의 시설장, 회원,
직원이 클럽하우스 평가의
필요성에 대해 발표하는 장면

(2) 지역사회역량 강화(토착 지도력 개발)

클럽하우스를 운영하는 각 지역에서 기관들은 자신들의 지역사회에 맞는 문화를 형성하고 운영해 나가도록 한다. 또, 각 클럽하우스에서는 자신들이 속한 지역사회와 관계를 맺고 자원을 획득하고 함께 살아갈 수 있는 것들을 찾아가도록 한다.

목 표	해결방법
지역사회와 함께 하는 클럽하우스	· 지역사회의 각 기관에서 자신의 지역사회 문화에 맞게 운영하도록 하기 위한 노력 · 지역사회 사람들로 구성된 운영위원회 구성 · 지역사회에서 정신장애인들에게 취업장을 제공하도록 한다. · 각종 행사에 지역사회가 함께 참여하여 정신장애인과 더불어 살아가도록 한다.

〈사례1〉 클럽하우스를 운영하는 기관을 상호 방문하여 필요한 정보를 나누고 각 기관에서 그 지역 문화와 정서에 맞게 운영하는 것을 확인하고 지원했다.

　＊ 10/13 - 오산 늘푸름, 10/24 - 부산 송국, 11/9 - 해뜨는샘

〈사례2〉 세미나의 진행과 자원봉사에 지역사회의 교회가 참여했다. 공연, 행사장 환경조성, 이동차량 등을 지원했다.

〈사례3〉 기관별로 자신의 지역사회주민, 유력인사 등으로 구성된 운영위원회를 구성했다.

〈사례4〉 신규로 오픈한 인천의 한 클럽하우스는 오픈 전 운영위원회를 구성하여 초기부터 지역사회 주민들과 함께 의논하고 기관의 운영을 준비하고 있다.

〈사례5〉 오산의 늘푸름의 경우 3주 훈련 후 활동계획(action plan)으로 1층을 개방하여 카페로 전환하고 지역주민들이 함께 이용할 수 있는 공간으로 운영하기로 하였고 6월 이후 지역주민들에게 차와 간단한 다과를 만들어서 판매하기 시작했다.

　또, 인근 동사무소에서 진행하는 문화센터의 강좌에 참여하면서 관련을 맺기 시작, 현재는 관련된 기관과의 모임을 진행하고 있다. 그리고, 지역주민들을 기관으로 초대하여 기관을 소개하고 회원들과 함께 지내보는 시간을 마련하였다.

〈사례6〉 대구 베네스트는 대구 공단지역에서 공정라인에 회원들이 일할 수 있도록 일자리를 마련하였다. 향후 기관에 제빵기계를 설치하고 지역사회에서 기술 있는 사람을 초빙하여 정신장애인들이 이러한 기술을 습득할 수 있도록 할 예정이다. 현재, 새 건물을 짓고 오픈을 준비하고 있는데 이 과정에서 지역주민들을 설득하고 참여를 홍보하고 있다.

〈사례7〉 샘솟는집에서는 기업체와 연계하여 정신장애인을 위한 사회적 기업을 오픈하였

고 지역사회 내에서는 회원들이 서비스업에 종사하면서 주민들과 접촉하고 있다. 또,
지역주민들을 대상으로 정신건강강좌를 개최하면서 회원들이 주최가 되어 참여하고
주민들에게 정신건강에 대한 홍보와 교육 활동을 진행하였다.

〈사례8〉 부산의 송국은 주변에 새로 오픈한 상가를 돌면서 후원 저금통을 설치하고 지역주
민들에게 정신장애에 대한 이해를 도모하고 있다. 8월에는 지역주민들로 구성된 운영
위원회를 구성하여 지역주민과 좀 더 가까이서 일을 하려 한다.

3. 조직 지도력과 구성원

1) 지도력

(1) 과업중심 지도자
① 활동계획(action plan)을 수립하기 위해 기관 컨설팅 제공
② 활동계획(action plan) 진행 상황 점검
③ 회원의 필요를 반영하여 지역사회 내에서 회원들이 살아가는 데 필요
한 자원을 연결한다.

(2) 인간관계 중심 지도자
① 훈련 과정에서, 그룹 내에서 자신을 오픈하고 토론에 참여하도록 지원
한다.
② 상대방의 감정을 읽고 공유한다.

2) 지도자의 자질과 역할

① 사람들의 장점을 칭찬해 주고 잠재력을 최대한 끌어낼 수 있도록 한다.

② 권한을 나누어주고 과정과 책임을 지속적으로 모니터 해준다.

③ 다른 사람의 말에 귀 기울이고 함께 하는 것을 할 수 있다.

④ 집단 구성원들이 모두 함께 참여할 수 있도록 격려한다.

⑤ 개개인의 차이를 인정하고 개별적인 접근을 한다.

⑥ 나의 속도에 맞추지 않고 다른 사람들의 속도에 보조를 맞춘다.

⑦ 상황에 대해 정확하게 파악하고 해결할 수 있는 방법을 제시해 줄 수 있다.

⑧ 정신장애인의 욕구, 지역의 욕구를 파악하며 시대적인 흐름을 읽어서 이를 연결할 수 있다.

⑨ 필요한 자원을 끌어들인다.

⑩ 정확한 계획을 세우고 평가한다.

4. 조직화에서 사회복지 실천가의 역할

(1) 초기 지도력

① 프로그램을 알리고 참여를 격려한다.

② 정신장애인들이 함께 참여하는 것을 강조한다.

③ 프로그램을 조직화하고 조직을 운영하는 과정을 함께 나누고 토론을 통하여 모든 과정에 참여하도록 하며 실제적으로 참여하도록 하는 것이 필요하다.

④ 참여하는 정신장애인과 직원들이 인간 중심의 강점모델을 이해하도록 격려한다.

⑤ 지역사회가 함께 참여하는 운영위원회를 조직한다.

⑥ 지역사회에 정신장애에 대해 알리고 참여할 수 있는 통로와 방법을 알려준다.

⑦ 소모임을 통해서 소모임의 장으로서 리더십을 가져볼 수 있는 기회를

제공한다.

⑧ 프로그램에 대해서 지속적으로 모니터한다.

(2) 조직화 성공의 노하우

① 타 기관의 직원이나 정신장애인이 클럽하우스의 이념과 철학을 공감하고 소모임 활동 등을 통해서 그들이 가진 지도력을 발휘할 수 있도록 지원한다.

② 참여할 수 있도록 권유하고 참여의 경험을 통해서 지역사회주민이나 직원, 회원이 서로를 깊이 이해하고 감동하여 향후에 지속적으로 관심을 갖도록 한다.

③ 계속적인 연락과 모임을 통해 처음 참여 후 가졌던 마음이 유지될 수 있도록 하며 참여할 수 있는 방법을 알려준다.

5. 전략과 전술

(1) 옹호전략 (미시수준)

① 회원들이 스스로의 결정에 의해 참여하고 자신의 의견을 말하고 적용해 가는 과정을 통해서 자신의 힘을 찾아가도록 한다. 이를 위해 모든 과정, 즉 계획, 준비, 진행, 평가에 정신장애인들이 함께 참여하도록 한다.

② 기관에서 정신장애인의 참여를 받아들이도록 하기 위하여 정신장애인이 훈련 과정에 반드시 함께 참여하여야 훈련을 받을 수 있도록 한다.

(2) 지역사회와의 관계

① 지역주민을 대상으로 하는 정신건강강좌 등을 개최하여 주민들의 참여를 끌어내고 이때 지역 관료들이 참여하도록 하여 정신장애인과 클럽하우스에 대한 관심을 갖도록 한다.

② 운영위원회를 구성하여 지역 주민과 유지들이 참여하도록 하고 지역사회에서 기관이 갖는 위치, 역할 등을 알 수 있도록 한다.
③ 자원봉사의 방안을 만들어서 함께 할 수 있는 기회들을 만들고 이를 통해 상호 교류할 수 있는 기회를 넓힌다.

(3) 다른 지역사회복지 기관과의 관계, 연대 활동 유무
① 기관들이 지속적으로 이러한 철학을 실천할 수 있도록 하기 위하여 연합 체계를 만든다. 또, 연합 관계를 유지하기 위하여 소모임들과 상호 기관방문을 계속하고 전체감을 갖기 위해서 세미나를 개최한다.
② 소모임이나 기관방문에 관심을 유도하기 위해서 각 모임의 주제를 기관에서 돌아가면서 정하고 준비하도록 한다.

6. 프로그램 평가와 전망

정신장애인이 병원이나 요양원이 아닌 지역사회에서 함께 살아가는 것은 돌이킬 수 없는 시대적인 상황이다. 정신장애인의 재활을 위한 지역사회 프로그램 중 클럽하우스는 현재 전 세계 30여 개국에서 400여 개가 운영되고 있고 현재도 확장되고 있다. 이번 1년 간의 활동을 통해서 회원인 정신장애인들은 주체가 되어 훈련과정에 참여하고 기관 운영과 변화를 위해 자신의 의견을 제시하고 그것이 반영되는 과정을 겪었다. 그리고, 다른 사람들 앞에서 자신의 경험을 발표하고 또 다른 사람들의 경험을 듣는 과정 등을 통해서 자발적인 참여 및 기관 정책에 대한 접근성을 높이고, 리더십 역할을 함으로써 역량강화하는 모습을 볼 수 있었다.

기관에서 근무하는 직원들도 교육과 훈련 및 자문을 받으면서 힘을 얻고, 또 상호간의 교류를 통해서 정서적으로 지원을 받아 역량강화되었다.

아쉬운 점은, 아직은 지역사회에서 기관이나 정신장애인이 주민들과 함께 하는 것이 많지 않다는 점이다. 올해는 직원과 정신장애인이 역량강화되는 것이 더 중심이 되었다면 향후에는 지역사회가 적극적으로 클럽하우스와 함께 할 수 있도록 노력하는 방안이 모색되어야 할 것이다. 또, 이번 경험을 토대로 각 기관들이 연합하고 힘을 합쳐서 정신장애인들이 겪고 있는 어려움들을 제도 및 정책적으로 해결해가기 위한 조직적이고 행동적인 노력을 시도해야 할 것이다.

7. 주민참여의 한계

(1) 정신장애인
· 지방에 있는 회원의 경우 서울이라는 낯선 환경에서 3주간 토론과 교육에 참여하는 데 체력적인 한계를 호소하는 경우가 발생했다.
 - 해결방안: 토론과 교육이 없는 시간에는 쉴 수 있음을 미리 공지한다. 또 너무 낯선 환경이 되지 않도록 3주 훈련 사전에 교육내용이나 과정을 충분히 설명하고 사진 등이 첨부된 브로셔를 제작하여 미리 그 시설을 파악할 수 있도록 한다.
· 읽을 내용이 많아서 부담이 되어 처음부터 읽지 않는 경우가 있었다.
 - 해결방안: 반드시 읽어야 할 필독 내용을 정해주고, 고민해 보아야 할 내용을 매일매일 정리하여 다음날 토론을 준비할 수 있도록 한다.

(2) 지역사회
· 정신장애인에 대한 인식이 부족하여 동참하기보다는 피해야 할 존재로 생각하는 경우가 많다.
 - 해결방안: 기관을 오픈하여 지역주민들이 정신장애인들과 접촉할 기회를 만들고 작은 참여들을 통하여 함께 하는 것이 가능하다는 것을 인식하도록 한다.

· 취업의 경우, 사업주가 정신장애인의 능력을 의심하여 취업 자체가 어려운 경우가 많았다.
  - 해결방안: 기관에서는 현재까지 정신장애인이 취업하고 있는 예와, 또 기관에서 어떻게 지원하고 있는지를 포트폴리오로 제작하여 취업주들이 신뢰할 수 있도록 준비한다.

8. 사업실적

(1) 추진사업실적

수입	총 사업비: 26,474,857원	지원금	9,210,000원
		자부담	15,869,857원
		회비	1,395,000원
지출	총 사업비: 24,285,747원	지원금	7,020,890원
		자부담	15,869,857원
		회비	1,395,000원
잔액	2,189,110원		

(2) 지원금 사용 추진사업실적

구분				지출금액			
인건비				14,384,848원			
프로그램명	계획			실적			비고
	건	인원	금액	건	인원	금액	
3주 훈련	3회	30명	1,730,000원	3회	35명	2,905,120원	
						815,009원	자부담
실무자 단기 교육	-	-	-	2회	19명	200,000원	
소모임	5회		1,500,000원	5회	7명	355,720원	
						120,000원	자부담
상호기관방문	8회		1,200,000원	4회		194,400원	
						200,000원	자부담
세미나	1회	70명	2,820,000원	1회	116명	3,065,200원	
						350,000원	자부담
						1,395,000원	회비
교육책자 발간	1회	300부	1,000,000원		-	0원	
보고서 발간	1회	200부	800,000원		-	0원	
실무자교육 및 회의참석						300,450원	
합 계						24,285,747원	

(3) 사업 후 잔액에 대한 보고

① 교육책자 및 보고서는 2005년 상반기 내 발간, 1,800,000원 소요예정입니다.

② 총 잔액 2,189,110원, ①의 비용 1,800,000원의 차액 389,110원은 2005년 동일한 사업 추진에 사용할 예정입니다.

저자 소개

이인재
서울대학교 사회복지학과, 동 대학원 사회복지학과 졸업(문학박사)
현재 한신대학교 인간복지학부 교수, 경기복지시민연대 운영위원장
저서(공저)로는 『참여형 지역복지체계론』, 『사회보장론』, 『사회복지통계학』이 있고, 역서(공역)로는 『지역복지실천전략』 등이 있다.

김성미
탐라대학교 경영행정대학원 사회복지학과 재학 중
현재 지역사회복지팀장, 복지관 근무 5년

사재광
평택대학교 사회복지학과 졸업
현재 정립회관 재직 중. 자립생활팀 자조모임, 자립생활자조모임네트워크, 정인욱장애인리더십연수 담당

김기룡
연세대학교 사회복지학과 졸업
사회복지법인 온누리복지재단 시립용산노인복지관 근무
현재 동법인 시립동부노인전문요양센터 재직 중, 주간보호 담당

김라미
중앙대학교 사회복지학과 졸업
작은안나의 집(노인요양원) 근무
현재 시립마포노인종합복지관, 복지과장 재직 중

강시내
숭실대학교 사회사업학과 졸업
현재 부천시니어클럽 사업팀 재직 중

김은주
계명대학교 대학원 사회복지학과 졸업(석사)
현재 사회복지법인 가정복지회 달서구 신당종합사회복지관 재직 중

김은정

이화여자대학교 대학원 사회복지학과 대학원 졸업(석사)
현재 이대성산종합사회복지관 아동가족복지센터 재직 중, 가족 및 청소년복지담당

김태현

숭실대학교 대학원 사회사업학과 졸업(석사)
현재 사회복지법인 사랑의교회사회복지재단, 반포종합사회복지관 재직 중

정공주

가톨릭대학교 사회복지대학원 재학 중(석사 과정)
정신보건사회복지사, 한울지역정신건강센터 근무
현재 한울지역정신건강센터 과장, 직업재활 담당

양현명

경성대학교 사회복지학과 졸업
낙동종합사회복지관 근무
현재 교육복지투자우선사업 영도지역 지역사회교육전문가로 활동 중

유태완

경성대학교 사회복지대학원 사회복지학과 졸업(석사)
상리종합사회복지관 복지부장
고신대학교 사회복지학부 겸임교수

김원천

한남대학교 사회복지학과 졸업, 열린사이버대학교 경영학과 재학 중
지역사회재활팀장, 성락종합사회복지관 근무
현재 아산시장애인복지관 재직 중, 지역사회재활팀

배은미

이화여대 사회복지학과 졸업, 동대학원 석사과정 수료
태화은평종합사회복지관 근무, 청소년 복지업무 담당
현재 태화샘솟는집 과장